JN075334

商業科教育法

——理論と実践——

西村 修一 監修
笠木 秀樹 編著

とうほう 東京法令出版

執筆者紹介

監修者

西村　修一　　　北海道札幌東商業高等学校校長

経歴　文部科学省初等中等教育局教科調査官・国立教育政策研究所教育課程研究センター教育課程調査官（2008年４月～2019年３月）
北海道教育庁学校教育局高校教育課指導主事（2001年４月～2008年３月）
北海道立教育研究所附属情報処理教育センター指導主事（1998年４月～2001年３月）
北海道立高等学校教諭（1984年４月～1998年３月）

編著者

笠木　秀樹　　　宮崎産業経営大学社会科学研究所教授

執筆者

会津　拓也　　　東京都立芝商業高等学校主任教諭
井上　省三　　　大阪教育大学特任教授
小川　亮　　　　株式会社プラグ代表取締役社長
田中　英淳　　　岐阜県立岐阜商業高等学校教諭
西嶋　達人　　　関西学院大学商学部助教
山科　博子　　　富山県立高岡商業高等学校教諭
（ほか一名）

執筆協力者

秋本　直人　　　北海道札幌東商業高等学校教諭
浅見　大輔　　　長野県諏訪実業高等学校教諭
石井　智子　　　広島市立広島商業高等学校教諭
磯部　憲司　　　愛知県立中川商業高等学校教諭
岩館　良伸　　　北海道教育庁学校教育局高校教育課指導主事
片岡　和昌　　　岡山県立津山商業高等学校指導教諭
久保　良太郎　　宮崎県立都城商業高等学校教諭
小城　翔平　　　千葉県立一宮商業高等学校教諭
櫻井　潤　　　　宮城県松島高等学校主幹教諭
田村　光宏　　　滋賀県立八幡商業高等学校教諭
延原　宏　　　　神戸星城高等学校教諭
廣幡　清広　　　神奈川県立厚木商業高等学校副校長

（2021年３月末現在・五十音順）

はじめに

Society 5.0といわれる新たな時代を迎えようとしている。そのような中，2030年とその先の社会のあり方を見据えて高等学校学習指導要領の改訂が行われ，2018（平成30）年３月に告示された。

これからの社会においては，IoT，ロボット，人工知能，ビッグデータ等の先進技術を活用することで，新たな価値を創出し，地域，年齢，性別，言語等による格差なく，多様なニーズ，潜在的なニーズにきめ細かに対応したモノやサービスを提供できるようになると予測されている。社会の変化により，そこで求められる人材も変化することから，教科商業科においては，その目標の中に育成を目指す人材像が示されるとともに，引き続き有為な人材を育成していくため，グローバル化の進展への対応，情報技術の進歩への対応，地域におけるビジネスの推進への対応など，教科の特質に即して内容等の改善が図られた。

本書は，産業界，大学，高等学校関係者など幅広い方々の協力を得て改訂された新高等学校学習指導要領の教科商業科の内容等について，商業科の教師を志す学生の皆さんに理解を深めていただくことや，各高等学校において商業科の教師として活躍されている先生方の授業改善に役立てていただくことなどを目的に発行したものである。そのために，学習指導要領の改訂に携わった教育関係者や企業経営者の方，高等学校において優れた教育実践を積み重ねてこられた商業科の先生方や教育委員会の指導主事の方に執筆をお願いし，理論的な内容と実践に生かすことができる内容とで構成した。

日本においては，普通科高校の割合が極めて高く，働くことやビジネスマナー，組織の一員としての役割や責任などを学ぶ機会が限られており，多くの若者が，様々な気がかりなことをもったまま社会に送り出されている。

教科商業科では，こうした社会で必須の内容はもとより，ビジネスで活躍する上で必須となるコミュニケーション，マーケティング，マネジメント，会計，情報などを扱ってきた。このような内容を指導することを通して，経済社会の発展を担う人材を育成してきた。経済社会の発展のため，教科商業科は引き続き人材育成に重要な役割を果たしていかなければならない。それを後押しするよう，教科商業科に対してより一層の正しい理解と評価が与えられることを願っている。

おわりに，本書の出版にあたり，多大なる御尽力をいただいた東京法令出版株式会社の皆様に心からお礼を申し上げる。

2020（令和２）年10月

元文部科学省初等中等教育局　教科調査官
北海道札幌東商業高等学校長
西　村　修　一

Contents

第1章　商業教育と学習指導要領

1　商業科教育と商業教育……1
2　教育課程に関する法令……1
3　学習指導要領の法的根拠……3
4　教科商業科の全体像……3
5　高等学校学習指導要領及び解説商業編の構造……5
6　教育課程の編成と実施……7

第2章　教科の理解と内容

第1節　分野共通の科目

1　分野の概要……10
2　ビジネス基礎……10
3　ビジネス・コミュニケーション……12
4　課題研究……13
5　総合実践……14
「ビジネス基礎」学習指導計画……16
「ビジネス・コミュニケーション」授業展開例……22
「課題研究」授業展開例……24
「総合実践」学習指導計画……26

第2節　マーケティング分野の科目

1　分野の概要……30
2　マーケティング……30
3　商品開発と流通……31
4　観光ビジネス……32
「商品開発と流通」学習指導計画……34
「マーケティング」授業展開例……44
「観光ビジネス」授業展開例……46

第3節　マネジメント分野の科目

1　分野の概要……48
2　ビジネス・マネジメント……48
3　グローバル経済……49
4　ビジネス法規……50
「ビジネス・マネジメント」学習指導計画……52
「ビジネス法規」授業展開例……61
「グローバル経済」授業展開例……62

第4節　会計分野の科目

1　分野の概要……64
2　簿記……64
3　財務会計Ⅰ……65
4　財務会計Ⅱ……66
5　原価計算……67

6　管理会計……68
「財務会計Ⅱ」学習指導計画……70　「財務会計Ⅰ」授業展開例……75
「簿記」授業展開例……76　「原価計算」授業展開例……78
「管理会計」授業展開例……79
第5節　ビジネス情報分野の科目
1　分野の概要……80
2　情報処理……80
3　ソフトウェア活用……81
4　プログラミング……82
5　ネットワーク活用……83
6　ネットワーク管理……84
「情報処理」学習指導計画……86　「ソフトウェア活用」授業展開例……92
「プログラミング」授業展開例……94　「ネットワーク活用」授業展開例……96
「ネットワーク管理」授業展開例……98
第3章　未来につながる商業教育
第1節　商業高校フードグランプリ参加について【北海道札幌東商業高等学校】
1　商業高校フードグランプリとは……100
2　科目「商品開発」の授業展開……100
3　本校の商品開発……101
4　商業高校フードグランプリへの挑戦……101
5　流通活動の必要性……102
第2節　広島市商ピースデパート【広島市立広島商業高等学校】
1　実施形態……104
2　組織……104
3　ピースデパート開催に向けての学習……105
4　ピースデパートの開催……106
5　まとめ……107
第3節　キッズビジネスタウンあいち【愛知県立中川商業高等学校】
1　キッズビジネスタウンとは……110
2　キッズビジネスタウンのしくみ……111
3　キッズビジネスタウンあいち……112
第4節　観光教育のあり方【宮城県松島高等学校】
1　日本の観光……114
2　世界の観光……115
3　観光ビジネスへの向き合い方……115
4　カリキュラム……115
5　観光ボランティアガイド……117
第5節　観光アプリ開発によるビジネス情報分野の体験的学習
【千葉県立一宮商業高等学校】
1　「情報処理」観光アプリアイデアコンテスト……119

2　「プログラミング」観光コンテンツ作成……120
3　「プログラミング応用」観光アプリ開発……120
4　アプリ開発による教育効果……121
5　今後に向けて……122
「情報処理」授業展開例……123
第6節　スマートフォンを使った「プログラミング」の授業実践
【長野県諏訪実業高等学校】
1　Scratchによる指導……124
2　JavaScriptによる指導……125
3　スマートフォンアプリ開発の指導……126
4　おわりに……127
「プログラミング」授業展開例……128
第7節　科目「課題研究」の実践研究【神戸星城高等学校】
1　はじめに……129
2　学習指導要領に関する視点……129
3　「課題研究」の授業デザイン……131
4　授業実践の調査概要……133
5　授業効果の分析……133
6　成果の課題……136
7　おわりに……136
第8節　フューチャーセンターを利用した教育の取り組み【宮崎県立都城商業高等学校】
1　フューチャーセンターとは……137
2　フューチャーセンターの可能性を探る……137
3　実践例……138
4　研究の成果と今後の課題……140
5　おわりに……140
〔資料〕1　生徒向けファシリテーション研修……140
〔資料〕2　フューチャーセンターで用いた対話手法……141
第9節　（株）GIFUSHOの運営や取り組み内容について【岐阜県立岐阜商業高等学校】
1　会社設立の目的……146
2　会社組織の設定……147
3　社是・経営理念……148
4　学習評価の工夫改善……150
第10節　近江商人再生プロジェクト【滋賀県立八幡商業高等学校】
1　近江商人再生プロジェクトとは……151
2　第7回プロジェクトでの学び……151
3　生徒の変容について……153
4　お客様による外部評価……154
5　教員側のPDCAサイクル……155
6　プロジェクトの活動を振り返って……156

第11節　魅力的で持続可能な学校と地域をつくる【岡山県立津山商業高等学校】
1　津山商業高校における地域連携活動の取り組み…… 157
2　特別活動の実践例…… 158
3　「ランゲージカフェ」（つーちゃんカフェ）の取り組み …… 159
4　美作の国つやま検定の取り組み…… 159
5　そのほかの活動…… 160

第4章　社会とつながる商業教育

第1節　商業教育の意義
1　商業教育の基本的な理念…… 161
2　社会の変化に対応する商業教育…… 161
3　生きる力と商業教育…… 162
4　商業教育の必要性…… 162
第2節　商業教育の変遷
1　明治期から1948（昭和23）年までの商業教育…… 163
2　学習指導要領（試案）から1989（平成元）年改訂まで…… 165
3　商業教育からビジネス教育へ…… 169
第3節　商業教育におけるキャリア教育
1　商業教育におけるキャリア教育の推進…… 174
2　北海道商業教育の取り組みについて…… 177
3　高大連携，７年間で実学を究める～ほんまもんのビジネスを学ぶ～…… 182

第5章　新しい発見と豊かな発想

第1節　主体的・対話的で深い学び
1　主体的・対話的で深い学びとは…… 189
2　アクティブな学びを創る…… 191
第2節　ディベート
1　ディベートとは…… 196
2　ディベートの進め方…… 197
3　ディベートの授業展開…… 198
第3節　ケースメソッド
1　ケースメソッドとは…… 208
2　ケースメソッドの進め方…… 209
3　ケースメソッドの授業展開…… 212
第4節　知識構成型ジグソー法
1　知識構成型ジグソー法とは…… 220
2　知識構成型ジグソー法の進め方…… 221
知識構成型ジグソー法を用いた協調学習授業　授業案１……223
知識構成型ジグソー法を用いた協調学習授業　授業案２……230

第6章　新しい学びへの指導と評価

第1節　学習計画

1　指導計画の内容……238

2　年間指導計画の作成……239

3　学習指導案の作成……239

第2節　学習評価

1　学習評価の意義……246

2　評価の観点……246

3　内容のまとまりごとの評価規準……248

「ビジネス基礎」学習指導計画……252

4　パフォーマンス評価とルーブリック……254

参考文献・資料……259

Index……262

本書掲載の学習指導計画，授業展開例，ワークシート（一部）を，弊社HPからダウンロードしてご利用いただけます。

下記URL，または右ＱＲコードからアクセスしてください。

https://toho.tokyo-horei.co.jp/

パスワード：Th_3CxF_sy9Gk

第1章　商業教育と学習指導要領

1　商業科教育と商業教育

商業科教育とは，教科商業科に属する科目において行われる教育であり，その目標は，ビジネスを通じ，地域産業をはじめ経済社会の健全で持続的な発展を担う職業人として必要な資質・能力を育成することにある。

商業教育という言葉が商業科教育と同義語のように用いられることがあるが，高等学校学習指導要領（平成30年告示）解説商業編（以下，学習指導要領解説商業編という）には，科目「ビジネス基礎」について，「商業科に属する科目を中心に展開する商業教育全般の基礎的科目である」という文言が示されている。すなわち，商業教育とは，商業科教育と同じものではなく，商業科に属する科目を中心として他の教科を含めてあらゆる教育活動においてビジネスで活躍する人材を育成する教育と捉えることができる。

2　教育課程に関する法令

高等学校教育は，公の性質を有するものであることから，全国的に一定の教育水準を確保し，全国どこにおいても同水準の教育を受けることのできる機会を国民に保障することが要請されている。そのため，憲法の精神に則り，法令で様々な規定が設けられている。

(1)　教育基本法

教育基本法の第1条には，教育の目的として，人格の完成を目指し，平和で民主的な国家及び社会の形成者として必要な資質を備えた心身ともに健康な国民の育成を期して行うとされている。また，第2条には，教育の目標が次のとおり規定されている。

1　幅広い知識と教養を身に付け，真理を求める態度を養い，豊かな情操と道徳心を培うとともに，健やかな身体を養うこと。
2　個人の価値を尊重して，その能力を伸ばし，創造性を培い，自主及び自律の精神を養うとともに，職業及び生活との関連を重視し，勤労を重んずる態度を養うこと。
3　正義と責任，男女の平等，自他の敬愛と協力を重んずるとともに，公共の精神に基づき，主体的に社会の形成に参画し，その発展に寄与する態度を養うこと。
4　生命を尊び，自然を大切にし，環境の保全に寄与する態度を養うこと。
5　伝統と文化を尊重し，それらをはぐくんできた我が国と郷土を愛するとともに，他国を尊重し，国際社会の平和と発展に寄与する態度を養うこと。

このほかにも，教育の機会均等，学校教育，教員等に関する規定が設けられている。

⑵　学校教育法

学校教育法の第50条には，高等学校の目的として，中学校における教育の基礎の上に，心身の発達及び進路に応じて，高度な普通教育及び専門教育を施すことと示されている。また，第51条には，高等学校における教育の目標が次のとおり規定されている。

１　義務教育として行われる普通教育の成果を更に発展拡充させて，豊かな人間性，創造性及び健やかな身体を養い，国家及び社会の形成者として必要な資質を養うこと。 ２　社会において果たさなければならない使命の自覚に基づき，個性に応じて将来の進路を決定させ，一般的な教養を高め，専門的な知識，技術及び技能を習得させること。 ３　個性の確立に努めるとともに，社会について，広く深い理解と健全な批判力を養い，社会の発展に寄与する態度を養うこと。

このほかにも，高等学校に設置する課程，修業年限，教職員等に関する規定が設けられている。

⑶　学校教育法施行規則

学校教育法施行規則の第83条には，高等学校の教育課程は，各教科に属する科目（別表３に教科及び各教科に属する科目が示されている。），総合的な探究の時間及び特別活動によって編成することが規定されている。第96条には，校長は，生徒の高等学校の全課程の修了を認めるに当たっては，高等学校学習指導要領の定めるところにより，74単位以上を修得した者について行わなければならないと規定されている。

⑷　地方教育行政の組織及び運営に関する法律

地方教育行政の組織及び運営に関する法律の第21条には教育委員会の職務権限が規定されており，その第５号には，教育委員会の所管に属する学校の組織編制，教育課程，学習指導，生徒指導及び職業指導に関することが明示されている。また，第33条第１項には，教育委員会は，法令又は条例に違反しない限りにおいて，その所管に属する学校その他の教育機関の施設，設備，組織編制，教育課程，教材の取扱いその他の管理運営の基本的事項について，必要な教育委員会規則を定めるものとすると明示されている。

なお，私立の高等学校については，都道府県知事が所轄庁であり，第27条の５の規定により，都道府県知事は，私立学校に関する事務を管理し，及び執行するに当たり，必要と認めるときは，当該都道府県委員会に対し，学校教育に関する専門的事項について助言又は援助を求めることができることとされている。

⑸　高等学校設置基準

高等学校設置基準は，学校教育法施行規則第80条※の規定を受けて定められている文部科学省令であり，高等学校を設置するのに必要な最低の基準を

※
学校教育法施行規則第80条
　高等学校の設備，編成，学科の種類その他設置に関する事項は，この節に定めるもののほか，高等学校設置基準の定めるところによる。

定めたものである。高等学校の設置者は，設置基準より低下した状態にならないようにすることはもとより，これらの水準の向上を図ることに努めなければならないとされている。第５条には，学科の種類は，普通教育を主とする学科，専門教育を主とする学科，普通教育及び専門教育を選択履修を旨として総合的に施す学科であること，第７条には，１学級の生徒数は40人以下とすることが規定されている。

3　学習指導要領の法的根拠

学習指導要領は，学校教育法第52条※を受けて設けられている次の学校教育法施行規則第84条を根拠として，告示という形式で示されているものである。

> 高等学校の教育課程については，この章に定めるもののほか，教育課程の基準として文部科学大臣が別に公示する高等学校学習指導要領によるものとする。

※
学校教育法第52条
高等学校の学科及び教育課程に関する事項は，前２条の規定及び第62条において読み替えて準用する第30条第２項の規定に従い，文部科学大臣が定める。

学習指導要領が法規としての性格を有するものとされているのは，この規定によるものである。公の性質を有する高等学校において編成，実施される教育課程について，国として一定の基準を設けて，ある限度において国全体としての統一性を保とうとするものである。

一方，教育は，生徒の心身の発達の段階や特性及び学校や地域の実態に応じて効果的に行われることが大切であり，各学校において教育活動を効果的に展開するためには，学校や教師の創意工夫に負うところが大きい。

こうしたことから，学習指導要領においては，教育の内容等について必要かつ合理的な事項を大綱的に示すこととしており，各学校における指導の具体化については，学校や教職員の裁量に基づく多様な創意工夫を前提としている。また，生徒の学習状況などその実態等に応じて必要がある場合には，各学校の判断により，学習指導要領に示していない内容を加えて指導することも可能である（学習指導要領の「基準性」）とされている。

しかし，このことは，学習指導要領に基づかないで指導することを許容しているのではない。これまで，必履修教科・科目の未履修※※，不適切な順序による履修※※※などの事象が明らかとなり，補習の実施等の対応が求められる事態があった。学習指導要領に示している内容は，特段の定めがない限り，その科目を履修するすべての生徒に対して指導しなければならないものである。学習指導要領は，高等学校教育について一定の水準を確保するために法令に基づいて国が定めた教育課程の基準であり，各学校の教育課程の編成及び実施にあたっては，これに従わなければならないものである。

※※
必履修教科・科目の未履修
ある高校において，地理歴史科の科目が履修されていなかったことが判明し，それをきっかけに全国で調査した結果，地理歴史科，理科，家庭科，情報科などで，学習指導要領の規定に基づいた履修がなされていなかったことが判明し，生徒に補習の受講やレポート提出等を求める事態となった。

※※※
不適切な順序による履修
ある高校において，コミュニケーション英語Ⅲの選択者が，コミュニケーション英語Ⅱの履修と並行して履修していたことが判明し，年度の途中で履修の順序を変更するなどの対応をした。

4　教科商業科の全体像

他の職業に関する教科は特定の「業」との結び付きが強いのに対して，教科商業科は，特定の「業」だけではなく，様々な「業」における「職」との結び付きが強い教科である。たとえば，教科農業科については，教科の目標に，育成を目指す人材像として，「農業や農業関連産業を通じ，地域や社会の健全で持続的な発展を担う職業人」と示されている。教科情報科については,「情報産業を通じ，地域産業をはじめ情報社会の健全で持続的な発展を担う職業人」と示されている。一方，教科商業科については,「ビジネスを通じ，地域産業をはじめ経済社会の健全で持続的な発展を担う職業人」と示されている。すなわち，流通業という特定の業で活躍する人材の育成を目指すのみならず，ビジネスという幅広いフィールドの中で活躍する人材を育成することを目指している。学習指導要領解説商業編には，育成を目指す職業人の具体例として，流通業，金融業等を担う人材，製造業，サービス業等様々な業種における販売，仕入，営業，マーケティング，企画，人事，経理，原価管理，情報等の部門に関わる職の担当者があげられている。さらに，商業の学びを継続するなどして公認会計士，税理士，中小企業診断士，社会保険労務士，ファイナンシャル・プランナー，旅行業務取扱管理者等の資格職，商業の学びを基盤として経験を積み，管理的立場の職に就くことも目指していること，商業の学びは汎用性の高いものであることから，それを生かすことができる業種や職種には様々なものがあることが示されている。教科商業科の様々な科目を学ぶことにより，活躍できる幅が広がることを見て取ることができる。

また，こうした職業人となるために必要な資質・能力としては，知識及び技術については，商業の各分野について体系的・系統的な理解及び関連する技術，思考力，判断力，表現力等については，ビジネスに関する課題を発見し，職業人に求められる倫理観を踏まえ合理的かつ創造的に解決する力，学びに向かう力，人間性等については，職業人として必要な豊かな人間性を育み，よりよい社会の構築を目指して自ら学び，ビジネスの創造と発展に主体的かつ協働的に取り組む態度が示されている。これらの資質・能力を育成するために，教科商業科には20の科目が設けられており，これらの科目の中で，商業の見方・考え方※を働かせ，実践的・体験的な学習活動を行うこととされている。このことを図に示すと次ページの図表１－１のとおりとなる。

なお，教科商業科をはじめ主として専門学科において開設される各教科・科目の標準単位数については，各学科に共通する教科・科目とは異なり，学習指導要領には規定されておらず，その決定を設置者に委ねている。学習指導要領解説には，学習指導要領の内容を構成するにあたって想定した単位数が示されていることから，設置者はこれを踏まえて決定することになる。これは，専門教科・科目は，地域の実態や学科の特色等により様々な履修のかたちがあり，学習内容の程度にも幅があることから，それに応じて教育課程を編成・実施できるようにするためである。商業科に属する科目の想定単位数はすべての科目が２～４単位となっている。

※
商業の見方・考え方
　学習指導要領解説商業編に,「企業活動に関する事象を，企業の社会的責任に着目して捉え，ビジネスの適切な展開と関連付けること」と示されている。

図表１－１　教科商業科の全体像

教科として育成を目指す人材像	ビジネスを通じ，地域産業をはじめ経済社会の健全で持続的な展開を担う職業人	
育成を目指す職業人の例	● 流通業，金融業等を担う人材 ● 製造業，サービス業等様々な業種における販売，仕入，営業，マーケティング，企業，人事，経理，原価管理，情報等の部門に関わる職の担当者 ● 公認会計士，税理士，中小企業診断士，社会保険労務士，ファイナンシャル・プランナー，旅行業務取扱管理者等の資格職（学びを継続するなどして） ● 管理的立場の職（経験を積むことで） ● その他，様々な業種，職種において，商業の学びに関連する人材	

育成を目指す資質・能力			学習評価
	知識及び技術	商業の各分野についての体系的・系統的な理解及び関連する技術	
	思考力，判断力，表現力等	ビジネスに関する課題を発見し，職業人に求められる倫理観を踏まえ合理的かつ創造的に解決する力	
	学びに向かう力，人間性等	職業人として必要な豊かな人間性を育み，よりよい社会の構築を目指して自ら学び，ビジネスの創造と発展に主体的かつ協働的に取り組む態度	

商業の見方・考え方（企業活動に関する事象を，企業の社会的責任に着目して捉え，ビジネスの適切な展開と関連付ける）を働かせ，実践的・体験的な学習活動を行う　など

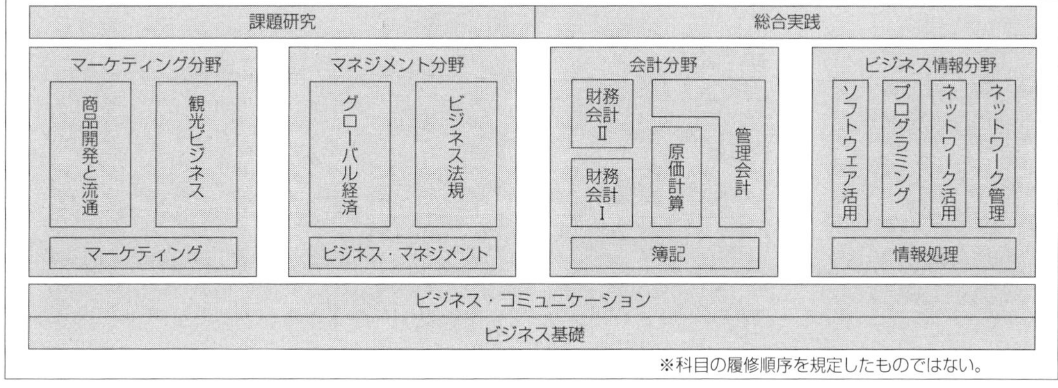

※科目の履修順序を規定したものではない。

5　高等学校学習指導要領及び解説商業編の構造

学習指導要領解説商業編において，教科商業科において育成を目指している資質・能力を身に付けることで何ができるようになるのか，そのために何を学ぶのか，どのように学ぶのかが示されている。学習指導要領及び解説商業編は，科目ごとにそれを示すような構造で作成されている。

(1)　何ができるようになるか

教科商業科の学習を通して，単に利益だけを優先するのではなく，企業活動が社会に及ぼす影響などに責任をもちながら，様々な経営資源を最適に組み合わせるとともに，他者とコミュニケーションを図るなどして，生産者，消費者などとをつなぎ，地域産業をはじめ経済社会が健全で持続的に発展するために，組織の一員としての役割を果たすことができるようになることを目指している。

ここでいう経営資源とは，ヒト，モノ，カネ，情報を指している。経営資源を最適に組み合わせてビジネスを展開する際には，経済や市場の動向，ビジネスに関する理論やデータ，ビジネスに関する成功事例や改善を要する事例など科学的な根拠に基づくことが重要であるとともに，企画力や創造力を発揮し，他者と円滑にコミュニケーションを図ることが求められる。そのため，各科目の指導にあたっては，そのような力を育成することに留意することが重要である。

⑵　何を学ぶか

教科商業科が学びの対象としているのは，ビジネスに関する学問ではなく，現実の経済社会で行われている実際のビジネスである。実際のビジネスを学ぶ上では，理解しなければならない学問的な事項があることから，学問を学ぶことを否定するものではないが，それを学びのゴールとすることは実学である教科商業科の意図していることと齟齬が生じる。ましてや，検定試験に合格するための知識や技術を学びのゴールとすることは，教科の目標とくい違う。

教科商業科は20科目で構成されており，幅が広く奥行きが深いものである。学びの要素の主なものとしては，ビジネスにおけるコミュニケーション，マーケティング，商品開発，観光に係るビジネス，ビジネスを円滑に行うためのマネジメント，グローバル化，ビジネスに係る法規，簿記，財務会計，原価計算，管理会計，情報処理，企業活動に有用なプログラミング，ネットワークの活用，ネットワークの管理などがある。いずれの要素とも，常に変化する生きたものである。商業科の教師には，常に研修が求められる。また，教科商業科に完成形はないということができる。

⑶　どのように学ぶか

教科商業科の目標には，「商業の見方・考え方を働かせ，実践的・体験的な学習活動を行うこと」が示されている。実践的・体験的な学習活動とは，見通しをもって実験・実習などを行う中で様々な成功と失敗を体験し，その振り返りを通して自己の学びや変容を自覚し，キャリア形成を見据えて学ぶ意欲を高める，産業界関係者などとの対話，生徒同士の討論といった自らの考えを広げ深める，様々な知識，技術などを活用してビジネスに関する具体的な課題の解決策を考案するなどの学習活動を行うことを意味している。ここでは，実践的・体験的な学習活動を生徒に行わせることが目的ではないことに留意しなければならない。学習活動はあくまでも，ビジネスを通じ，地域産業をはじめ経済社会の健全で持続的な発展を担う職業人として必要な資質・能力を育成するための手段である。

⑷　各科目の示し方

学習指導要領解説商業編において，教科商業科の各科目については，次のような構造で，何ができるようになるか，そのために何を学ぶか，それをどのように学ぶかが示されている。

ここでは，科目「マーケティング」を例に示すが，ほかの科目においても統一した構造になっている。

コラム　商業高校からの就職

コミュニケーションや人間関係の形成に不安を感じている中学生は多い。商業高校では，産業や職業，働くことについて，地域を学びのフィールドとして，実践的・体験的に学ぶ。その過程で，様々な成功を体験したり，失敗したりして次の成功につなげることを体験する。商業高校でのこのような学びは，生徒がもっている強みを伸ばし，弱みを克服し，社会に出る「不安」を「自信」に変えていくことができ，専門的で実践的な学びに裏打ちされた自信をもった就職につながる。

図表１－２　科目「マーケティング」の構造

「マーケティング」

企業活動に関する事象を，企業の社会的責任に着目して捉え，ビジネスの適切な展開と関連付けること

１　目　標

商業の見方・考え方を働かせ，実践的・体験的な学習活動を行うことなどを通して，マーケティングに必要な資質・能力を次のとおり育成することを目指す。

「３　内容の取扱い」の(1)で具体化
必要に応じて〔指導項目〕の解説で具体化

育成を目指す資質・能力

(1)　マーケティングについて実務に則して体系的・系統的に理解するとともに，関連する技術を身に付けるようにする。 ― 知識及び技術

(2)　マーケティングに関する課題を発見し，ビジネスに携わる者として科学的な根拠に基づいて創造的に解決する力を養う。 ― 思考力，判断力，表現力等

(3)　ビジネスを適切に展開する力の向上を目指して自ら学び，マーケティングに主体的かつ協働的に取り組む態度を養う。 ― 学びに向かう力，人間性等

２　内　容

どのような資質・能力を育成するかを示したものが「内容」

１に示す資質・能力を身に付けることができるよう，次の〔指導項目〕を指導する。

資質・能力の具体については，解説において，大項目ごとに示している。

〔指導項目〕
(1)　現代市場とマーケティング
　ア　市場環境の変化
　イ　マーケティングの発展
　ウ　マーケティングの流れ
　エ　消費者行動

何を学ぶかを示したものが「指導項目」

指導項目の具体については，「３　内容の取扱い」の(2)及び解説において示す。

３　内容の取扱い

(1)　内容を取り扱う際には，次の事項に配慮するものとする。

どのように学ぶかは，「３　内容の取扱い」の(1)に示している。必要に応じて〔指導項目〕の解説で示している。

ア　顧客満足の現実，顧客の創造，顧客価値の創造などマーケティングの考え方の広がりに留意して指導すること。

学習活動のねらいも併せて示している。

イ　マーケティングの動向・課題を捉える学習活動及びマーケティングに関する具体的な事例について多目的・多角的に分析し，考察や討論を行う学習活動を通して，企業で行われているマーケティングについて理解を深めることができるようにすること。 ― 実際のビジネスを理解する。

ウ　マーケティングに関する理論を実験などにより確認する学習活動及びマーケティングに関する具体的な課題を設定し，科学的な根拠に基づいてマーケティング計画を立案して提案などを行う学習活動を通して，マーケティングに適切に取り組むことができるようにすること。 ― 実践する力を高める。

(2)　内容の範囲や程度については，次の各項に配慮するものとする。

ア　〔指導項目〕の(1)のウについては，環境分析，セグメンテーション，標的市場の選定，ポジショニング，マーケティング・ミックスの考え方，マーケティング管理の重要性などについて扱うこと。エについては，消費者心理，消費者の意思決定の過程，消費者の行動に影響を及ぼす要因などについて扱うこと。

何を学ぶかの具体は，〔指導項目〕を受けて，「３　内容の取扱い」の(2)及び解説に示している。

「マーケティング」（解説）

大項目全体を学ぶことで，何ができるようになるかを示している。

(3)　**製品政策**

ここでは，科目の目標を踏まえ，製品政策の概要と目的など製品政策に関する知識などを基盤として，経済や消費者の動向，製品政策に関する具体的な事例など科学的な根拠に基づいて，製品政策について，組織の一員としての役割を果たすことができるようにすることをねらいとしている。

このねらいを実現するため，次の①から③までの事項を身に付けることができるよう，〔指導項目〕を指導する。

育成を目指す資質・能力

①　製品政策について企業における事例と関連付けて理解すること。 ― 知識及び技術

②　製品政策に関する課題を発見し，それを踏まえ，科学的な根拠に基づいて，製品政策を立案して実施し，評価・改善すること。 ― 思考力，判断力，表現力等

③　製品政策について自ら学び，経済や消費者の動向などを踏まえ，製品政策に主体的かつ協働的に取り組むこと。 ― 学びに向かう力，人間性等

育成を目指す資質・能力を３つの柱で示している。
→　目標に準拠した評価による観点別学習状況の評価につながる。

どのような学習活動を行うかを示したものではないことに留意

6　教育課程の編成と実施

(1)　教育課程編成の考え方

教育課程とは，「学校教育の目的や目標を達成するために，教育の内容を生徒の心身の発達に応じ，授業時数との関連において総合的に組織した各学校

の教育計画である」（高等学校学習指導要領（平成30年告示）解説総則編）と示されている。教育課程の編成については，学習指導要領第１章総則第１款１[※]の規定により学校が行うこととされている。学校教育法において，校長は校務をつかさどることとされていることから，校長の権限と責任により教育課程を編成することになる。

※
学習指導要領
第１章総則第１款１
1　各学校においては，教育基本法及び学校教育法その他の法令並びにこの章以下に示すところに従い，生徒の人間として調和のとれた育成を目指し，生徒の心身の発達の段階や特性等，課程や学科の特色及び学校や地域の実態を十分考慮して，適切な教育課程を編成するものとし，これらに掲げる目標を達成するよう教育を行うものとする。

教育課程の編成にあたっては，教育基本法及び学校教育法その他の法令，学習指導指導要領の示すところに従うことはもとより，次のことについて留意することが求められる。

①　生徒の人間として調和のとれた育成を目指すこと
②　生徒の心身の発達の段階や特性等を十分考慮すること
③　課程や学科の特色を十分考慮すること
④　学校や地域の実態を十分考慮すること

あわせて，学習指導要領第１章総則第２款１[※※]に示されているとおり，教育課程の編成についての基本的な方針が家庭や地域とも共有されるよう努めることが求められている。

※※
学習指導要領
第１章総則第２款１
教育課程の編成に当たっては，学校教育全体や各教科・科目等における指導を通して育成を目指す資質・能力を踏まえつつ，各学校の教育目標を明確にするとともに，教育課程の編成についての基本的な方針が家庭や地域とも共有されるよう努めるものとする。その際，第４章の第２の１に基づき定められる目標との関連を図るものとする。

⑵　社会に開かれた教育課程

学習指導要領の前文には，次のように示されている。

> 教育課程を通して，これからの時代に求められる教育を実現していくためには，よりよい学校教育を通してよりよい社会を創るという理念を学校と社会とが共有し，それぞれの学校において，必要な学習内容をどのように学び，どのような資質・能力を身に付けられるようにするのかを教育課程において明確にしながら，社会との連携及び協働によりその実現を図っていくという，社会に開かれた教育課程の実現が重要となる。

教科商業科は，ビジネスを通じ，地域産業をはじめ経済社会の健全で持続的な発展を担う職業人として必要な資質・能力を育成することを目指していることから，社会に開かれた教育課程という理念は極めて重要なものである。どのような資質・能力を身に付けられるようにするかの具体は地域や生徒の実態などによって異なるものであることから，各学校においては，地域や産業界などからの意見を踏まえ，それを学校経営方針やグランドデザイン等の策定に生かし，学校と地域・産業界が協働して人材育成に取り組むことが必要になる。

⑶　カリキュラム・マネジメント

学習指導要領第１章総則第１款５[※※※]には，カリキュラム・マネジメントの充実が示されている。

※※※
学習指導要領
第１章総則第１款５
各学校においては，生徒や学校，地域の実態を適切に把握し，教育の目的や目標の実現に必要な教育の内容等を教科等横断的な視点で組み立てていくこと，教育課程の実施状況を評価してその改善を図っていくこと，教育課程の

とりわけ，商業に関する学科においては，商業科に属する科目を中心として他の教科・科目を含む様々な教育活動において，ビジネスで活躍する人材を育成する商業教育を展開する上でこのことは欠かすことのできないものである。

商業に関する学科において，商業に属する科目の単位数は，卒業までに履修させる単位数の三分の一程度である。その中でのみビジネスで活躍する人

材を育成することはできない。教科数学科や外国語科など共通教科においてどう商業教育にアプローチするのかといった教科横断的な視点に立って商業教育を考え，相互に連携し合いながら人材育成に努めることが重要である。そのことが，普通科や総合学科では実施し得ない商業教育を実現することにつながるのであり，それを実行できるようにするために，各学校において，商業教育の全体計画を策定することが考えられる。

実施に必要な人的又は物的な体制を確保するとともにその改善を図っていくことなどを通して，教育課程に基づき組織的かつ計画的に各学校の教育活動の質の向上を図っていくこと（以下「カリキュラム・マネジメント」という。）に努めるものとする。

⑷　職業資格の位置付け

学習指導要領解説商業編には，育成を目指す人材像の１つとして，「商業の学びを継続するなどして公認会計士，税理士，中小企業診断士，社会保険労務士，ファイナンシャル・プランナー，旅行業務取扱管理者等の資格職に就くこと」が示されている。

また，教科の目標の解説には，職業資格の取得やコンクールへの挑戦などを通して自ら学ぶ意欲を高める学習活動などが大切であること，職業資格の取得やコンクールへの挑戦については，それを目的化しないよう留意して取り扱うことが重要であると明示されている。

科目「課題研究」の指導項目の⑷職業資格の取得については，商業の学習分野と関連する主な職業資格として，マーケティング分野については，観光ビジネスに関連するものとしての旅行業務取扱管理者に関する資格，マネジメント分野については，中小企業診断士，社会保険労務士などに関する資格やファイナンシャル・プランナーに関する試験，会計分野については，公認会計士や税理士に関する資格，ビジネス情報分野については，情報処理技術者に関する国家試験などが示されている。内容を取り扱う際には，「商業科に属する科目で学んだ内容に関連した職業資格について，職業資格を取得する意義，職業との関係，職業資格を制度化している目的などを探究する学習活動を取り入れ，職業資格を取得するための学習活動に偏らないようにすることが大切である。」と示されている。

ここからわかるように，教科商業科では公認会計士や税理士などの資格職に就く人材については，目指す方向性の１つとなっているが，検定試験に合格することを目的化しないよう留意することが強く求められている。

（西村　修一）

コラム　商業高校からの進学

中学生に対して「商業高校からも進学ができます。」とＰＲすることがあると思う。商業高校生は，財務会計やマーケティングをはじめ，ビジネスについて幅広く学び，それをさらに深めたいという志をもって大学等に進学している。単に「大学等にも進学できる」ということではない。進学時のスタートラインが普通科高校の卒業生よりも先にあり，専門性の基礎を学んだ上での，明確な目的意識をもった「大学等において優位性を発揮できる進学ができる」というものになっている。

第2章　教科の理解と内容

第1節　分野共通の科目

1　分野の概要

分野共通の科目は，原則履修科目の「ビジネス基礎」及び「総合実践」と，「ビジネス・コミュニケーション」，「課題研究」である。このうち，「ビジネス基礎」，「ビジネス・コミュニケーション」は基礎的科目，「課題研究」，「総合実践」は総合的科目とされている。

「ビジネス基礎」は，ビジネスを通じ，地域産業をはじめ経済社会の健全で持続的な発展を担う職業人として必要な基礎的な資質・能力を育成し，「ビジネス・コミュニケーション」は，ビジネスにおいて円滑にコミュニケーションを図るために必要な資質・能力を育成する。また，「課題研究」は，ビジネスに関する課題を発見し，解決策を探究して創造的に解決するなど，ビジネスを通じ，地域産業をはじめ経済社会の健全で持続的な発展を担う職業人として必要な資質・能力の一層の向上を図り，「総合実践」はビジネスの実務における課題を発見し，創造的に解決するなど，ビジネスを通じ，地域産業をはじめ経済社会の健全で持続的な発展を担う職業人として必要な資質・能力の一層の向上を図る。

このように，ビジネスを通じ，地域産業をはじめ経済社会の健全で持続的な発展を担うことができるようにすることが大切である。

2　ビジネス基礎

ねらい
ビジネスについて理解を深める。
学び方
各種メディアなどの情報を活用して，経済社会の動向を捉えて学習する。

この科目は，ビジネスを通じ，地域産業をはじめ経済社会の健全で持続的な発展を担う職業人として必要な基礎的な資質・能力を育成することを主眼としたものである。

「ビジネス基礎」の指導項目は次のとおりである。

(1)　商業の学習とビジネス
　ア　商業を学ぶ重要性と学び方
　イ　ビジネスの役割
　ウ　ビジネスの動向・課題
(2)　ビジネスに対する心構え
　ア　信頼関係の構築
　イ　コミュニケーションの基礎
　ウ　情報の入手と活用
(3)　経済と流通
　ア　経済の基本概念
　イ　流通の役割
　ウ　流通を支える活動

⑷　取引とビジネス計算

ア　売買取引と代金決済

イ　ビジネス計算の方法

⑸　企業活動

ア　企業の形態と組織

イ　マーケティングの重要性と流れ

ウ　資金調達

エ　財務諸表の役割

オ　企業活動に対する税

カ　雇用

⑹　身近な地域のビジネス

ア　身近な地域の課題

イ　身近な地域のビジネスの動向

今回の改訂では，地域におけるビジネスの推進の必要性を踏まえ，身近な地域のビジネスに関する指導項目を取り入れるなど改善が図られている。また，ビジネスについて理解を深めるため，各種メディアの情報を活用するなどして経済社会の動向を捉えて学習することが大切である。

なお，この科目の指導上の留意点は次のとおりである。

・商業の学習とビジネス及びビジネスに対する心構えについては，ほかの項目を指導する前に扱うこと。

・ビジネス計算の方法については，生徒の実態に応じて適切な計算用具を活用すること。また計算用具を活用する際には，操作に習熟する学習活動に偏らないこと。

・従前と同様，商業に関する学科における原則履修科目として位置付けること。

・地域におけるビジネスの推進の必要性を踏まえ，身近な地域のビジネスに関する項目を取り入れること。

コラム　身近な地域のビジネスへのアプローチ

身近な地域のビジネスへのアプローチを示すと，次のとおりの10段階となる。身近な地域のビジネスの課題を発見し，ビジネスの振興による地域の発展に取り組み，地元で提案するとともに，日本政策金融公庫「高校生ビジネスプラン・グランプリ」や地元自治体，大学の主催するコンクールなどに挑戦してみてはどうだろうか。

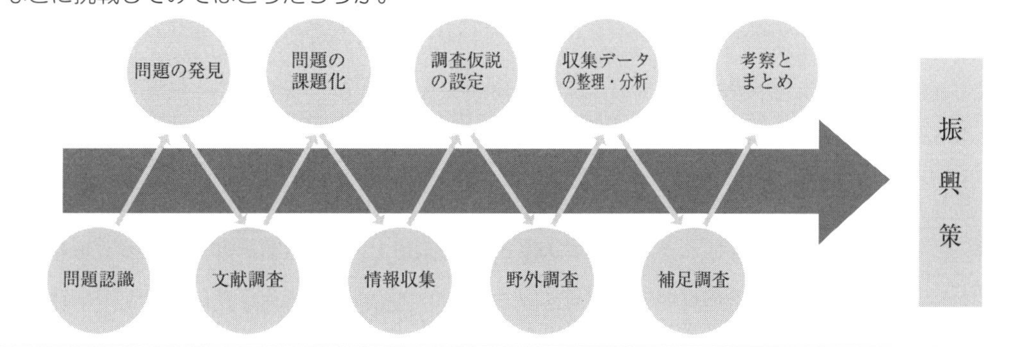

3　ビジネス・コミュニケーション

ねらい
ビジネスにおいて円滑にコミュニケーションを図ることができるようにする。
学び方
・ビジネスの場面を想定したコミュニケーションに関する実践的・体験的な学習活動に取り組む。
・身に付けた知識，技術などを様々な学習活動の中で活用する。

この科目は，グローバル化する経済社会において，組織の一員として協働し，ビジネスを展開する力が一層求められるようになっている状況を踏まえて，ビジネスにおいて円滑にコミュニケーションを図るために必要な資質・能力を育成することを主眼として，従前の「ビジネス実務」の指導項目を再編成したものである。

特に，ビジネスの場面を想定したコミュニケーションに関する実践的・体験的な学習活動を充実させるとともに，身に付けた知識，技術などを様々な学習活動の中で活用する機会を設けて，ビジネスにおいて円滑にコミュニケーションを図ることができるようにすることが大切である。

「ビジネス・コミュニケーション」の指導項目は次のとおりである。

(1)　ビジネスとコミュニケーション
　ア　意思決定と組織の構成者としての行動
　イ　人的ネットワークの構築
(2)　ビジネスマナー
　ア　応対に関するビジネスマナー
　イ　交際に関するビジネスマナー
　ウ　接客に関するビジネスマナー
(3)　ビジネスにおける思考の方法とコミュニケーション
　ア　言語コミュニケーションと非言語コミュニケーション
　イ　ビジネスにおける思考の方法
　ウ　ビジネスにおけるコミュニケーション
(4)　ビジネスと外国語
　ア　企業活動のグローバル化
　イ　文化と商慣習
　ウ　ビジネスの会話
　エ　ビジネスの文書と電子メール
　オ　ビジネスにおけるプレゼンテーション

今回の改訂では，論理的思考力や批判的思考力，相手の考えを迅速に理解して思考し，伝える力などの育成や，グローバル化する経済社会において，組織の一員として協働し，ビジネスを展開する力が一層求められるようになっている状況を踏まえて，ビジネスにおける思考の方法とコミュニケーションに関する指導項目及び日本と外国との文化と商慣習の違いに関する指導項目が取り入れられている。また，ビジネス英語に関する指導項目を生徒や地域の実態に応じて適切な外国語を扱うことができるようにするなど改善が図られている。

この科目の指導上の留意点は次のとおりである。

・コミュニケーションの意義と課題について，自らの考えをもつとともに，ビジネスにおいて他者とコミュニケーションを図ることについての意識と意欲を高めるようにすること。

・ビジネスマナーだけの実践に限定することなく，ビジネスマナーがコミュニケーションに及ぼす影響など科学的な根拠に基づいて理解すること。
・コミュニケーションなどの学びを通して論理的な思考力，批判的な思考力，迅速な思考力の育成を図ること。
・企業活動のグローバル化，文化，商慣習などビジネスに必要な外国語に関する理解を深めること。

4　課題研究

この科目は，生徒の多様な実態に応じて個々の生徒の特性や進路希望などに即した教育活動を一層適切に進めるとともに，商業の各分野で学んだ知識，技術などを基に，ビジネスに関する課題を発見し，解決策を探究して創造的に解決するなど，ビジネスを通じ，地域産業をはじめ経済社会の健全で持続的な発展を担う職業人として必要な資質・能力を一層高めることを主眼としている。

ねらい
専門的な知識，技術などの深化・総合化を図り，ビジネスに関する課題の解決に取り組むことができるようにする。
学び方
個人またはグループで商業の各分野に関する適切な課題を設定し，主体的かつ協働的に取り組みながら学習する。

「課題研究」の指導項目は次のとおりである。

(1)　調査，研究，実験

商業科に属する科目で学んだ内容に関連した調査，研究，実験

(2)　作品制作

商業科に属する科目で学んだ内容に関連した作品制作

(3)　産業現場等における実習

商業科に属する科目で学んだ内容に関連した産業現場等における実習及びその一環としての実習内容に関する課題を探究する学習活動

(4)　職業資格の取得

商業科に属する科目で学んだ内容に関連した職業資格について，職業資格を取得する意義，職業との関係，職業資格を制度化している目的などを探究するとともに，その一環として職業資格に関連する知識，技術などについて深化・総合化を図る学習活動，職業資格を必要とする職業に関する課題を探究する学習活動

今回の改訂では，職業資格の取得については，職業資格に対する理解を深める視点から，職業資格を取得する意義，職業との関係などに関して探究する学習活動を取り入れるようにするなどの改善が図られている。

この科目の指導上の留意点は，次のとおりである。
・課題研究の成果について発表する機会を設けるようにすること。
・職業資格に対する理解を深める視点から，職業資格を取得する意義，職業との関係などに関して探究する学習活動を取り入れること。
・職業資格に関する知識，技術などについて深化・統合化を図る学習活動は，職業資格に関する探究活動の一環として行うものであり，職業資格を取得すること自体が主たる学習ではないこと。
・従前と同様，商業に関する学科における原則履修科目として位置付けられていること。

ねらい
・ビジネスを担う当事者としての意識を高める。
・ビジネスの実務に対応することができるようにする。
学び方
・商業の各分野の学習に関連する職業や業務に関して，地域や産業界等と連携して具体的な実務について理解を深めるように学習する。
・実務に即して知識，技術などを総合的に活用する。

5　総合実践

この科目は，ビジネスを適切に展開して企業の社会的責任を果たす視点をもち，商業に関する基礎的・基本的な学習の上に立ったものである。実務に即した実践的・体験的な学習活動を通して，商業の各分野で学んだ知識，技術などを基に，ビジネスの実務における課題を発見し，創造的に解決するなど，ビジネスを通じ，地域産業をはじめ経済社会の健全で持続的な発展を担う職業人として必要な資質・能力を一層高めることを主眼としている。

「総合実践」の指導項目は次のとおりである。

⑴　マーケティングに関する実践

「マーケティング」，「商品開発と流通」，「観光ビジネス」の内容に関連させた，ビジネスの実務に対応する力を高める実践的・体験的な学習を行い，マーケティング分野に関連するビジネスの実務に適切に対応し，ビジネスを通じ，地域産業をはじめ経済社会の健全で持続的な発展について，組織の一員としての役割を果たすことができるようにする。

⑵　マネジメントに関する実践

「ビジネス・マネジメント」，「グローバル経済」，「ビジネス法規」の内容に関連させた，ビジネスの実務に対応する力を高める実践的・体験的な学習を行い，マネジメント分野に関連するビジネスの実務に適切に対応し，ビジネスを通じ，地域産業をはじめ経済社会の健全で持続的な発展について，組織の一員としての役割を果たすことができるようにする。

⑶　会計に関する実践

「簿記」，「財務会計Ⅰ」，「財務会計Ⅱ」，「原価計算」，「管理会計」の内容に関連させた，ビジネスの実務に対応する力を高める実践的・体験的な学習を行い，会計分野に関連するビジネスの実務に適切に対応し，ビジネスを通じ，地域産業をはじめ経済社会の健全で持続的な発展について，組織の一員としての役割を果たすことができるようにする。

⑷　ビジネス情報に関する実践

「情報処理」，「ソフトウェア活用」，「プログラミング」，「ネットワーク活用」，「ネットワーク管理」の内容に関連させた，ビジネスの実務に対応する力を高める実践的・体験的な学習を行い，ビジネス情報分野に関連するビジネスの実務に適切に対応し，ビジネスを通じ，地域産業をはじめ経済社会の健全で持続的な発展について，組織の一員としての役割を果たすことができるようにする。

⑸　分野横断的・総合的な実践

マーケティング，マネジメント，会計，ビジネス情報の４分野の中から，複数の分野の内容に関連させた，ビジネスの実務に対応する力を高める実践的・体験的な学習を行い，ビジネスの実務に適切に対応し，ビジネスを通じ，地域産業をはじめ経済社会の健全で持続的な発展について，組織の一員としての役割を果たすことができるようにする。

今回の改訂では，ビジネスの実務に一層対応できるようにする視点から，地域や産業界等と連携して具体的な実務について理解を深める学習活動を取り入れるなど改善が図られ，ビジネスの実務に対応する力の育成が重要となってきている。

（笠木　秀樹）

コラム　ホスピタリティを考える

ある航空会社の機内でのできごとである。話をすることが仕事なので，つい熱が入ると大きな声になってしまう。いつものどには気をつけており，機内でのど飴を所望することも多い。その日も，「あの～，のど飴をいただけませんか？」と，頼んだところ，しばらくして客室乗務員から「お客様，お待たせいたしました。のどの調子はいかがですか。風邪の前兆かもしれませんので，これもお使いください。」と，のど飴がたくさん入った袋とマスクを手渡された。別の日，ほかの航空会社で同じようにのど飴を所望したところ，「どうぞ」と，のど飴を１個手渡してくれた。誰もがそのような対応をするのではないにしても，これが会社の応対力の差かと感じることは，ほかにも数多くある。

今回の改訂では，「ホスピタリティ」の用語が多くの箇所で登場し，内容的にもより深くなっている。「心からのおもてなし」で顧客を満足させることはできても，感動を起こさせることは難しい。東京ディズニーリゾートやザ・リッツ・カールトンのようなレベルの対応をすべてに望むわけではない。しかし，誰もがホスピタリティマインドをもって，主体的に行動することができれば，そこに感動が生まれ，また，相手から感謝されることで自分も幸せを感じることができ，仕事に対する誇りにもつながってくるのではないだろうか。

「ビジネス基礎」学習指導計画

1　単元名　(6)　身近な地域のビジネス

2　単元の目標

何ができるようになるのか	・身近な地域のビジネスに関する知識などを基盤として，地域のビジネスを取り巻く環境など科学的な根拠に基づいて，ビジネスの振興による地域の発展について，組織の一員としての役割を果たす。
どのように学ぶか	・地域の発展に及ぼす影響と関連付けて分析し，考察する学習活動に取り組む。 ・ビジネスの動向を捉えて，地域の特色を生かしたビジネスの振興策を考案し，発表する学習活動に取り組む。
何を学ぶか	・身近な地域の課題 ・身近な地域のビジネスの動向

3　単元の評価規準

Ⅰ　知識・技術	Ⅱ　思考・判断・表現	Ⅲ　主体的に学習に取り組む態度
身近な地域のビジネスについて理解している。	身近な地域のビジネスに関する課題を発見し，それを踏まえ，科学的な根拠に基づいて，ビジネスの振興策を考案して実施し，評価・改善することができる。	身近な地域のビジネスについて自ら学び，ビジネスの振興による地域の発展に主体的かつ協働的に取り組むことができる。

4　指導と評価の計画　※本時の内容は太枠

時程	ねらい・学習活動	評価の観点 Ⅰ	Ⅱ	Ⅲ	評価規準・評価方法
第一次（3時間）	**身近な地域の課題** ねらい：身近な地域の抱えるビジネスに関する課題について，具体的な事例を考察し，理解を深める。				
	■自分の住んでいる地域にある企業の店舗に注目し，どのような店舗があるかを調べて，整理し，気づいたことをワークシートにまとめる。 ・ワークシートに，取扱商品や企業形態などで分類して整理させ，そこから気づいたことをまとめさせる。	●			・身近な地域のビジネスについて，調べたことを整理し，内容を理解している。(ワークシート，観察)
	■地域におけるビジネスの実例を学ぶとともに，中小企業庁の中小企業・小規模事業者の経営実態及び事業継承に関するアンケート調査から地域が抱える課題について整理し，気づいたことをワークシートにまとめる。 ・実例やアンケート調査から地域の抱える課題について整理させ，地域の課題を見いださせる。		●		・身近な地域のビジネスについて，資料を活用し地域の課題を見いだすことができる。(ワークシート)

	■身近な地域のビジネスに関するケース教材　旭川家具「MUKU工房」を読み，旭川家具を取り巻く背景についてワークシート1に整理するとともに，成長要因について，売上高の推移を参考に2にまとめる。 ・旭川家具を取り巻く背景について考えさせ，ワークシート1に整理し，「MUKU工房」の成長要因について，売上高の推移を参考に2にまとめさせる。	●			・身近な地域のビジネスについて，教材や資料から読み取り，現状や背景を理解している。（ワークシート）
	■旭川家具「MUKU工房」の現状や背景を踏まえて，これからの「MUKU工房」におけるビジネスの課題をあげ，グループで討論し，それに基づいて，自己の考えを3にまとめる。 ・ケース教材の情報を正確に把握させる。そのため2がまとめられた段階で内容を確認させ，それを踏まえて3にまとめさせる。 ・ここでは，単にビジネスだけでなく，旭川家具の知名度をあげ，町づくりに貢献するとともに，生活に根ざした家具の提案までを視野に入れた考えに気づかせる。		●		・現状や背景を踏まえて，ビジネスの課題をあげ，グループでの討論を通して思考を深めたり，適切に判断して導き出したり，表現したりしている。（ワークシート，観察）
第二次（5時間）	**身近な地域のビジネスの動向** **ねらい：身近な地域のビジネスの動向について，調査・分析し，振興策を考案することによって，理解を深める。**				
	■身近な地域のビジネスの動向について，インターネットを活用して，グループで調べてまとめる。 ・地域のビジネスの実例を通じて，地域における社会的役割について考えさせる。 ・必要な資料を収集させるため，適宜，机間指導によって助言する。 ・生徒の取り組みの様子を観察シートに記入する。			●	・地域のビジネスについての知識を主体的に身に付けて，地域における社会的役割について思考を深めようとしている。（観察）
	■地域のビジネスの動向から地域課題を見定め，ビジネスに関する理論やデータを用いて，調査・分析を行う。 ・ビジネスに関する理論やデータを用いて，調査・分析を行う手順を理解させる。 ・ビックデータの活用についても取りあげる。	●			・ビジネスに関する理論やデータを用いて，調査・分析を行う手順を理解している。（ワークシート）
	■地域のビジネスの動向を捉えて，地域の特色を生かしたビジネスの振興策を考案し，発表する。 ・身近な地域で，どのようなビジネスが必要であり，効果的なのかを考えさせる。 ・地域のビジネスの動向を捉えて，地域の特色を生かしたビジネスの振興策を考案させ，発表させる。		●		・地域の特色を生かしたビジネスの振興策について，討論を通して思考を深め，適切に判断して導き出したり，表現したりしている。（ワークシート，観察）

5　本時の指導と評価の計画（第3時／全3時間）

学習内容・活動	評価規準 【評価の観点】（評価方法）
ねらい：身近な地域の抱えるビジネスに関する課題について，具体的な事例を考察し，理解を深める。	
○学習の見通しをもたせる。 ○旭川家具「MUKU工房」というケース教材を使って，身近な地域のビジネスについて学習する。 ○旭川家具「MUKU工房」という身近な地域のビジネスに関する知識などを基盤として，地域のビジネスを取り巻く環境など科学的な根拠に基づいて，ビジネスの課題をまとめる。 ○前時までに行った身近な地域のビジネスの学習も利活用する。 ・旭川家具という身近な地域のケースを提示し，本時の学習に見通しをもたせる。	
○ケース教材を読み，旭川家具を取り巻く背景について整理し，成長要因についてまとめる。 ・身近な地域のビジネスに関するケース教材を読ませる。 ・旭川家具を取り巻く背景について考えさせ，ワークシート①に整理するとともに，成長要因について，売上高の推移を参考に②にまとめさせる。	・身近な地域のビジネスについて，教材や資料から読み取り，現状や背景を理解している。【知識・技術】（ワークシート）
○グループで話し合い，ビジネスの課題をとりあげる。 ・旭川家具「MUKU工房」の現状や背景を踏まえて，これからの「MUKU工房」におけるビジネスの課題をあげ，グループで話し合わせる。 ・ケース教材の情報を正確に把握させる。そのため②がまとめられた段階で内容を確認させ，それを踏まえて③にまとめさせる。	・現状や背景を踏まえてビジネスの課題をあげ，グループでの討論を通して思考を深め，適切に判断したり，表現したりしている。【思考・判断・表現】（ワークシート，観察）
○学習してわかったことや，自分の考えを③にまとめる。 ○今日の学習を捉えて，地域の特色を生かしたビジネスの振興策をどのように考案し，発表するか考える。 ・単にビジネスだけでなく，旭川家具の知名度をあげ，町づくりに貢献するとともに，生活に根ざした家具の提案までを視野に入れた考えに気づかせる。 ・旭川家具の発展のためには，交通の便や資源，まちづくりにも関連していることを気づかせる。 ○今日の学習について振り返り，まとめる。	

ケース教材　旭川家具「MUKU工房」

北海道の旭川家具は，豊富な木材と明治末期に移住してきた腕のいい大工や家具建具職人に恵まれて，大正時代には当時最高の生産額に達した。木材加工業は，精米業，清酒醸造業と共に旭川の３大産業として成長し，北海道最大の木工の町となった。これは恵まれた木材資源の活用に着眼し，工業化を図ったことと，旭川の家具産業の発展が資源立地型であり，特にナラ材ほか優れた家具材に恵まれていることが発達の一因であることは間違いない。しかし，原野資源に恵まれていることは必要条件であるが，発達理由の一部に過ぎない。膨張や収縮などの狂いが生じにくい良質な材料こそが，完璧な家具作りの第一歩であり，乾燥した風土の北海道は，湿度を嫌う木材にとって格好の保管場所であった。家具材のダイヤといっても過言ではない「アメリカンブラックウォールナット」の多くもこの旭川に集まっていて，いわば高級家具材の集積地でもあった。また，木材の割れやひびなどが生じやすい乾燥の工程も職人たちのこだわりと誇りであり，家具づくりへの職人の高い技術力があげられる。そんな旭川家具のデザインには，北欧の家具デザインと共通する点が多くみられる。それは寒冷地の限られた素材を使用するためだといわれている。素材を大切にし，生活に根ざした北欧の家具づくりのマインドが，旭川の家具にも流れている。さらに，テーブルで食事をする生活スタイルへの変化も幸いし，家具業界やデザイン業界に広く認知され，「旭川家具」のブランドが高い評価を得るようになった。

父と共に建築設計事務所兼工務店を営んでいた永原大介[1]は，地元の家具に触れる機会が多かった。旭川家具は，歴史もあり高品質で素晴らしいものであったが，全国的にみて知名度は決して高くはなく，「旭川家具はもっと売れていいはずだ。[2]もっと知名度が上がって多くの人に愛される家具だ。」と強く感じたのであった。そこで，ネットビジネスに着目した永原は，2006（平成18）年に楽天市場でのインターネットショップ「MUKU工房」を始めた。

きっかけである「旭川家具」を世に広めたいという想いと，予算が限られていたため，実店舗での販売ではなく，ネットビジネスを選択したことが成長をもたらした。出店して最初の壁は，旭川家具の良さをどう伝えるかであった。一人で運営した初年度は，製品の良質な無垢素材について，その質感が伝わるような写真を撮影することに四苦八苦した。その後，若手スタッフも加わり，サイトの制作は飛躍的にスピードアップした。2010（平成22）年には楽天市場ショップオブザウィークを受賞し，300万円で始まった年商も１億円を超えた。この頃から，旭川の木製品業者がネット販売の噂を聞きつけ，うちの製品も販売してほしいと言ってくれるようになった。旭川近辺には大小100の工房・工場があり，現在では46社と取引をしている。また，多くの顧客から「素晴らしい家具をありがとう」「ネットでの購入は不安があったが，大正解だった」等，高い評価を得て，改めて旭川家具の素晴らしさに対する実感と，ネットビジネスが軌道に乗ったという確信を得た。ネットビジネスを通じて，旭川家具づくりの想いやストーリーに共鳴してくれるファンが増えてきているという。

2012（平成24）年には楽天市場依存の体質を改める方針を打ち出し，自社サーバで運用することにした。自社サイトの構築は約１年の制作期間を要し，2013（平成25）年に開店した。サイトが稼働しデータの解析を進めた結果，デジタル広告（Google，Yahoo!）の成果が一定数あることがわかり，よりアクセス数を増やすためにデジタル広告の配信に力を注いだ。また，海外，特に台湾や香港からのアクセス数が日々増加していることに注目し，2015（平成27）年に台湾台北市に現地法人を設立し，現地スタッフを採用して中国語への翻訳作業を始めた。現在，サイトは日本語・中国語・英語の多言語で表示しており，世界中からアクセスだけでなく，問い合わせや購入も増えている。日本は人口減少・内需が縮小していく時代を迎え，今後，海外への売上高比率を上げることが重要だと，永原は語った。

1…永原大介　株式会社北廊代表取締役，「MUKU工房」運営統括責任者（2006年９月創立，本社：旭川市）

2…旭川市工芸センターの資料によると，1990（平成２）年の家具の出荷額はおよそ440億円，近年は100億円を下回る結果となっている。

※本ケース教材は，笠木秀樹（岡山県立大学）によって作成された。なお，本教材は経営管理の巧拙を記述するものではなく，クラス討議のための資料として，高校生用に１教材50分で討議できるよう作成されている。作成にあたっては，永原大介氏（株式会社北廊代表取締役）にご協力いただいた。記して感謝したい。

2019（令和元）年９月

ケース教材

旭川家具「MUKU工房」

組　　番 氏名	検印

1　「旭川家具」がブランドとして評価されるようになった背景には，どのようなものがありますか。【知識・技術】

2　「MUKU工房」が成長した要因には，どのようなものがありますか。次の「MUKU工房」売上高の推移も参考にして考えてみよう。【知識・技術】

出典：MUKU工房「年度別売上高概算」より作成。

3　「MUKU工房」の現状や背景を踏まえて，今後の課題を考えてみよう。【思考・判断・表現】

□　今日の授業で，新しく知ったこと，感じたこと，できるようになったことを書いてください。

6　ルーブリックの例

ケース教材　旭川家具「MUKU工房」

班名	氏名	点数計 点／100点

評価の観点	評価方法	重み	A（25）	B（15）	C（10）
			十分に満足できる	おおむね満足できる	努力を要する
【知識・技術】	内容（ワークシート1）	1	旭川家具がブランドとして評価されるようになった背景を，教材から正確に読み取り，メンバーにもアドバイスすることができる程度に，的確に理解している。	旭川家具がブランドとして評価されるようになった背景を，教材から読み取り，理解している。	旭川家具がブランドとして評価されるようになった背景を，他人のアドバイスにより理解している。
	内容（ワークシート2）		「MUKU工房」が成長した要因を，教材や売上高の推移などの資料から正確に読み取り，他人を説得できるだけの的確な内容を理解している。	「MUKU工房」が成長した要因を，教材や売上高の推移などの資料から読み取り，箇条書き等でわかりやすく記述できる程度に理解している。	「MUKU工房」が成長した要因を，教材や売上高の推移などの資料から読み取り，概略的には理解している。
【思考・判断・表現】	表現内容等（ワークシート3）	2	現状や背景から的確にビジネスの課題を発見し，グループでの討論を通して思考を深め，メンバーが気づかない観点から考えを述べたり，表現したりしている。	現状や背景からビジネスの課題を発見し，グループでの討論を通して思考を深めて判断したり，表現したりしている。	現状や背景からビジネスの課題を自分なりに思考・判断して導き出し，表現しようとしている。
	表現方法等（観察）	1	グループでの討論などで協働しながら，ビジネスの課題について思考を深め，メンバーの意見をまとめて適切に判断し，表現している。	グループでの討論などで協働しながら，ビジネスの課題について思考を深め，判断したり，表現したりしている。	ビジネスの課題について思考を深め，判断したり表現したりしている。

「ビジネス・コミュニケーション」授業展開例

1　単元名　(3)　ビジネスにおける思考の方法とコミュニケーション

2　単元の目標

何ができるようになるのか	・言語コミュニケーション，非言語コミュニケーションなどコミュニケーションに関する知識，技術などを基盤として，コミュニケーションがビジネスに与える影響など科学的な根拠に基づいて，ビジネスにおいてコミュニケーションを図り，組織の一員としての役割を果たす。
どのように学ぶか	・ビジネスの場面を想定した実習に取り組む。
何を学ぶか	・言語コミュニケーションと非言語コミュニケーション ・ビジネスにおける思考の方法 ・ビジネスにおけるコミュニケーション

3　本時の指導と評価の計画（第１時／全11時間）

学習内容・活動	評価規準 【評価の観点】（評価方法）
ねらい：言語コミュニケーションと非言語コミュニケーションについて理解を深める。	
○ビジネスにおいて，様々な場面でコミュニケーションを図っていることに注目し，どのような場面があるかを考え，整理して，ワークシートにまとめる。 ・ワークシートに，様々な場面を想定して整理させる。その後，そこから，ビジネスの諸活動を円滑に行うために気づいたことをまとめさせる。	
○言語コミュニケーションと非言語コミュニケーションについて，その違いの説明及び非言語コミュニケーションの重要性について説明を受ける。 ・言語コミュニケーションと非言語コミュニケーションについて，その違いと重要性について説明する。	・ビジネスにおけるコミュニケーションについて実務に即して理解している。【知識・技術】（ワークシート）
○非言語コミュニケーションについて，声の強弱と抑揚，話す速度，話の間の取り方，表情，視線の移動などの伝え方，相づち，姿勢などの聞き方など，様々な言語以外でのコミュニケーションを図る方法について取りあげ，ペアになって，取りあげた方法を実践してみる。 ・非言語コミュニケーションによるコミュニケーションを図る方法について取りあげ，ペアになって，取りあげた方法を実践させ，コミュニケーションを図る難しさを体験させる。	
○メラビアンの法則について説明を受け，ペアでビジネスの場面に応じて効果的に自分の意思を伝えるためには，どのようなことに気をつければよいかを考える。 ・ビジネスの場面に応じて効果的に自分の意思を伝えるためには，どのようなことに気をつければよいかを考えさせ，まとめさせる。	・ビジネスの場面に応じて思考してコミュニケーションを図り，評価・改善することができる。【思考・判断・表現】（観察）

ワークシート

言語コミュニケーションと非言語コミュニケーション

年　　組　　番　氏名

問　人は様々な場面でコミュニケーションをとっています。ビジネスの場面を想定してどのような場面でコミュニケーションをとっていますか。

コミュニケーションをうまくとるにはどんなことに注意しているでしょうか。

1）言語コミュニケーションと非言語コミュニケーションとは

言語コミュニケーションとは

非言語コミュニケーションとは

2）非言語コミュニケーションについて，ペアになって実践してみよう。

注意したこと

3）メラビアンの法則とは

問　グループでビジネスの場面に応じて効果的に自分の意思を伝えるためには，どのようなことに気をつければよいかを考え，まとめてみよう。

□今日の授業で，新しく知ったこと，感じたこと，できるようになったことを書いてください。

「課題研究」授業展開例

１　単元名　(3)　産業現場等における実習

２　単元の目標

何ができるようになるのか	・ビジネスを通じ，地域産業をはじめ経済社会の健全で持続的な発展について，組織の一員としての役割を果たす。
どのように学ぶか	・商業科に属する科目で学んだ内容に関連した産業現場等における実習及びその一環としての実習内容に関する課題を探究する学習活動に取り組む。
何を学ぶか	・企業における売買，商品管理，プロモーション，観光などのサービス，市場調査及び顧客との応対に関する実習 ・企業活動及び地域の経済や産業の動向の調査に関する実習 ・企業における会計処理及び財務分析に関する実習 ・企業における情報の収集・処理・分析，情報システムの開発及びウェブページの制作に関する実習

３　本時の指導と評価の計画（第40時／全45時間）

学習内容・活動	評価規準 【評価の観点】（評価方法）
ねらい：高校生の立場で企業をＰＲするウェブページを制作して発信しよう。	
○２人１組で高校生の目線で企業を紹介するウェブページを制作して，これまでの学習で身に付けた知識，技術などを企業における活動を通して実践的に高める。 ［担当者の助言をもらいながら，高校生の目線で企業を紹介するウェブページを２人で協力して制作させる。また，事前指導を十分行い，実習現場では極力，企業の担当者に任せる。］	
○ウェブページ制作におけるインターンシップの内容は次のとおりである。 １　企　画 (1)　情報の洗い出し (2)　必要なページ数の決定 ２　設　計 (1)　全体構成の決定 (2)　ワイヤーフレームを作る ３　制　作 (1)　デザインを作る (2)　コーディングをする	・商業の各分野について実務に即して体系的・系統的に理解しているとともに，相互に関連付けられた技術を身に付けている。【知識・技術】（活動記録，ウェブページ）
４　社内発表 ５　アドバイスによる修正作業 ６　ウェブページの公開 ７　公開後の反応による修正 ○制作過程での新たな発見や身に付いた技術等をレポートとしてまとめる。 ［高校生目線で企業の課題を発見し，ウェブページの制作に主体的・協働的に取り組ませながら，制作過程での新たな発見や身に付いた技術等をまとめさせる。］	・課題を解決する力の向上を目指して自ら学び，ビジネスの創造と発展に主体的かつ協働的に取り組む態度を身に付けている。【主体的に学習に取り組む態度】（活動記録，レポート）

「課題研究」活動記録

活動記録（１日目）　　　　No.

日　時	令和　年　月　日（　）　：　～　：	
活動場所		
主な活動内容		感じたこと／わかったこと／学んだこと
		次回の活動に向けてやろうと思ったこと
感想や質問等を書いてください。		

活動記録（２日目）　　　　No.

日　時	令和　年　月　日（　）　：　～　：	
活動場所		
主な活動内容		感じたこと／わかったこと／学んだこと
		次回の活動に向けてやろうと思ったこと
感想や質問等を書いてください。		

「総合実践」学習指導計画

1　単元名　(2)　マネジメントに関する実践

2　単元の目標

何ができるようになるのか	・マネジメント分野に関連するビジネスの実務に適切に対応し，ビジネスを通じ，地域産業をはじめ経済社会の健全で持続的な発展について，組織の一員としての役割を果たす。
どのように学ぶか	・「ビジネス・マネジメント」，「グローバル経済」，「ビジネス法規」の内容に関連させ，ビジネスの実務に対応する力を高めるための実践的・体験的な学習活動に取り組む。 ・クラス単位で模擬会社組織を設け，売買業の企業活動を中心としたマネジメントについて実践する。 ・企業の経営者，金融，経理，法律などの実務に携わっている関係者を招き，職業や業務に関して実務に即した学習活動に取り組む。
何を学ぶか	・コンピュータを活用した経営シミュレーション ・株式会社の設立や証券投資 ・法人税，消費税の申告と納付，所得税の源泉徴収・納付・年末調整，住民税の特別徴収と納付など，税の手続き及び社会保険の手続きの方法 ・金融機関における業務を想定した個人資産の運用や，コーポレート・ファイナンス

3　単元の評価規準

Ⅰ　知識・技術	Ⅱ　思考・判断・表現	Ⅲ　主体的に学習に取り組む態度
マネジメント分野に関連するビジネスについて，実務に即して総合的に理解している。	マネジメント分野に関連するビジネスの実務における課題を発見し，科学的な根拠に基づいて，課題への対応策を考案して実施し，評価・改善することができる。	マネジメント分野に関連するビジネスの実務について自ら学び，ビジネスの創造と発展に主体的かつ協働的に取り組むことができる。
定期考査　20% ワークシート　5％	提出物　30% （ワークシート，活動レポート，業務日誌等すべて含む） 観察　15%	活動レポート・業務日誌　20%

４　年間指導計画

内容	月	学習内容・活動	評価の観点・方法 I	II	III	評価方法
全体	4	ガイダンス				
経営実践		会社の経営者を招き，マネジメントや業務に関して実務に即して実践的に学ぶ。	●			ワークシート
		派遣会社の経営者を招き，ビジネスゲームの事前学習として，マネジメントや業務に関して実務に即して実践的に学ぶ。			●	ワークシート
ビジネスゲーム	5	ビジネスゲーム ・４人１組になって会社を組織し，人材派遣業を経営する。	●			ワークシート 定期考査
		・体験内容は次のとおりである。 （詳細は，本時の指導と評価の計画を参照） １　派遣会社の基本的な業務の流れ ２　人材確保 ３　人材育成 ４　営業活動 ５　資金繰り		●		活動レポート 観察
		ＰＤＣＡで評価し，２～３回繰り返す。			●	活動レポート 観察
経営実践		派遣会社の経営者を招き，ビジネスゲームの成果をもとに，マネジメントや業務に関して実務に即して実践的に学ぶ。		●		ワークシート
	6	証券会社の担当者を招き，証券投資に関して実務に即して実践的に学ぶ。	●			ワークシート
バーチャル投資		バーチャル投資 ・コンピュータを活用して証券投資に関する学習を行う。 ・２人１組になって，仮想マネー1000万円で運用開始する。	●			ワークシート
		・東証に上場している株式のリアルなデータを用いてデモトレードを行う。 ・リアルなデータを用いて本番さながらの株取引を体験する。		●		活動レポート 観察
		・株取引の知識と経験を身に付ける。			●	活動レポート 観察
		証券会社の担当者を招き，バーチャル投資の成果をもとに実践的に学ぶ。		●		ワークシート
デパートの経営実践	7	学校デパートの経営実践 ・実践を通して経済活動を理解し，経営について主体的に学ぶ。	●			ワークシート
	8	・出資→模擬会社の設立。生徒全員が出資し，社員となる。 ・デパートの企画，運営をすべて行う。			●	ワークシート
	9	・各クラスで会社を経営し店舗を設け，商品の仕入れから販売及び，利益計画から決算にいたるまでのビジネスにおける様々な過程を学ぶ。	●	●	●	ワークシート 観察
	10	・自社決算時の財産状態と当該会計期間の経営成績を明らかにし，事業報告を行う。			●	業務日誌 観察
	11	・決算報告資料を作成し，自社の事業内容について，客観的にわかりやすく伝え，各会社の事業報告との比較を行わせ，自社の取り組みについて分析する。	●	●		ワークシート 観察
	12	・すべての会計処理を終えたのち，会社を清算する。	●		●	業務日誌 観察
まとめ	1	評価・反省・まとめ 成果発表の準備	●	●	●	業務日誌 最終レポート
	2	成果発表会		●		観察 活動レポート

5　本時の指導と評価の計画（第15時／全70時間）

学習内容・活動	評価規準 【評価の観点】（評価方法）
ねらい：派遣会社を経営し，売上No. 1を目指そう。	
○派遣会社の経営者を招き，マネジメントや業務に関して実践的に学ぶ。 経営者から人事，営業，資金繰りなどについて実践的に学び，シミュレーションに役立つようにまとめさせる。	・マネジメント分野に関連するビジネスについて実務に即して総合的に理解している。【知識・技術】（ワークシート）
○4人1組で会社を組織し，コンピュータを活用して経営のシミュレーションを実践し，体験レポートにまとめる。 1　派遣会社の基本的な業務の流れ (1)　取引先から派遣の依頼 (2)　条件に応じて社員を派遣 (3)　報酬の獲得 2　人材確保 ・社員を探してスカウト ・インターネットやチラシで募集 ・優秀な人材を他社から引き抜く 3　人材育成 ・OJTで実務経験を蓄積 ・Off-JTでスキルアップ 4　営業活動 ・ポスターやテレビCMを使った宣伝をする ・新規開拓で取引先を増加させる ・得意先をまわって仕事を獲得する 5　資金繰り ・月末の時点で債務超過に陥ると倒産＝ゲームオーバー ・資金不足のときは銀行に融資を申し込む ・社員を増やしすぎず，給与を必要以上に上げない シミュレーションはゲーム感覚で行わせる。緊張感をもたせながらも，損失を恐れず思いきった判断を体験させることにより，様々な成功・失敗を体験させる。	・マネジメントに関連するビジネスの実務について自ら学び，ビジネスの創造と発展に主体的かつ協働的に取り組む態度を身に付けている。【主体的に学習に取り組む態度】（体験レポート）

「総合実践」活動レポート

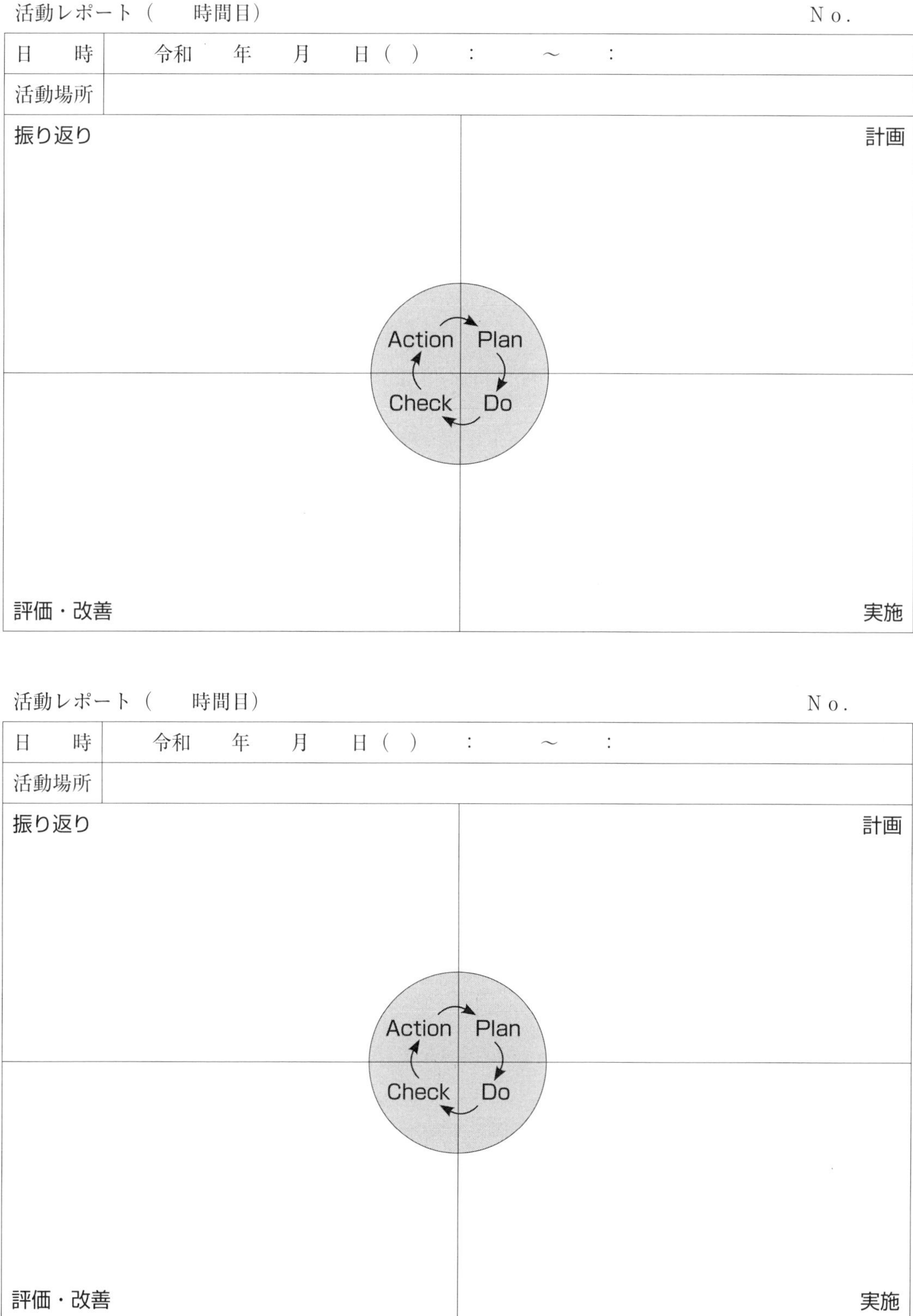

活動レポート（　　時間目）　　　　　　　　　　　　　　Ｎｏ.

日　　時	令和　　年　　月　　日（　）　：　　～　　：
活動場所	

活動レポート（　　時間目）　　　　　　　　　　　　　　Ｎｏ.

日　　時	令和　　年　　月　　日（　）　：　　～　　：
活動場所	

第２節　マーケティング分野の科目

1　分野の概要

マーケティング分野では，効果的にマーケティングを展開する力及び顧客を理解し，マーケティングの考え方を踏まえてビジネスを展開する力を育成する。

そのため，地域の資源を活用した商品開発，地域産業の振興策や情報技術を活用した合理的なビジネスを展開する方策の考案・提案と評価・改善，商標やパッケージデザインの考案と評価・改善など実際のビジネスに即した体験の中で発生する様々な課題に対して，試行錯誤しながら課題を解決していく学習活動などが大切である。

従前の「マーケティング」と「広告と販売促進」については，効果的にマーケティングを展開するために必要な資質・能力を育成する視点から指導項目を整理して統合し，「マーケティング」とした。従前の「商品開発」については，流通を見据えて商品開発を行うとともに，商品の企画や事業計画を理解した上で流通を展開するために必要な資質・能力を育成する視点から指導項目を改善し，科目の名称を「商品開発と流通」に改めた。

また，地域の活性化を担うよう，観光ビジネスについて実践的・体験的に理解し，観光ビジネスを展開するために必要な資質・能力を育成する視点から「観光ビジネス」を新たに設けた。

2　マーケティング

ねらい
- 企業で行われているマーケティングについて理解を深める。
- マーケティングに適切に取り組むことができるようにする。

学び方
- マーケティングの動向・課題を捉える学習をする。
- マーケティングに関する具体的な事例について多面的・多角的に分析し，考察や討論を行う。
- マーケティングに関する理論を，実験などにより確認する。

この科目は，ビジネスを適切に展開して企業の社会的責任を果たす視点をもち，ビジネスの場面を想定し，市場調査，製品政策，価格政策，チャネル政策及びプロモーション政策の立案に取り組む実践的・体験的な学習活動を行うことなどを通して，マーケティングの考え方の広がりに対応し，マーケティングについて，組織の一員としての役割を果たすことができるようにすることをねらいとしている。

「マーケティング」の指導項目は次のとおりである。

(1)　現代市場とマーケティング
　ア　市場環境の変化
　イ　マーケティングの発展
　ウ　マーケティングの流れ
　エ　消費者行動

(2)　市場調査
　ア　市場調査の目的と方法
　イ　情報の分析

(3)　製品政策
　ア　製品政策の概要
　イ　製品企画と生産計画
　ウ　販売計画と販売予測

エ　製品政策の動向

(4)　価格政策

ア　価格政策の概要

イ　価格の種類と決定の方法

ウ　価格政策の動向

(5)　チャネル政策

ア　チャネル政策の概要

イ　チャネルの種類と特徴

ウ　チャネル政策の動向

(6)　プロモーション政策

ア　プロモーション政策の概要

イ　プロモーションの方法

ウ　プロモーション政策の動向

今回の改訂ではマーケティングの考え方の広がりに対応して指導するよう改善が図られており，その動向を踏まえて指導するとともに，マーケティングに関する理論を実験などで確認する学習活動や，科学的な根拠に基づいてマーケティング計画の立案などを行う学習活動などを取り入れることが重要である。

3　商品開発と流通

この科目は，ビジネスを適切に展開して企業の社会的責任を果たす視点をもち，ビジネスの場面を想定し，商品の企画，事業計画及び流通とプロモーションに関する計画の立案に取り組む実践的・体験的な学習活動を行うことなどを通して，商品開発と流通について，組織の一員としての役割を果たすことができるようにすることをねらいとしている。

「商品開発と流通」の指導項目は次のとおりである。

(1)　現代市場と商品開発・流通

ア　商品の概念と商品開発の流れ

イ　流通の仕組みと商品との関わり

ウ　市場環境の変化

(2)　商品の企画

ア　環境分析

イ　開発方針とテーマの決定

ウ　市場調査

エ　商品企画書の作成

(3)　事業計画

ア　商品仕様の詳細設計と評価

イ　商品デザインの制作

ウ　知的財産の登録

エ　価格の設定

オ　事業計画書の作成

ねらい

・企業で行われている商品開発と流通について理解を深める。

・商品開発と流通に適切に取り組むことができるようにする。

学び方

・商品開発と流通の動向・課題を捉える学習をする。

・商品開発と流通に関する具体的な事例について多面的・多角的に分析し，考察や討論を行う。

・商品開発と流通に関する理論を，実験などにより確認する。

・商品開発と流通に関する具体的な課題を設定し，科学的な根拠に基づいて商品開発と流通に関する計画を立案して提案などを行う。

　カ　商品開発の動向・課題
(4)　流通とプロモーション
　ア　流通経路の開拓
　イ　プロモーションの実施
　ウ　流通とプロモーションの動向・課題

今回の改訂では，企業で行われている商品開発と流通について理解を深めるよう改善が図られており，商品開発が目的の科目ではないことを踏まえて指導計画を立案すること，科学的な根拠に基づいて商品開発と流通に関する計画の立案などを行う学習活動などを取り入れることが重要である。

4　観光ビジネス

ねらい
・企業で行われている観光ビジネスについて，理解を深める。
・観光ビジネスに，適切に取り組むことができるようにする。

学び方
・観光ビジネスの動向・課題を捉える学習をする。
・観光ビジネスに関する具体的な事例について多面的・多角的に分析し，考察や討論を行う。
・観光ビジネスに関する理論を実験などにより確認する。
・観光ビジネスに関する具体的な課題を設定し，科学的な根拠に基づいて観光の振興策を考案して提案などを行う。

この科目は，ビジネスを適切に展開して企業の社会的責任を果たす視点をもち，ビジネスの場面を想定し，観光資源の効果的な活用，マーケティング及び国内旅行と訪日観光の振興策の考案に取り組む実践的・体験的な学習活動を行うことなどを通して，観光ビジネスの展開について，組織の一員としての役割を果たすことができるようにすることをねらいとしている。

「観光ビジネス」の指導項目は次のとおりである。
(1)　観光とビジネス
　ア　観光ビジネスの特徴
　イ　観光ビジネスの動向
(2)　観光資源と観光政策
　ア　国内の観光資源
　イ　観光資源の保護と保全
　ウ　観光政策の動向
(3)　観光ビジネスとマーケティング
　ア　観光ビジネスの主体
　イ　観光ビジネスにおけるマーケティングの特徴
　ウ　顧客の理解
　エ　顧客サービス
(4)　観光ビジネスの展開と効果
　ア　観光振興とまちづくりとの関係
　イ　観光に関する地域の課題
　ウ　地域の活性化

この科目は，今回の改訂で新たに設けられたものである。インバウンドのみを想定したものではなく，観光ビジネスに関する理論を実験などにより確認する学習活動や，科学的な根拠に基づいて観光振興策の考案などを行う学習活動などを取り入れることが重要である。　（山科　博子）

コラム　ルーブリックを用いたパフォーマンス評価の実践

普段の授業の態度やグループ学習，プレゼンテーションの場面などにおいて，生徒の資質・能力を育むためのルーブリック評価表として「一般評価基準表」を作成し，実践している。このルーブリックでは，商業科の生徒にとって将来専門的職業人として必要な能力や，期待される能力，生徒の認識や行動の質として，次の10個の評価基準項目を選んだ。好奇心，主体性，自立・計画性，課題発見・理解の言語化，論理的構成力，独創性，表現力，協調性，自己理解，規範意識である。１回の授業で10項目をすべて見るのではなく，「この授業で育みたい力」について，授業計画の中で１～３項目程度について評価している。

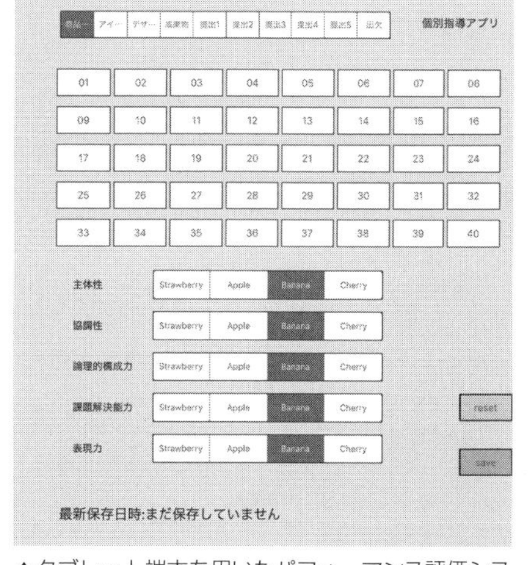

▲タブレット端末を用いたパフォーマンス評価システムの画面

授業をしながら評価もするのは負担であり，授業後の集計作業も手間がかかる。そのため，タブレット端末を用いたパフォーマンス評価システムを使用し，学習指導要領における各教科・科目の目標，「知識及び技術」，「思考力，判断力，表現力等」，「学びに向かう力，人間性等」との関連性も考慮し，評価の役割を分けながら活用している。

コラム　ルーブリックによる評価を活用した指導例

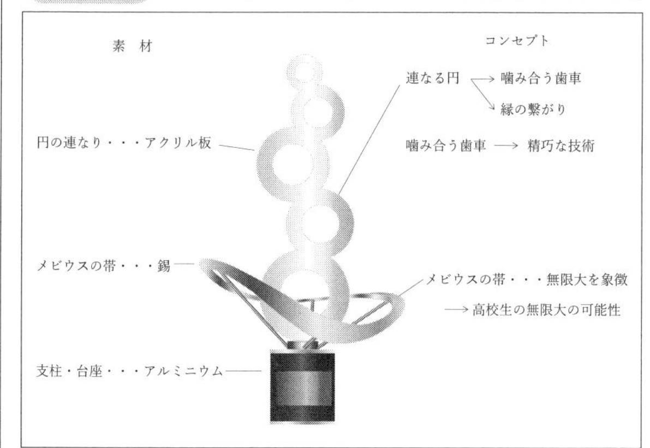

▲トロフィーのアイデアスケッチ

工業高校生のものづくりコンテストのトロフィーデザイン制作を行った際，ある生徒のアイデアスケッチでは，「連なる円：噛み合う歯車，縁のつながり」，「噛み合う歯車：精巧な技術」，「メビウスの帯：無限の象徴，高校生の無限大の可能性」と論理的に言語化されているところが「S」と高く評価された。この点を高く評価した教員が，説得力を高めるためのコンセプトについて，「無限の可能性，つながる思い」と引き出した。一方で，トロフィーのパーツに，アルミニウム，錫（すず），アクリルと，それぞれ異なる素材を使用していたことから，計画性が不足していると捉え「B」と評価した。そのため，実際の制作に対する納期や，素材ごとに異なる職人が関わることなどを考え，素材はアクリルとスチールで統一することとし，実現可能な手段に導く指導を行った。

ルーブリックでの評価を参考に，個々の生徒に対し各観点において高い評価を行った教員が，能力を伸長する指導を行う。評価が低いものについては，支援が必要な課題として担当教員で方策を考え，指導を行う。課題の明確化を行うことで，指導の役割分担と指導法を工夫することができる。

「商品開発と流通」学習指導計画

1　単元名　(2)　商品の企画

2　単元の目標

何ができるようになるのか	・環境分析など商品の企画に関する知識，技術などを基盤として，経済や消費者の動向，商品の企画に関する具体的な事例など科学的な根拠に基づいて，商品を企画することについて，組織の一員としての役割を果たす。
どのように学ぶか	・流通や商品開発などを担う当事者の視点をもって多面的・多角的に分析する学習活動に取り組む。 ・観察やインタビューなどを通じて，顧客を理解したり，開発した商品の市場性を分析したりする学習活動に取り組む。 ・具体的な事例と関連付けて分析して，商品コンセプトを考察する学習活動に取り組む。
何を学ぶか	・環境分析　・開発方針とテーマの決定 ・市場調査　・商品企画書の作成

3　単元の評価規準

Ⅰ　知識・技術	Ⅱ　思考・判断・表現	Ⅲ　主体的に学習に取り組む態度
商品の企画について企業における事例と関連付けて理解するとともに，関連する技術を身に付けている。	商品の企画に関する課題を発見し，それを踏まえ，科学的な根拠に基づいて，商品を企画して実施し，評価・改善することができる。	商品の企画について自ら学び，経済や消費者の動向などを踏まえ，商品の企画に主体的かつ協働的に取り組むことができる。

4　指導と評価の計画

※本時の内容は太枠

時程	ねらい・学習活動	評価の観点 Ⅰ	Ⅱ	Ⅲ	評価規準・評価方法
第一次（6時間）	商品開発に関する意思決定過程 ねらい：環境分析の結果を基にした商品の企画に取り組むことを通して，商品開発に関わる意思決定過程について深める。				
	■環境分析について 経済や技術の動向，消費の傾向，競合企業の動向など商品を取り巻く環境とその分析について確認する。 富山県の伝統工芸品や産業に着目し，流通や商品開発などを担う当事者の視点をもって多面的・多角的に分析させる。	●			・商品の企画について富山県の伝統工芸品における事例と関連付けて理解している。（ワークシート）
	■商品のライフサイクルや競争上の位置付けを明確にした開発方針とテーマの決定を行う。 企業を一例として，商品開発の方針を決定，商品のカテゴリーと標的市場など開発する商品テーマを決定させる。		●		・商品を企画して実施し，評価・改善することができる。（プレゼンテーション）
	■開発する商品の競合状況，消費実態や顧客のニーズ，消費者の生活行動や意識など商品開発に必要な情報の種類とそれを収集する市場調査の方法について確認する。	●			・市場調査に基づいた商品の企画について理解している。（ワークシート）

次	学習活動・指導上の留意点	評価1	評価2	評価3	評価規準（評価方法）
	商品の企画に関連させた，観察やインタビューなどを通じて，顧客を理解したり，開発する商品の市場性を分析させたりする。				
第二次（3時間）本時	商品の企画実習：「ご当地学習帳」をつくろう ■これまで学習した商品の企画の流れについて確認する。 本時の取り組みの目的と流れについて確認する。				
	商品の企画 ねらい：商品の企画について企業における事例と関連付けて理解するとともに，関連する技術を身に付ける。				
	■ケース教材「ショウワノート株式会社」 ・ケース教材を読み，ワークシートに商品企画の事例から消費者の立場に立って行われた工夫や改善をまとめさせる。			●	・ショウワノート株式会社という身近な地域のケースを提示し，関心を深めようとしている。（ワークシート）
	■自分の住んでいる地域の観光スポットや特産品に注目し，情報や課題を調べて整理する。 ・ワークシートに，地域の観光資源や特産品に関する情報や課題を分類して整理させる。				
	■「ジャポニカ学習帳」の型枠を使用し，地域のオリジナル「ご当地学習帳」を企画する。 ・企画書作成のための準備用ワークシートに，コンセプトテーマに沿って，企画案を記入する。		●		・アドバイスシートの記入で，他者の意見についても改善点について考え，よりよい方策を提案している。（アドバイスシート）
	■企画内容についてグループ内でプレゼンテーションを行う。 ・アドバイスシート，自己評価シートに記入させる。				
第三次（2時間）	商品企画書の作成				
	商品企画書の作成 ねらい：商品企画書の作成について，関連する作成技術を身に付ける。				
	■グループになって考案したアイデアを紹介しあい，グループとしての学習帳の企画を考える。 ・ワークシートに考案した商品の内容を記入し，商品の詳細やデザイン案を考えさせる。 ■考案した学習帳の内容について，フォーマットにあわせて商品企画書を完成する。 ・企画書に考案した商品について，詳細を記入させる。 ■考案した学習帳のデザインを作成する。 ■グループの企画内容についてプレゼンテーションを行う。 ・アドバイスシート，自己評価シートに記入させる。			●	・商品の企画について自ら学び，経済や消費者の動向などを踏まえ，商品の企画に主体的かつ協働的に取り組んでいる。（ワークシート）

5　本時の指導と評価の計画（全3時間）

学習内容・活動	評価規準 【評価の観点】（評価方法）
【1　富山県の伝統的な絹織物・しけ絹を利用した商品開発】	
ねらい：環境分析の結果を基にした商品の企画に取り組むことを通して，商品開発に関わる意思決定過程について深める。	
○商品開発の一連の流れについてクラス全体で学習する。 ・商品開発に取り組む上での方向性として，「富山県の魅力をPRできる商品開発」と決めさせる。 ・１クラスの生徒が個々に富山県について調査した後，興味・関心が共通している生徒で6つのグループに分けて取り組ませる。 ○富山県の伝統工芸品や産業に着目し，環境分析を行う。 ・高岡銅器，高岡漆器，井波彫刻，越中和紙などの工芸品について，その美しさや優れた技術を日本や世界の多く人々に知ってほしいことを気づかせる。 ・松井機業でのしけ絹の調査では，JOHANAS（ヨハナス）というブランドを立ち上げてしけ絹の新たな楽しみ方に気づかせ，「ローカルから世界に発信する」というコンセプトのもと，海外進出にも取り組んでいることを理解させる。 ○松井機業で製造工程を見学し，商品に触れ，制作の実地調査を行う。 ・商品の特徴として，肌にやさしいこと，燃えにくいこと，静電気がおきにくいこと，エコロジーであることなどを理解させる。 ・商品について，デザイン性が重視される世界と，機能性が重視される我が国の違いを認識させ，日本製の品質が高いことも理解させる。 ○絹の商品を販売している日本や海外の企業を調べ，商品コンセプトを立案する。 ・衣料品，インテリア，建築資材など幅広く商品が展開されていることと，どの商品も価格が高いことを理解させる。 ・絹は上品で美しく，人肌と同じタンパク質を主成分としているため，紫外線や乾燥などのダメージから身を守る機能が備わっている点に着目させ，女性からの需要が見込まれることに気づかせ，ターゲットを絞らせる（その結果，20代から30代の女性とした）。 ・商品コンセプトとして，肌の敏感なベビー向けの商品とウェディング用の商品を作り，特別な日やギフト目的の商品を企画することとした（高価格でもニーズがあると考えた）。 ○松井機業にて，商品の企画内容についてプレゼンテーションを行った。 ・ベビー用品の試作の制作を依頼し，ウェディング用品については，テーブルウェア用品を提案した。 ○試作品を卒業制作展で一般公開した。 ・来場者からは「美しい」や「プレゼントにあげたい」という声があった。 ○販売とプロモーション ・販売は，JOHANASのホームページやFacebookを通して行った。 ・しけ絹の商品は芸能人などの著名人が購入し，さらにその友人へと，富裕層の間で口コミにより広がって販路がつながっていた。 ・東京や海外のデパート等で展示会も行われ，広く知られてきた。	・商品の企画について富山県の伝統工芸品における事例と関連付けて理解している。【知識・技術】（ワークシート） ・商品を企画して実施し，評価・改善している。【思考・判断・表現】（プレゼンテーション）
【2　「ご当地学習帳」の商品企画】	
ねらい：商品の企画について企業における事例と関連付けて理解するとともに，関連する技術を身に付ける。	
○ケース教材「ショウワノート株式会社」 ・ケース教材「１冊のノートにかける思い～ショウワノート　ジャポニカ学習帳～」を読み，商品企画の事例から消費者の立場に立って行われた工夫や改善をまとめさせる。 ○自分の住んでいる地域の観光スポットや特産品に注目し，情報や課題を整理する。 ・ワークシートに，地域の観光資源や特産品に関する情報や課題を分類して整理させる。 ○グループに与えられたテーマをもとに商品の企画を考える。 ・ワークシートに商品の企画の下準備を記入し，デザイン案を制作させる。 ○グループ内で一案を選び，企画書を作成しプレゼンテーションを行う。 ・アドバイスシート，自己評価シートに記入させる。	・ショウワノート株式会社という身近な地域のケースを提示し，関心を深めようとしている。【主体的に学習に取り組む態度】（ワークシート） ・アドバイスシートの記入で，他者の意見についても改善点について考え，よりよい方策の提案を目指している。【思考・判断・表現】（アドバイスシート）

ケース教材

1冊のノートにかける思い～ショウワノート　ジャポニカ学習帳～

学習帳生産のきっかけ

1956（昭和31）年，それまで封筒や伝票の製造が主だったショウワノート株式会社は，これからは教育の時代になるとの当時の社長の決断で，学習帳を販売することになる。しかし，発売した「エリート学習帳」の売り上げは低迷。当時はどこの学習帳も似たり寄ったりで，21社ほどのメーカー間の価格競争も激しいものであった。そこで1968（昭和43）年，他社と徹底的に差別化した学習帳を開発するためのプロジェクトを発足した。ちょうどその頃，親の子どもに対する教育熱が高まり，小学館の『大日本百科事典　ジャポニカ』が話題となっていた。そこで，プロジェクトでは百科事典とのコラボレーションが有効と考え，小学館に協力を依頼した。そして1970（昭和45）年，小学館監修による学習百科を付録として綴じ込み，さらに表紙もイラストからインパクトのある動植物の写真に変更し，題字には金箔文字を使用した高級感あふれるジャポニカ学習帳を発売した。

ジャポニカ学習帳は，科目ごとにマス目やけい線が入ったノートであり，2021（令和３）年時点で発売から50年を超え，累計販売数は10億冊を超える。1970（昭和45）年に発売したときは20社ほどあった競合他社の中では最後発だった。当時の競合他社のノートの表紙は「子どものイラスト」で価格は30円が主流だったが，ジャポニカ学習帳はひまわり，魚，リスなどのカラー写真を表紙に用いて，価格も50円だった。その後，1978（昭和53）年から昆虫植物写真家である山口進氏がジャポニカ学習帳のためだけに花や昆虫の写真を世界各国で撮影するようになり，「ジャポニカ学習帳といえば昆虫の写真」といったイメージが定着するようになっていった。

2010（平成22）年２月22日の読売新聞には，インターネットがない時代に目的の花や虫を撮影するのには，時期的・場所的な特定をするのに困難を極めたことが紹介されており，特にベネズエラの奥地で岩場に船を乗り付けて木に登って「クルシア」という花を撮影したときの困難さが山口進氏によって語られている。また，子どもたちが色で見分けられるよう，１つの学年の国語，算数，理科，社会の表紙はすべて違う花の色にするという編集のこだわりも紹介されている。

2012（平成24）年以降は，昆虫シリーズの表紙はなくなり，花の表紙がほとんどとなった。これは，昆虫が苦手という子どもや保護者，教師の声があったことや，表紙に適したよい昆虫の写真が撮影できなかったといった理由がある。また，現在では，ポケットモンスターやドラえもん，ワンピース，ピーナッツ，ムーミン，鬼滅の刃など人気のあるキャラクターをあしらったノートが人気を集め，ミニ学習帳セットや下敷，メモ，消しゴムなど関連する商品にラインナップを拡大し，OEM供給を進めている。

▶2020（令和２）年にジャポニカ学習帳50周年記念として，山口進氏が撮影した昆虫写真を使用した記念学習帳が販売された。

「商品開発」ワークシート1

1冊のノートにかける思い～ショウワノート　ジャポニカ学習帳～

年　　　組　氏名

問1　「ジャポニカ学習帳」の他社商品との差別化を図るための特色について，以下の文の空欄に適語を入れなさい。【思考・判断・表現】

開発プロジェクトでは，（ **百科事典** ）とのコラボレーションが学習帳には有効と考え，小学館に協力を依頼した。小学館監修による（ **学習百科** ）を付録として綴じ込み，さらに表紙もイラストからインパクトある動植物の（ **写真** ）に変更し，題字には金箔文字を使用した（ **高級感** ）あふれるジャポニカ学習帳を発売した。

問2　「ジャポニカ学習帳」の消費者の視点に立った工夫や改善がどのように生かされているか考察し，上記以外にもどのような取り組みを行ったかまとめなさい。【知識・技術】

例）
・発売当初は昆虫が多かったが，昆虫が苦手な子どもや保護者などに配慮して，今はほとんどが花の写真になっている。
・1つの学年の国語，算数，理科，社会の表紙がすべて花の色が違う色になるようにし，子どもが見分けられるようになっている。
・人気のあるキャラクターをデザインしたノートを取り入れている。　など

問3　キャラクター商品を製造販売するときに注意しなければならないことは何か，グループで話し合ってみよう。【知識・技術】

各自の意見・感想など話し合ったことを発表させる。
例）付加価値をつけたものを考えたときに，ほかのジャンルをあまり侵食しないように気をつける。
キャラクター商品は版権を管理する会社から許諾されるデザイン，仕様であることが重要。など

「商品開発」ワークシート2

班　氏名

①　商品の企画

自分の地域をキーワードにブレインストーミング

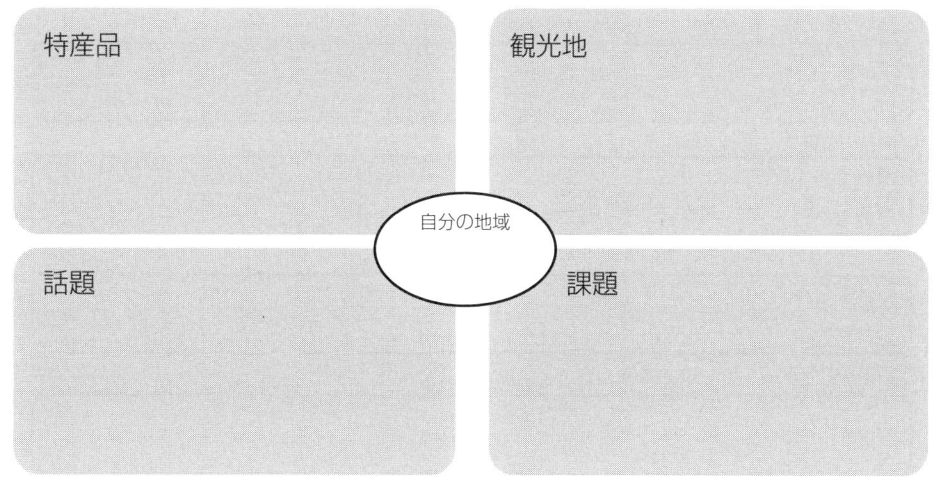

②　掛け合わせてみよう

③

「商品開発」ワークシート3

ご当地学習帳を作ろう！

手順　　　　　　　　　　　　　　　　　　　　班　氏名

① 自分の地域の観光地，特産品，おすすめのものは何があるかな？

② 自分の地域の問題点，課題，困っていることは何かな？

課題等

解決策

③ どんなに人に買ってもらいたい？（ターゲット）

年齢：　　　　　　　　男女：

その他

④ 購入する人に伝えたいこと　知ってほしいこと

⑤ ターゲット世代の好みや流行は？

色　　　　ファッション　　　　食

その他

⑥ 商品名・コンセプト・キャッチコピー

商品名：

コンセプト：

キャッチコピー：

⑦ どんなデザインにすれば売れるかな？　商品の図を描こう！

図

ワークシート5へ

⑧ ほかの競合商品との違いはどこ？

⑨ いくらにする？

＿＿＿＿＿＿円

価格設定の理由

⑩ どこで売る？

⑪ 販売を広めるための方法は？（流通・プロモーション）

「商品開発」ワークシート4

チームの企画書を作ろう

班

		作成のポイント
商品名		手順の⑥
商品コンセプト		
キャッチコピー		
ターゲット		手順の③
商品イメージと価格	商品イメージ 価格　　　　円	手順の⑦と⑨
開発の背景		手順の①②③④⑤をまとめる
競合商品に対する優位性		手順の⑧
流通とプロモーション	販売場所 流通とプロモーションの方法	手順の⑩と⑪

「商品開発」ワークシート5

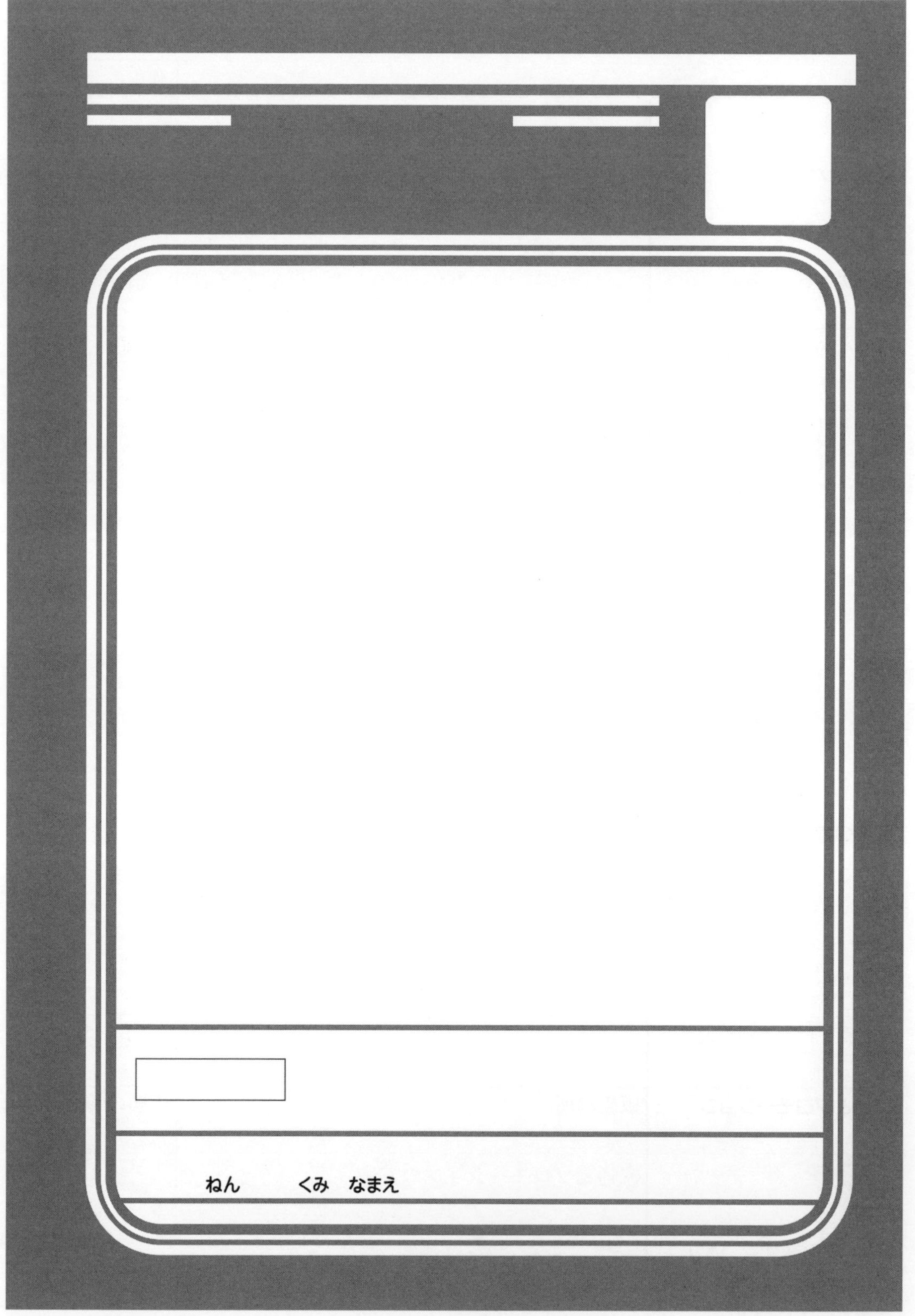

本製品の外観は，ショウワノート株式会社の立体商標であり，本製品は，同社の許諾を受けております。

「商品開発」ワークシート6

グループワーク自己評価

班　氏名

	できた←			→できなかった
① 積極的にアイデア出しに取り組めた	4	3	2	1
② 課題について協力して意見交換できた	4	3	2	1
③ 自分の考えをまとめて相手が理解できるように説明できた	4	3	2	1

グループワークの感想

アドバイスシート

班	よいところ	改善へのアドバイス

班	よいところ	改善へのアドバイス

班	よいところ	改善へのアドバイス

班	よいところ	改善へのアドバイス

班	よいところ	改善へのアドバイス

班	よいところ	改善へのアドバイス

班	よいところ	改善へのアドバイス

「マーケティング」授業展開例

1　単元名　(2)　市場調査

2　単元の目標

何ができるようになるのか	・市場調査の目的と方法など市場調査に関する知識，技術などを基盤として，市場調査や統計に関する理論など科学的な根拠に基づいて，マーケティングに必要な情報の収集と分析について，組織の一員としての役割を果たす。
どのように学ぶか	・市場調査を行う課題を設定し，情報の収集を行う学習活動に取り組む。 ・市場調査で得られた情報などに基づいて仮説を立てるとともに，仮説を検証して報告書を作成し，プレゼンテーションを行う学習活動に取り組む。
何を学ぶか	・市場調査の目的と方法 ・情報の分析

3　本時の指導と評価の計画（第6時／全6時間）

学習内容・活動	評価規準 【評価の観点】（評価方法）
○本時の取り組みの目的と流れについて確認する。 ねらい：地域の観光に関する情報を収集し，情報の分析方法について学ぶ。 ○観光客入込数等の調査 ・インターネットを利用して県の観光客入込数や観光庁の統計調査について情報を収集し，数年間の推移についてデータをまとめさせる。 ・インターネットの情報については出典を確かめさせる。 ・「観光白書」等の資料も参考にさせる。 ○得られたデータの増減について，主な原因を調べる。 ・地域の観光地の現状や特産品に関する情報について収集し，課題を分類して整理させる。 ○個人でSWOT分析を行う。 ・ワークシートに得られた情報を整理し分析させる。 ・SWOT分析について確認し，得られた情報を個人で整理させる。 ・個人のSWOT分析を持ち寄ってグループとしてまとめさせ，他者の視点に気付かせる。 ・グループで観光客増加の方策について考えた案を，他者にわかりやすいように説明させる。 ○グループでSWOT分析をとりまとめる。 ○今後，観光客を増加させるための方策についてグループで考え，プレゼンテーションを行う。 ・アドバイスシート，自己評価シートに記入させる。 ○アドバイスシートに記入させ，他者の意見から改善点について考えて，よりよい方策の提案を目指す。	・身近な地域の現状についてデータから読み取り，他県の現状についても参考にしながら，本県の動向について分析し，表現している。【思考・判断・表現】（ワークシート）

情報の収集と分析　ワークシート

情報の分析①　県の観光客入込数の推移について調べる。

2013年	2014年	2015年	2016年	2017年	2018年	2019年

情報の分析②　その他の関連するデータを調べる

データの件名　「　　　　　　　　　　　　　　　　　　」

出典　（　　　　　　　　　　　　　　　　　）

得られた情報の内容

情報の分析③　データが変化した原因として考えられること

SWOT分析

	好影響	悪影響
内部環境	強み（Strength） 自社が競合他社に対して優れていること	弱み（Weakness） 自社において改善すべき内容
外部環境	機会（Opportunity） 利益獲得に有利な消費者のニーズの存在	脅威（Threat） 利益獲得に不利な環境の変化

SWOT分析をやってみよう。

県の観光の現状について調べた情報をもとに，グループでSWOT分析を行い，その結果から，今後観光客を増加させるための方策について，これまで学習した環境分析の視点から考えてみよう。

SWOT分析

内部環境	強み Strength	弱み Weakness
外部環境	機会 Opportunity	脅威 Threat

今後，観光客を増加させるための方策

「観光ビジネス」授業展開例

1　単元名　(3)　観光ビジネスとマーケティング

2　単元の目標

何ができるようになるのか	・観光ビジネスの主体など観光ビジネスにおけるマーケティングに関する知識，技術などを基盤として，消費者の動向，観光ビジネスにおけるマーケティングに関する具体的な事例など科学的な根拠に基づいて，観光ビジネスにおけるマーケティングについて，組織の一員としての役割を果たす。
どのように学ぶか	・具体的な事例を用いて分析し，考察する学習活動に取り組む。 ・日本との違いを考察する学習活動に取り組む。 ・ビジネスの場面を想定した学習活動に取り組む。
何を学ぶか	・観光ビジネスの主体　・観光ビジネスにおけるマーケティングの特徴 ・顧客の理解　・顧客サービス

3　本時の指導と評価の計画（第４時／全12時間）

学習内容・活動	評価規準 【評価の観点】（評価方法）
○本時の取り組みの目的と流れについて確認する。 ・本時の学習に見通しをもたせる。	
ねらい：地域の観光ビジネスにおけるマーケティングについて企業における事例と関連付けて学ぶ。	
○地元企業の観光マーケティング事例 ○株式会社能作の産業観光事業の展開例から，観光マーケティングについて学習する。 ○株式会社能作の成長要因についてまとめる。 ・製造してきた商品とマーケティングの視点から考えさせる。 ・新たな商品を開発するために，どのようなマーケティングが行われたのかを考えさせる。 ○産業観光として成功した理由と，今後，産業観光を振興させる上での課題をグループで考える。 ・グループになり，観光客増加の理由と今後発展させる上での課題について考えさせる。 ○今後，産業観光を成長させるための方策についてグループで考え，プレゼンテーションを行う。 ・アドバイスシート，自己評価シートに記入させる。 ○アドバイスシートに記入させる。 ・アドバイスシートに記入させて，他者の意見から改善点について考えさせ，よりよい方策の提案を目指す。	・株式会社能作という身近な地域のケースを提示し，関心を深めようとしている。【主体的に学習に取り組む態度】（ワークシート）

ケーススタディ　株式会社能作

株式会社能作は1916（大正５）年に富山県高岡市で創業した鋳物メーカーである。「鋳物」とは，熱で溶かした金属の材料を型に流し込み，冷えて固まったあとに型から取り出してできる金属製品のことをいう。鋳物職人の仕事は過酷で薄給，３Ｋ職場（きつい，危険，汚い）の典型といわれ，軽んじられる仕事に去っていく職人も少なくなかった。職場見学に来た地元の親子に「勉強しなかったらあのおじさんみたいになるわよ」と心ないことを言われ，悔しさに震えた。

そんな環境の中，「鋳物職人の地位を取り戻す」そして「地元の人の意識を変える」という能作社長の強い決意のもと，丁寧に積み上げてきた技術，少量多品種生産や世界初の錫100％製品への挑戦など，革新的な経営プランが実り，1984（昭和59）年当時は10人にも満たなかった職人数が，現在では数十人の規模に成長。2017（平成29）年に建てられた美しい社屋は2019年度グッドデザイン賞を受賞し，見学者も年々増え，月間来場者数は１万人を突破した。今や高岡市の産業観光の一大スポットとして人気を博している。

株式会社能作の産業観光が成長してきた背景をみてみよう。

ワーク①　株式会社能作の歴史

年代	能作の変遷
1916年	創業。仏具，茶道具，花器などを製造。
1965年頃	豊かさを増す日本人の生活に着目し，（　モダンなデザインの花器　）を製造したところヒットした。 ライフスタイルの変化や景気低迷，生産拠点の海外移転増加から，仏具などの需要が（　減少　）し，苦境に立たされる。
1984年	現・代表取締役社長が入社。使用者の目線と型破りな発想で錫製品を開発。 真鍮製の（　ベル　）を製造し，短冊をつけて（　風鈴　）にした。また，（　錫　）100％の加工に挑戦し，（　KAGO　）シリーズなどの製品を販売。
2017年	ショップやカフェを備え，工場見学や体験工房ができる新社屋を建設。「もの」だけでなく「（　こと　）」と「（　こころ　）」を伝える観光事業を推進し，年間来場者数は10万人を超えた。
2020年	台湾の現地企業と合弁会社を設立し，海外事業を強化。

ワーク②

株式会社能作が成長してきた理由

マーケティングの視点から成長してきた理由を考えてみよう。

ワーク③

株式会社能作が産業観光として成功し，来場者が増え続ける理由をグループで考えてみよう。

今後産業観光を振興させる上での課題と方策

第3節　マネジメント分野の科目

1　分野の概要

マネジメント分野では，経済社会の動向や法規などを踏まえて経営資源を最適に組み合わせてビジネスを展開する力を育成する。

そのため，具体的な事例について多面的・多角的に分析し，考察や討論を行う学習活動，具体的な課題を設定し，解決策などを考案し提案する学習活動などが大切である。

従前の「ビジネス経済応用」の企業経営，ビジネスの創造などに関する指導項目を「ビジネス・マネジメント」に分離し，人的資源，物的資源など経営資源のマネジメントに関する指導項目を取り入れるなど，指導項目が改善されている。従前の「ビジネス経済」及び「ビジネス経済応用」の経済に関する指導項目については，「グローバル経済」に整理統合し，グローバル化の動向・課題，企業活動のグローバル化に関する指導項目を取り入れるなど，指導項目が改善されている。

2　ビジネス・マネジメント

ねらい
- ビジネスにおけるマネジメントについて理解を深める。
- マネジメントに，適切に取り組むことができるようにする。

学び方
- 適切なマネジメントの重要性について企業の社会的責任や企業倫理との関連から捉える。
- マネジメントに関する具体的な事例について多面的・多角的に分析し，考察や討論を行う。
- ビジネスの展開を題材としたマネジメントに関する具体的な課題を設定し，科学的な根拠に基づいてビジネスアイデアなどを考案するとともに，経営資源を効果的に活用した事業計画を立案して提案などを行う。

この科目は，ビジネスを取り巻く環境が変化する中で，企業活動が社会に及ぼす影響に責任をもち，経営資源を最適に組み合わせて適切にマネジメントを行うために必要な資質・能力を育成する視点から，これまでの「ビジネス経済応用」の企業経営，ビジネスの創造などに関する指導項目を分離している。

さらに，人的資源，物的資源など経営資源のマネジメントに関する指導項目を取り入れている。

「ビジネス・マネジメント」の指導項目は次のとおりである。

(1)　ビジネスとマネジメント
　ア　マネジメントの役割
　イ　イノベーションの重要性
　ウ　創業者や経営者の理念
　エ　外部環境の影響
(2)　組織のマネジメント
　ア　組織の形態
　イ　経営理念と経営戦略
　ウ　企業間連携と事業構造の再構築
(3)　経営資源のマネジメント
　ア　経営資源の種類と最適化
　イ　人的資源のマネジメント
　ウ　物的資源のマネジメント
　エ　財務的資源のマネジメント
　オ　情報的資源のマネジメント
(4)　企業の秩序と責任

ア　企業統治

イ　リスク・マネジメント

ウ　企業の社会的責任

(5)　ビジネスの創造と展開

ア　ビジネスの創造の意義と課題

イ　プロジェクト管理

ウ　起業の意義と手続

今回の改訂では，経営資源を最適に組み合わせて，適切にマネジメントを行うために必要な資質・能力を育成するよう改善が図られている。そのため，ヒト，モノ，カネ，情報を最適に組み合わせるとともに，適切にリスク・マネジメントを行ってビジネスを展開する企業を目指すこと，適切なマネジメントの重要性について，企業の社会的責任や企業倫理との関連から捉えさせることが大切である。

3　グローバル経済

この科目は，経済のグローバル化が進展する中で，企業活動が社会に及ぼす影響に責任をもち，地球規模で経済を俯瞰し，経済のグローバル化に適切に対応して直接的・間接的に他国と関わりをもってビジネスを展開するために必要な資質・能力を育成する視点から，これまでの「ビジネス経済」の指導項目と「ビジネス経済応用」の経済に関する指導項目を整理して統合している。

さらに，人材や金融などのグローバル化の動向・課題，企業活動のグローバル化に関する指導項目を取り入れるなどの改善が図られている。

「グローバル経済」の指導項目は次のとおりである。

(1)　経済のグローバル化と日本

ア　グローバル化と国際化

イ　日本経済の現状

(2)　市場と経済

ア　市場の役割と課題

イ　経済成長

ウ　景気循環

エ　経済政策

(3)　グローバル化の動向・課題

ア　人材のグローバル化

イ　財とサービスのグローバル化

ウ　金融と資本のグローバル化

エ　情報のグローバル化

(4)　企業活動のグローバル化

ア　企業の海外進出

イ　グローバル化に伴う企業の社会的責任

ウ　世界との関わり

ねらい

・経済のグローバル化について理解を深める。

・グローバル化する経済社会におけるビジネスに，主体的かつ協働的に取り組むことができるようにする。

学び方

・地球規模で経済を俯瞰して経済社会の動向・課題を捉えて学習する。

・経済のグローバル化に関する具体的な事例について多面的・多角的に分析し，考察や討論を行って学習する。

・企業における経済のグローバル化への対応に関する具体的な課題を設定し，科学的な根拠に基づいて対応策を考案して提案などを行って学習する。

今回の改訂では，ヒト，モノ，カネ，情報及び企業活動に着目して経済のグローバル化を学ぶよう改善が図られている。直接的に他国と関わりをもつ人材の育成のみを想定しているものではない。また，経済学については必要最小限に精選し，学ぶ対象は実際の経済であることを意識して指導することが大切である。

4　ビジネス法規

ねらい
・ビジネスに関する法規について理解を深める。
・法規に基づいてビジネスに適切に取り組むことができるようにする。

学び方
・ビジネスに関する法規の改正などの動向・課題を捉えて学習する。
・ビジネスに関する具体的な事例について法的側面から分析し，考察や討論を行って学習する。
・ビジネスで想定される具体的な課題を設定し，法的な根拠に基づいて解決策を考案して提案などを行って学習する。

この科目は，経済のグローバル化，規制緩和，情報化など経済環境が変化する中で，法規に基づいてビジネスを適切に展開するために必要な資質・能力を育成する視点から，これまでの「経済活動と法」の指導項目を改善し，科目の名称を改めたものである。さらに，民法に関する指導項目を精選するとともに，労働者と情報の保護及び税に係る法規に関する指導項目を取り入れるなどの改善が図られている。

「ビジネス法規」の指導項目は次のとおりである。

(1)　法の概要
　ア　ビジネスにおける法の役割
　イ　法の体系と解釈・適用
　ウ　権利・義務と財産権
(2)　企業活動と法規
　ア　株式会社の特徴と機関
　イ　契約
　ウ　資金調達と金融取引
　エ　組織再編と清算・再建
　オ　競争秩序の確保
(3)　知的財産と法規
　ア　知的財産の種類
　イ　知的財産の重要性
(4)　税と法規
　ア　税の種類と法人の納税義務
　イ　法人税の申告と納付
　ウ　消費税の申告と納付
(5)　企業責任と法規
　ア　法令遵守と説明責任
　イ　労働者の保護
　ウ　消費者の保護
　エ　情報の保護
　オ　紛争の予防と解決

今回の改訂では，ビジネスに関するヒト，モノ，カネ，情報などの関連法規を学ぶよう改善が図られている。また，ビジネスを適切に展開するために必要な資質・能力を育成するよう改善が図られている。そのため，法規の解釈と適用についての学習にとどまらずに，ビジネスに関する具体的な事例を取りあげ，ケーススタディ，ディベート，模擬裁判などにより，妥当性と課題などについて法的側面から分析し，考察や討論を行う学習活動などが大切である。

また，民法については，ビジネスに関する法規を学ぶ上で必要な最小限の内容に精選して，消費者の立場ではなく，企業の立場から法規を扱うことを意識することが必要である。　（会津　拓也）

コラム　東京がおもしろい。商業教育改革をチャンスに変えて

東京都では，2018（平成30）年度から商業教育改革としてすべての全日制都立商業高校をビジネス科に改編した。商業教育の充実を図るため2016（平成28）年４月に商業教育検討委員会を設置し，現状分析を基に目指す生徒像を明確にして，商業教育推進の具体的な方針を打ち出した。東京都が目指す生徒像は「ビジネスを考え，動かし，変えていくことができる生徒」である。その主なポイントは，①補助教材「東京のビジネス」の活用，②学校設定科目「ビジネスアイデア」の開設，③商業教育コンソーシアム東京の設置があげられる。

今までの「東京のビジネス」の活用やビジネスアイデアの実践は，有効な活動であるといえる。東京都の商業教育改革のような新しい取り組みや，商品開発など実践的な学びは，東京都に限らず様々な地域で行われている。高校生が企業や自治体と連携してビジネスに携わることは，今やそれほど珍しくもなければ難しくもない。しかし，それが商業科目の何と結びついているのか，学習指導要領に沿った内容なのか，商業を学ぶ高校生に何ができるようになってほしいのか，そのような学びの根拠を示せるかどうか，そこに教師の力量が試されている。

「ビジネス・マネジメント」学習指導計画

1　単元名 (3) 経営資源のマネジメント

2　単元の目標

何ができるようになるのか	・経営資源のマネジメントに関する知識を基盤として，企業を取り巻く環境の変化，経営資源のマネジメントに関する具体的な事例など科学的な根拠に基づいて，経営資源の適切な管理と効果的な活用について，組織の一員としての役割を果たす。
どのように学ぶか	・経営資源として人的資源，物的資源，財務的資源，情報的資源を最適に組み合わせて活用することの重要性について取り組む。 ・採用計画の重要性とリーダーシップの重要性，労働環境の整備の重要性及び人的資源をマネジメントする上での課題に取り組む。
何を学ぶか	・経営資源の種類と最適化　・人的資源のマネジメント ・物的資源のマネジメント　・財務的資源のマネジメント ・情報的資源のマネジメント

3　単元の評価規準

Ⅰ　知識・技術	Ⅱ　思考・判断・表現	Ⅲ　主体的に学習に取り組む態度
経営資源のマネジメントについて企業における事例と関連付けて理解している。	経営資源のマネジメントに関する課題を発見し，それを踏まえ，科学的な根拠に基づいて経営資源の管理と活用の方策を考案して実施し，評価・改善することができる。	経営資源のマネジメントについて自ら学び，経営資源の適切な管理と効果的な活用に主体的かつ協働的に取り組むことができる。

4　指導と評価の計画

時程	ねらい・学習活動	評価の観点 Ⅰ	Ⅱ	Ⅲ	評価規準・評価方法
第1次（2時間）	**経営資源の種類と最適化・人的資源のマネジメント** ねらい：最近のビジネスに関わる課題から雇用の形態と雇用に伴う企業の責任を理解することで，経営資源のマネジメントに求められる心構えを身に付ける。				
	■ワークシート記入 雇用・資金調達の基礎用語について，解説を整理し理解する。	●			・雇用と資金調達について基礎的な知識が整理できている。（ワークシート）
	■グループワーク ①高卒正規社員と非正規社員の生涯賃金予想 ②年功序列型賃金と成果主義の比較 ③正規社員と非正規社員のメリット・デメリット		●		・我が国の雇用の特徴についてグループで話し合い，考えを整理し発表している。（グループワーク）
	ビジネスに関わる課題から雇用の形態と雇用に伴う企業の責任を理解した上で，経営資源のマネジメントに求められる心構えについて考え，自分自身の言葉で表現させる。			●	・雇用において，自分自身の価値観が何か，積極的に伝えようとしている。

第2次（4時間）	**雇用のダイバーシティ** ねらい：採用計画の重要性及び労働環境の整備の重要性及び人的資源をマネジメントする上での課題について学び，すべての人に強みがあり，それを生かす場面があることを理解する。				
	■ダイバーシティ（多様性）について，多様な人材を積極的に活用しようという考え方について理解を深める。			●	・身近な生活の中で，ダイバーシティの事例を積極的に述べている。（ワークシート）
	■グループワーク 課題「会社をつくろう」 ―経営者の視点で会社をつくろう― 手順１　会社の役割分担 手順２　会社名・業種・事業計画書を作成 手順３　社員を雇用 （正規雇用30万円・非正規雇用10万円） 経営者の視点で考えさせる。 ここでは，事業内容より雇用計画が重要であるため，事業内容（アイデア）に時間をかけすぎないよう注意する。		●		・商圏を意識してビジネスを提案している。
			●		・正規・非正規雇用の特徴を踏まえ適切な雇用計画を提案している。
		●			・ビジネスの内容により，雇用計画が変化することを理解している。（事業計画書）
	資金調達 ねらい：ビジネスの内容に合わせて必要な雇用や資金を選択する学習活動から，今後の財務的資源のマネジメントの学習について理解を深める。				
	■クラス全体で報告・比較 手順１　１チーム２分間の発表 手順２　投資額記録シートを記入 各チームのビジネスアイデアを整理 100万円を10万円単位で投資額を決定 手順３　グループごと集計し結果を報告 １チーム２分間を計測して，時間内に聴衆を意識したプレゼンテーションをさせる。			●	・投資家に対して興味・関心を高められるような積極的な提案活動に取り組んでいる。（事業計画の提案）
	■投資記録シート（投資額の決定） 事業計画の提案を聞きながら，100万円の資金を投資家としてどこの企業にいくら投資するのか考える。		●		・経営者の視点で投資額を決めている。（投資記録シート）
	■発展課題（求人票を理解する） 実際の求人票を作成して，どうすれば求める人材が応募したいと思うか考える。		●		・雇用者の立場で事業目的の達成のための投資について考えている。
				●	・働くことが企業の成長に重要な役割を担っていることを実感しようとしている。（求人票シート）

5　本時の指導と評価の計画（全6時間）

学習内容・活動	評価規準 【評価の観点】（評価方法）
(1)　**第1次　経営資源の種類と最適化・人的資源のマネジメント（2時間想定）**	
ねらい：最近のビジネスに関わる課題から雇用の形態と雇用に伴う企業の責任を理解することで，経営資源のマネジメントに求められる心構えを身に付ける。	
○学習内容1　ワークシートに知識を整理する。 雇用と資金調達について基礎的な知識を理解するために解説を聞きワークシートにまとめさせる。 ○学習内容2　雇用に関する諸問題について，グループディスカッションを行う。 ①高卒正規社員と非正規社員の生涯賃金予想 ②年功序列型賃金と成果主義の比較 ③正規社員と非正規社員のメリット・デメリット 我が国の雇用の特徴についてグループで話し合い，考えを整理することで，自分自身の雇用に対しての価値観，または仕事に対しての自分自身の価値観について考察し，伝えさせる。	・雇用と資金調達について基礎的な知識が整理できている。【知識・技術】（ワークシート） ・我が国の雇用の特徴についてグループで話し合い，考えを整理し発表している。【思考・判断・表現】（グループワーク） ・雇用において，自分自身の価値観が何か，積極的に伝えようとしている。【主体的に学習に取り組む態度】

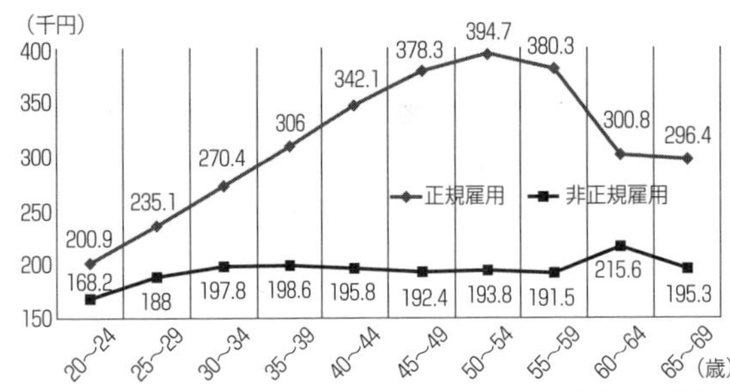

出典：厚生労働省「平成25年賃金構造基本統計調査」より作成。

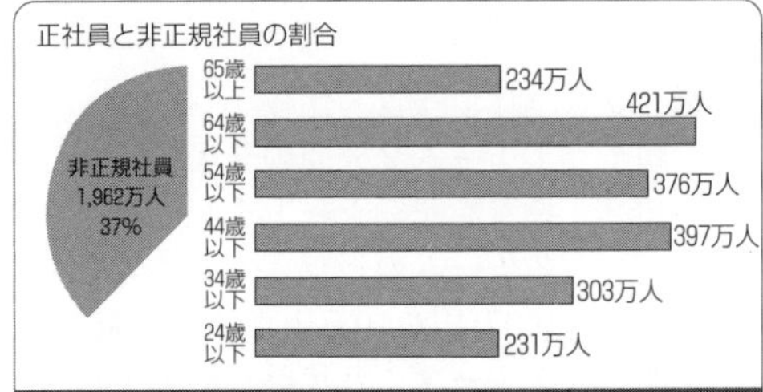

出典：総務省統計局「労働力調査（基本集計）平成26年（2014年）平均」より作成。

学習内容・活動	評価規準 【評価の観点】（評価方法）
(2)　**第2次　雇用のダイバーシティ（4時間想定）**	
ねらい：採用計画の重要性及び労働環境の整備の重要性及び人的資源をマネジメントする上での課題について学び，全ての人に強みがありそれぞれを生かす場面があることを理解する。	
○学習内容1「会社をつくろう　―経営者の視点で会社をつくろう―」 ・グループワークの手順 手順1　会社の役割を分担する。 手順2　会社名・業種・事業計画書を作成する。 手順3　社員を雇用（正規雇用30万円・非正規雇用10万円）する。 ・実際に起業して社員の採用活動を体験する学習活動を通して，雇用における課題や多様な人材を積極的に活用しようというダイバーシティ（多様性）の考え方についての理解を深めさせる。 ・大切なのは，「経営者の視点で考えさせる。」ということである。ここでは，事業内容をどうするのかといったビジネスアイデアの創造よりも，雇用計画について考えさせることが重要であり，あまり事業内容に時間をかけすぎないよう注意する必要がある。	・商圏を意識してビジネスを提案している。【思考・判断・表現】 ・正規・非正規雇用の特徴を踏まえ適切な雇用計画を提案している。【思考・判断・表現】 ・ビジネスの内容により，雇用計画が変化することを理解している。【知識・技術】（事業計画書）

○学習内容２「資金調達」

ねらい：ビジネスの内容に合わせて必要な雇用や資金を選択する学習活動から，今後の財務的資源のマネジメントの学習について理解を深める。

・クラス全体で報告・比較 手順１　１チーム２分間で発表する。 手順２　投資額記録シートを記入する。 各チームのビジネスアイデアを整理する。 100万円を10万円単位で投資額を決定する。 手順３　グループごとに集計し結果を報告する。 (3)　**発展課題** 発展課題その１　あなたの会社でもう一人従業員を採用するとしたら，どんな人材を求めますか？と問い，具体的なイメージを書かせる。 発展課題その２　あなたが求める人材が応募したくなるような，求人票を作成させる。	・投資家に対して興味・関心を高められるような積極的な提案活動を行っている。【主体的に学習に取り組む態度】（事業計画の提案） ・経営者の視点で投資額を決めている。【知識・技術】（投資記録シート） ・働くことが企業の成長に重要な役割を担っていることを実感しようとしている。【主体的に学習に取り組む態度】（求人票シート）

参考　授業の様子（東京都立芝商業高等学校１年生）

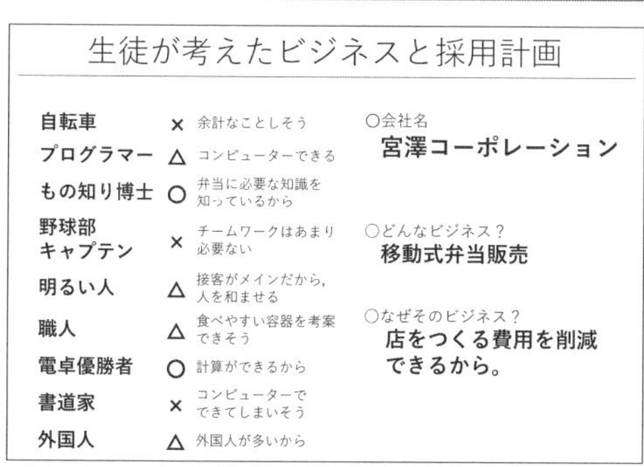

生徒が考えたビジネスと採用計画

自転車	×	余計なことしそう
プログラマー	△	コンピューターできる
もの知り博士	○	弁当に必要な知識を知っているから
野球部キャプテン	×	チームワークはあまり必要ない
明るい人	△	接客がメインだから，人を和ませる
職人	△	食べやすい容器を考案できそう
電卓優勝者	○	計算ができるから
書道家	×	コンピューターでできてしまいそう
外国人	△	外国人が多いから

○会社名
宮澤コーポレーション

○どんなビジネス？
移動式弁当販売

○なぜそのビジネス？
店をつくる費用を削減できるから。

生徒が考えたビジネスと採用計画

自転車	△	混雑しているときに体力が必要
プログラマー	×	経営を任せたい
もの知り博士	○	仕事の手際がよさそう
野球部キャプテン	△	言葉遣いがしっかりしていそう
明るい人	△	周りを楽しませてくれる
職人	×	
電卓優勝者	△	レジが速そう
書道家	×	
外国人	○	外国人の接客で必要

○会社名
イタリアンレストラン
シバゼリア

○どんなビジネス？
ファミリーレストラン

○なぜそのビジネス？
竹芝地区には低価格のレストランがないから

参考　授業を受けた感想

・実際に自分が起業している気持ちになれた。
・どの会社にもそれぞれ強みがあるだけでなく，私たちにも強みを生かす会社があることを実感した。
・会社を始めるとき，必要な人材を探すのが難しいことがわかった。
・たった９人の人材だけなのに誰を採用したらよいのか，かなりもめた。
・どんなことをすれば社員に愛される会社になるのか考えることができた。

ワークシート

会社づくりゲームに挑戦

あなたは会社をつくることになりました。経営者の視点で取り組んでみましょう。

[　　　　　　　　　　　　　　　　　　　　　　　where]　で起業する！

課題1　事業計画書

(1)　役割分担

社長（司会）	
秘書（資料作成①）	
広報部（発表者①）	

撮影（発表撮影）	
秘書（資料作成②）	
広報部（発表者②）	

(2)　会社名を決めてください。

(3)　その会社は何をする会社ですか？ what

下の表を参考に，自分たちの会社の事業を１つ決めてください。

業種名：
どんなことをする会社か？（具体的に）how

例	ものをつくる会社	ものを売る会社	サービスを提供する会社
業種名	家電メーカー　食品メーカー ゲームメーカー　出版社 音楽制作会社	家電量販店　書店　CDショップ スーパーマーケット　百貨店 衣料品店	ファミリーレストラン　ジム まんが喫茶　ネットビジネス 動画配信サービス

(4)　そのビジネスはどのような顧客（ターゲット）にどのような満足を与えられますか？

(5)　あなたの会社のCMのイメージキャラクター

(6)　売上目標

年商：　　　　　　　　　　　　　　　　　　　円

課題2　採用計画　who

あなたの会社で働きたいと応募してきた9名について，話し合って採用者を決めてください。

番号	応募者	考えられる 強み・能力	正規社員 非正規社員 不採用	採用または 採用しなかった理由
1				
2				
3				
4				
5				
6				
7				
8				
9				
例	ギタリスト歴10年	音楽に詳しい 楽器の演奏ができる	正規 30万円	会社のＣＭで使用する音楽を 作曲できそうだから

人件費合計	円

課題3　資金調達

1　ほかの会社のプレゼンテーションを見て，あなただったらどの会社にいくら投資したいですか？

※投資額は，10万円単位で100万円まで

発表順	ビジネスの内容（簡単にメモ）	採用者番号		投資額
		正規社員	非正規社員	
1				
2				
3				
4				
5				
6				

2　あなたが投資額を1番高くしたビジネスについて，その理由を書いてください。

課題4　学習の振り返り

1　経営者・従業員それぞれの立場で考えて，今回の採用について良かったところと問題点をまとめてください。

［採用した人材番号］

正規社員	非正規社員

経営者の立場からみて，良いところと問題点

従業員の立場からみて，良いところと問題点

2　社員を雇用する上で大事なことは何か，あなたの考えを書いてください。

3　今回の会社づくりを体験してみて学んだこと，感じたことを書いてください。

評価観点

1　プリントすべてに丁寧な文字で書きこまれている。
2　事業計画が商圏（地域）の特性を踏まえた内容になっている。
3　事業内容に基づいて人材が採用されている。
4　正規雇用と非正規雇用の特性を理解した雇用計画になっている。
5　学習の振り返りの内容が具体的に書かれている。

評価

発展課題その1

あなたの会社でもう一人従業員を採用するとしたら，どんな人材を求めますか？
具体的なイメージを書いてみよう。

発展課題その2

あなたが求める人材が応募したくなるような，求人票をつくってみましょう。

求　人　票（高　卒）

1　会　社　の　情　報　　※応募にあたって提出する書類は「統一応募書類」に綴られています。（1／2）

事業所名		従業員数	企業全体	就業場所	（うち男性）	（うち女性）
			人	人	人	人
		電　話				
所在地		ＦＡＸ				
		Ｅメール				
代表者名	設　立 / 資本金	ホームページ				
事業内容		会社の特長				

2　仕　事　の　情　報

雇用形態		職種		求人数	通勤	住込	不問
					人	人	人
仕事の内容				作業遂行上特に必要な知識または技能（履修科目等）			

5　補足事項・特記事項

補足事項		求人条件にかかる特記事項	
インターネットによる全国の高校への公開			

「ビジネス法規」授業展開例

1　単元名　(3)　知的財産と法規

2　単元の目標

何ができるようになるのか	・知的財産に係る法規に関する知識などを基盤として，法的な根拠に基づいた知的財産の適切な保護と効果的な活用について，組織の一員としての役割を果たす。
どのように学ぶか	・具体的な事例を用いて，法規と関連付けて分析し，考察する学習活動に取り組む。
何を学ぶか	・知的財産の種類　　　・知的財産の重要性

3　本時の指導と評価の計画（第９時／全15時間）

学習内容・活動	評価規準 【評価の観点】（評価方法）
ねらい：著作隣接権者について基礎知識を習得する。	
○公益社団法人著作権情報センターが運営するウェブサイト「みんなのための著作権教室」を紹介する。 ・ウェブサイト上の理解度テストをグループで話し合いながら解答させる。 ・使用教材　①ウェブサイト「みんなのための著作権教室」，②著作権パンフレット「生徒のための著作権教室」作花文雄　著	・グループで意見を交わしながら答えを導こうとしている。【主体的に学習に取り組む態度】（ワークシート）
※無償で利用できる教材について 著作権の授業を実践するにあたり，無償で利用できる教材が数多くあり，資料の内容も工夫されている。こういった資料を活用することで，教員の負担を減らし，充実した授業を行うことができるのではないかと考える。	
著作物をつくる立場から考え，実施にビジネスで活用する場面を想定して，著作物の効果的な活用について考える。 課題解決学習①＝「調査・共有する」 ○著作権が消滅する作品のリストアップ ・今年から５年以内に著作権が消滅する可能性がある映画作品と小説のデータベースを作成させる。 発展的な学習 ５年以内に著作権が消滅する作品のデータベースを活用したビジネスについて，グループで考え提案する。 課題解決学習②＝「調査・共有する」 ○著作権クイズのデータベース化 ・著作権について理解を深めるために，１人３問ずつ著作権についてクイズを作成させる。 ・問題と解答，簡単な解説をプレゼンテーションソフトで作成し，それらを集約してウェブサイト上に公開する。	・著作物の活用に関する課題を発見し，法的な根拠に基づいて，知的財産を保護し活用する方策を考案している。【思考・判断・表現】（ワークシート） ・クイズを適切に作成することで，著作権に係る事例と関連付けて理解している。【知識・技術】（ワークシート）
※ウェブサイト上にデータベースとして公開することで，いつでもどこでも誰でも著作権クイズに取り組むことができる。さらに多くの目に触れることで，間違いや解釈の違いを指摘しやすい環境となり，今後，問題の追加や修正を行うことが容易にできる利点がある。また，リモート学習を行うこともできる。	

「グローバル経済」授業展開例

1　単元名　(1)　経済のグローバル化と日本

2　単元の目標

何ができるようになるのか	・経済のグローバル化と日本経済の現状に関する知識などを基盤として，経済のグローバル化の意義と課題について自らの考えをもつとともに，ビジネスの展開についての意識と意欲を高め，組織の一員としての役割を果たす。
どのように学ぶか	・地球規模で経済を俯瞰し，考察する学習活動に取り組む。 ・地球規模で経済を俯瞰し，日本経済を取り巻く環境，国際収支などと関連付けて考察する学習活動に取り組む。
何を学ぶか	・グローバル化と国際化　　・日本経済の現状

3　本時の指導と評価の計画（第2時／全18時間）

学習内容・活動	評価規準 【評価の観点】（評価方法）
○学習の見通しをもつ。 ・地域経済の統合の現状についてケースを提示し，本時の学習に見通しをもたせる。	
ねらい：欧州，アジア・太平洋地域の地域経済の統合について理解を深める。	
○資料を読み，欧州，アジア・太平洋地域などにおける地域経済の統合の現状について整理し，まとめる。 ・地域経済の統合の現状についての資料を読ませる。 ・地域経済の統合について背景を基に特徴をあげさせる。 ・ワークシート1に整理してまとめさせる。 ○EPAについて各自でまとめさせたあと，「我が国がEUとEPAを結ぶ必要があったのか」をグループで話し合ってまとめる。 ・我が国がEUとEPAを結ぶ背景や効果をあげさせ，グループで話し合わせる。 ・イギリスがEUを離脱した理由について，（EUの課題も合わせて）グループで話し合ってワークシート2にまとめさせる。 ・地球規模で経済を俯瞰し考察させ，ワークシート3にまとめさせる。	・経済のグローバル化と日本経済の現状について理解している。【知識・技術】（ワークシート）
○ASEANについて，アジア・太平洋地域における我が国の関係性をまとめ，今後の課題等について考える。 ・ASEANについて，アジア・太平洋地域における我が国の関係性を調べさせまとめさせる。 ・アジア・太平洋地域における我が国の立場を，グループで話し合わせて，まとめさせる。 ・地球規模で経済を俯瞰し考察させ，ワークシート4にまとめさせる。 ○学習してわかったことや，自分の考えをまとめる。 ・今日の学習について振り返り，まとめる。	・経済のグローバル化と日本経済の現状について思考を深めたり，適切に判断して導き出したり，表現したりしている。【思考・判断・表現】（ワークシート，観察）

経済のグローバル化と日本

年　組　番 氏名

次の資料を読んで，各問いに答えなさい。

こんにち，世界の各地域で，地域経済統合がすすんでいる。地域経済統合とは，国を越えた一定域内で，互いに関税を引き下げたり，非関税障壁を撤廃したりすることで，自由な経済交流をすすめ，自国経済の活性化をはかるものである。

地域経済統合の先進例は，ヨーロッパにおける EU（欧州連合）a である。ヨーロッパ大陸では，互いに国境を接する国々が，絶えず戦争を繰り返してきたという歴史がある。そのなかで，不戦と平和に向けた取り組みの一つとして，欧州統合の構想がうみ出された。1952年のECSC（欧州石炭鉄鋼共同体）の創設をもって統合への歩みを踏み出し，1993年に発効したマーストリヒト条約の合意によってEUが誕生した。EUには，2020年の時点で27か国が参加しており，総人口は約４億4,682万人（日本の約3.5倍），GDPは約18兆7,368億ドル（2018年）にもなる。

2018年に我が国は，EUとEPA（経済連携協定）b を締結し，2019年に発効された。これによって我が国の実質GDPは約１％（約５兆円）押し上げられ，雇用は約0.5％（約29万人）増加すると我が国の政府は見込んでいる。

他の地域でも，地域経済統合はすすんでいる。南北アメリカにおいては，1994年にアメリカ・カナダ・メキシコの３か国で締結したNAFTA（北米自由貿易協定）が発効された。域内貿易における全品目の関税を段階的に全廃することが原則とされ，2008年までにほとんどの関税が撤廃されたが，参加国による再交渉の結果，USMCA（アメリカ・メキシコ・カナダ協定）に置き換えられることが2018年９月30日に合意された。東南アジアにおいては，1967年にタイ・インドネシア・フィリピン・マレーシア・シンガポールの５か国によって設立された地域協力機構 c がある。現在は10か国で構成されており，2015年には共同体となったこの地域協力機構は，過去10年間に高い経済成長をみせている。そのため今後，世界の「開かれた成長センター」となることが，世界各国から注目されている。

グローバル化とともに，地域経済統合も世界の各地域でみられるようになっていた。しかし現在，イギリスのEU離脱問題や，アメリカの反グローバル化の動きなどがみられ，各国の今後の動きに注目していかなければならない。

（第34回　商業経済検定試験問題〔ビジネス経済B〕より作成。）

1　下線部(a)のEU統合のメリット，デメリットを列記しよう。

2　イギリスはなぜEUを離脱したのだろうか。グループで話し合ってまとめよう。

3　下線部(b)は，どのような内容の協定か。なぜ，我が国はEUとEPAを結ぶ必要があったのだろうか。グループで話し合ってまとめよう。

4　下線部(c)を（　ASEAN　）という。我が国は，これらの国々とどのような関係をもっているかを調べ，どのような関係を今後樹立していけばよいかを考えてみよう。

□学習してわかったことや，自分の考えをまとめよう。

第4節　会計分野の科目

1　分野の概要

会計分野では企業会計に関する法規と基準に基づき適正な会計処理を行い，利害関係者（ステークホルダー）に会計情報を提供する力及び会計情報をビジネスに効果的に活用する力を育成する。

会計分野の科目としては，「簿記」「財務会計Ⅰ」「財務会計Ⅱ」「原価計算」「管理会計」の５科目となっている。これらの科目名は前回の学習指導要領改訂（2009年）のものと変更されていない。

最も基本の科目となる「簿記」は，企業において日常発生する取引について適正に記録するとともに，適正な財務諸表を作成するために必要な資質・能力を育成することを主眼としている。「財務会計Ⅰ」は，適切な会計情報を提供するとともに，効果的に活用するために必要な資質・能力を育成すること，「財務会計Ⅱ」は「財務会計Ⅰ」の学習を基礎として，適切な会計情報を提供するとともに，効果的に活用するために必要な資質・能力を育成することを主眼としている。「原価計算」は適切な原価情報を提供するとともに，効果的に活用するために必要な資質・能力を育成すること，「管理会計」は経営管理に有用な適切な会計情報を提供するとともに，効果的に活用するために必要な資質・能力を育成することを主眼としている。

2　簿記

ねらい
・適正な取引の記録と，財務諸表の作成ができるようにする。

学び方
・実務に即した例題を取り入れて学習する。
・取引の記録と財務諸表の作成の方法について考察や討論を行いながら学習する。

簿記の原理とは，５要素（資産・負債・純資産・収益・費用）の変化を借方・貸方の２方向のみで記録することである。

科目「簿記」の内容は，個人商店で必要な記帳技術が想定されている。個人商店に有価証券の処理は不要であるかもしれないが，ここでは次の科目「財務会計Ⅰ」へのつながりを考え導入されている。

この科目は，企業において日常発生する取引について適正に記録するとともに，適正な財務諸表を作成するために必要な資質・能力を育成することを主眼としたものである。

「簿記」の指導項目は次のとおりである。

(1)　簿記の原理
　ア　簿記の概要
　イ　簿記一巡の手続
　ウ　会計帳簿
(2)　取引の記帳
　ア　現金と預金
　イ　債権・債務と有価証券
　ウ　商品売買
　エ　販売費と一般管理費
　オ　固定資産
　カ　個人企業の純資産と税
(3)　決算
　ア　決算整理
　イ　財務諸表作成の基礎
(4)　本支店会計

ア　本店・支店間取引と支店間取引
イ　財務諸表の合併
(5)　記帳の効率化
ア　伝票の利用
イ　会計ソフトウェアの活用

今回の改訂では，コンピュータを活用した会計処理の普及に伴う実務の変化を踏まえ，仕訳帳の分割に関する指導項目を削除するとともに，扱う伝票の種類について入金，出金及び振替の３つとするほか，会計ソフトウェアの活用に関する指導項目を従前の「ビジネス実務」から移行するなど改善が図られている。また，営業外受取手形・営業外支払手形の記帳法を新設し，手形を約束手形という表記に変更している。荷為替手形の処理・特殊商品売買などほぼ実務では行われていない処理を削除した。テクノロジーの進化とともに様々な会計ソフトウェアが登場する中で，それに対応できる力をつけることが期待されている。

3　財務会計Ⅰ

この科目は，適切な会計情報を提供するとともに，効果的に活用するために必要な資質・能力を育成することを主眼としたものである。

「財務会計Ⅰ」の指導項目は次のとおりである。
(1)　財務会計の概要
ア　企業会計と財務会計の意義・役割
イ　財務諸表の構成要素
ウ　会計法規と会計基準
(2)　会計処理
ア　資産と負債
イ　純資産
ウ　収益と費用
エ　税
(3)　財務諸表の作成
ア　資産・負債・純資産に関する財務諸表
イ　収益・費用に関する財務諸表
(4)　財務諸表分析の基礎
ア　財務諸表分析の意義
イ　財務諸表分析の方法

今回の改訂では，株式会社の実務で必要とされる会計処理の内容を踏まえ，外貨建取引の会計処理に関する指導項目などを従前の「財務会計Ⅱ」から移行するとともに，社債の発行の会計処理，連結財務諸表の作成に関する指導項目などを「財務会計Ⅱ」に移行するなど改善が図られている。また，クレジット売掛金，電子記録債権・電子記録債務，自社利用目的のソフトウェアの会計処

ねらい
・企業の財政状態や経営成績などの把握と会計情報の活用ができるようにする。

学び方
・実務に即した例題を取り入れて学習する。
・会計処理の方法などについて考察や討論を行い，学習する。

科目「財務会計Ⅰ」の内容は，中小の株式会社に必要な記帳技術が想定されている。今回の改訂により連結財務諸表の作成が科目「財務会計Ⅱ」へ移行したのは中小の株式会社では連結財務諸表が強制されないためであろう。

理，リース取引，役務収益・役務費用，税効果会計の基本的な処理についても新設されている。連結財務諸表の有用性については，財務諸表分析の中で触れることとされている。

4　財務会計Ⅱ

ねらい
- 企業の財政状態や経営成績などの把握と会計情報の活用ができるようにする。
- 会計情報の信頼性を確保する意識を高める。
- 企業活動と財務会計との関連について理解を深める。

学び方
- 実務に即した例題を取り入れて学習する。
- 会計処理の方法などについて，考察や討論を行い学習する。
- 企業の経営判断に関する具体的な事例について企業に及ぼす影響を会計的側面から分析し，考察や討論を行い学習する。

科目「財務会計Ⅱ」の内容は，大規模な株式会社（上場企業）に必要な記帳技術である。今回の改訂により連結税効果会計など，より実務に即した内容が指導できる。

この科目は，「財務会計Ⅰ」の学習を基礎として，適切な会計情報を提供するとともに，効果的に活用するために必要な資質・能力を育成することを主眼としたものである。

「財務会計Ⅱ」の指導項目は次のとおりである。

(1)　財務会計の基本概念と会計基準
　ア　財務諸表の作成と表示の考え方
　イ　資産負債アプローチと収益費用アプローチ
　ウ　会計基準の国際的統合
(2)　会計処理
　ア　金融商品
　イ　収益と費用
　ウ　有形固定資産と無形固定資産
　エ　固定負債
　オ　純資産
　カ　税効果会計
(3)　キャッシュ・フローに関する財務諸表
　ア　資金繰りの重要性
　イ　キャッシュ・フローに関する財務諸表の作成

コラム　簿記は面白くない！

高校で簿記を教えていると，よく聞くのは「簿記は面白くない！」という生徒たちからの悲しい言葉だ。「たくさん書かないといけないし，面倒くさい」「そもそもピンとこない」などの言葉もよく耳にしてきた。ほかの科目はよくできる生徒でも，簿記嫌いになってしまう者が少なからずいる。

大切なのは「**簿記の原理**」だ。資産・負債・純資産（資本）・収益・費用という５要素の変化を借方と貸方の二方向だけで，同じ額になるように仕訳していくこと。いわゆる「取引要素の結合関係」によって「**簿記の要素の変化を捉える**」ことがもっとも重要な原理である。最初に簿記を指導するときには，この「簿記の原理」をしっかりと身に付けさせることが要諦だ。これさえ理解できればどんな難しい３次元の取引でも２次元の世界（仕訳）に簡単に落とし込むことができる。ここが簿記の面白いところなのだ。

１つひとつの取引を正確に左右に分けておけば，すべての取引結果を合算するときに左右の合計額は必ず一致する。そして収益から費用を差し引いた差額と純資産の変化した金額は必ず一致するようになる。簿記はこのことを利用して様々な表や計算ができるしくみになっている。この簿記体系が理解できた生徒から「簿記が面白くない！」という言葉を聞くことはない。すべての簿記学習者がそうなることを願っている。

⑷　企業集団の会計

　ア　企業結合の形態

　イ　合併後の財務諸表の作成

　ウ　連結財務諸表の作成

　エ　連結税効果会計

⑸　財務諸表分析

　ア　企業価値の評価

　イ　連結財務諸表分析

　ウ　株主関連指標

⑹　監査と職業会計人

　ア　会計責任と監査の概要

　イ　職業会計人の職務

今回の改訂では，株式会社の実務で必要とされる会計処理の内容を踏まえ，連結税効果会計に関する指導項目を取り入れるとともに，会計的側面から企業及び企業の経営判断を分析する力を育成するようにするなど改善が図られている。また，資産除去債務，減価償却の適用単位（総合償却），投資不動産，研究開発費等の会計処理（ソフトウェア），株主資本の計数の変動，企業結合の会計において株式交換・株式移転の会計も新設されている。連結財務諸表の作成については，「財務会計Ｉ」から移行されている。

５　原価計算

この科目は，適切な原価情報を提供するとともに，効果的に活用するために必要な資質・能力を育成することを主眼としたものである。

「原価計算」の指導項目は次のとおりである。

⑴　原価と原価計算

　ア　原価の概念

　イ　原価計算の特色と仕組み

ねらい

・科学的な根拠に基づいて適切な原価管理に取り組むことができるようにする。

学び方

・実務に即した例題を取り入れて学習する。

・会計処理の方法などについて考察や討論を行い学習する。

コラム　財務会計の歴史

簿記はイタリアの数学者ルカ・パチョーリが「スンマ」という分厚い数学書の中に書いた，たった27ページの簿記に関する記述がきっかけで世界に広まったといわれている。このことは授業の中でも紹介する先生が多く，生徒にも知られている。しかし，その簿記がなぜ財務会計となって発展したのかを知る生徒は少ないようだ。さかのぼれば会計（財務会計）は鉄道会社の簿記から起こってきた。会計はもともと鉄道会社のふくらんだ固定資産の処理から始まったのである。ご存知のとおり鉄道会社は土地や線路・駅舎など多くの固定資産を必要とする。固定資産の購入時に全額費用処理してしまうと，スタートアップ期の鉄道会社に利益は出ないばかりか莫大な損失を計上することになる。そこで減価償却という処理が考え出された。そして所有と経営が分離された巨大な鉄道会社では，経営者は経営の結果を出資者に報告する義務が課せられるようになった。そのため複式簿記により作成された財務諸表を使って鉄道会社の経営者は出資者に減価償却の金額を報告するようになったのである。そのことで財務会計は発展していった。

⑵原価の費目別計算では，材料費・労務費・経費が製造勘定と製造間接費勘定へ振り替えられる流れが，仕掛品勘定と製造間接費勘定へ振り替わる流れに表示科目が変化した。これも実務に対応したものであろう。

⑵　原価の費目別計算
　ア　材料費の計算
　イ　労務費の計算
　ウ　経費の計算
⑶　原価の部門別計算と製品別計算
　ア　個別原価計算と製造間接費の計算
　イ　部門別個別原価計算
　ウ　総合原価計算
⑷　内部会計
　ア　製品の完成と販売
　イ　工場会計の独立
　ウ　製造業の決算
⑸　標準原価計算
　ア　標準原価計算の目的と手続
　イ　原価差異の原因別分析
⑹　直接原価計算
　ア　直接原価計算の目的と財務諸表の作成
　イ　短期利益計画への活用

今回の改訂では，実務で必要とされる原価計算，会計処理などの内容を踏まえ，標準原価計算においてシングルプランによる記帳法に関する指導項目を取り入れるなど改善が図られている。また，原価計算の特色としくみの中で製造工程の特色，製品ごとに利益を計算することの重要性，サービス業における原価情報の活用の特徴，個別原価計算と標準原価計算における固定予算，直接原価計算における固定費調整についても新設されている。勘定科目に「製造」勘定を使用せず，「仕掛品」勘定で処理することも想定されている。

6　管理会計

ねらい
・科学的な根拠に基づいて適切な経営管理に取り組むことができるようにする。

学び方
・実務に即した例題を取り入れて学習する。
・会計情報を活用した経営管理の方法について考察や討論を行い学習する。

この科目は，経営管理に有用な適切な会計情報を提供するとともに，効果的に活用するために必要な資質・能力を育成することを主眼としたものである。

「管理会計」の指導項目は次のとおりである。

⑴　管理会計と経営管理
　ア　管理会計の目的
　イ　管理会計と原価計算との関係
⑵　短期利益計画
　ア　原価予測の方法
　イ　損益分岐分析と感度分析
　ウ　利益の最大化
⑶　業績測定
　ア　企業の組織構造
　イ　業績測定の方法

(4) 予算編成と予算統制
　ア　企業予算の編成
　イ　予算統制の方法
(5) コスト・マネジメント
　ア　標準原価計算
　イ　直接標準原価計算
　ウ　目標原価計算
　エ　活動基準原価計算
　オ　品質原価計算
(6) 経営意思決定
　ア　経営意思決定の概要
　イ　業務的意思決定
　ウ　構造的意思決定

今回の改訂では，実務で必要とされる経営管理などの内容を踏まえ，業績測定に関する指導項目を取り入れるなど改善が図られている。また，標準原価計算の原料配合差異・原料歩留差異・労働ミックス差異・労働歩留差異，目標原価計算，構造的意思決定において時間価値及び法人税を考慮した意思決定が新設されている。なお，ライフサイクル・コスティングは削除されている。

（西嶋　達人）

今回の改訂により従前よりかなり内容を深めることができるようになった。管理会計のマネジメントの側面を強調し，財務会計と原価計算との差異や関係について考えるようになっている。

コラム　簿記の必要性？

年に数回，ビジネス誌に決算書特集や会計・ファイナンス特集の見出しを見ることがある。雑誌いわく「仕事ができると認められるビジネスパーソンは数字に強い」とのことである。これは裏を返すと，世の中にはいかに簿記ができる人が少ないかである。最近AIやICTで簿記ができる人は必要ないといわれるが，本当だろうか？帳簿はソフトが作成してくれるが，仕訳を入力するのは人間だし，会計処理を選択したり判断したりするのもやはり人間である。またAIが分析した決算書の結果を見て，意思決定を行うのも人間である。やはり世の中からお金と会社がなくならない限り，決算書はなくならない。つまり簿記の知識も必要になるのだろう。簿記の指導者は簿記の必要性に対して，絶対的な自信をもって指導にあたりたいものだ。

「財務会計Ⅱ」学習指導計画

1　単元名 (5) 財務諸表分析

2　単元の目標

何ができるようになるのか	・企業価値の評価，連結財務諸表分析など財務諸表分析に関する知識，技術などを基盤として，財務指標を組み合わせて総合的に分析し，会計情報の効果的な活用について，組織の一員としての役割を果たす。
どのように学ぶか	・企業価値の評価の意義，キャッシュ・フロー分析などを活用した企業価値の評価方法に取り組む。 ・連結情報を分類・整理し，企業グループ全体の業績と連結経営を評価する方法について学ぶ。また，四半期財務情報の意義，連結キャッシュ・フロー計算書の分析に取り組む。 ・株価収益率，株価純資産倍率，株価売上高倍率及び株価キャッシュ・フロー倍率を利用した財務諸表分析に取り組む。
何を学ぶか	・企業価値の評価　・連結財務諸表分析 ・株主関連指標

3　単元の評価規準

Ⅰ　知識・技術	Ⅱ　思考・判断・表現	Ⅲ　主体的に学習に取り組む態度
財務諸表分析について理論と実務とを関連付けて理解するとともに，関連する技術を身に付けている。	財務諸表分析の方法の妥当性と実務における課題を見いだし，それらを踏まえて，財務諸表を基に，企業の実態及び経営判断が企業に及ぼす影響を分析することができる。	財務諸表分析について自ら学び，会計情報の効果的な活用に主体的かつ協働的に取り組むことができる。

4　指導と評価の計画

※本時の内容は太枠

時程	ねらい・学習活動	評価の観点 Ⅰ	Ⅱ	Ⅲ	評価規準・評価方法
第一次（3時間）	**企業価値の評価** ねらい：企業価値の評価の意義について理論と実務とを関連付けて理解するとともに，企業価値の評価に関連する技術を身に付ける。				
	■様々な企業価値の評価の方法や，それが企業経営や利害関係者（ステークホルダー）に及ぼす影響を学ぶ。 ・「財務会計Ⅰ」で学んだ分析手法を基に，財務諸表の応用的な分析方法を理解させる。	●			・様々な分析方法が企業経営や利害関係者（ステークホルダー）に及ぼす影響を理解している。(観察)
	■具体的な企業価値評価の事例を取りあげ，利害関係者（ステークホルダー）に及ぼす影響を分析し，考察や討論を行う。 ・企業評価に関するデータを分析させ，特に重要な利害関係者である投資家が企業価値を評価することでとる行動を予想させる。		●		・企業価値の評価について，討論を通して思考を深め，適切に判断して導き出した答えを表現している。(ワークシート)
	■キャッシュ・フロー分析の手法を使って，実例を使った分析を行い，ワークシートに整理しまとめた結果を基に，グループで討論する。 ・前単元で学んだキャッシュ・フロー計算書の役割について考えさせる。 ・企業経営者の立場になり，様々な経営意思決定について考えさせ，発表させる。			●	・キャッシュ・フロー分析について，グループ内で進んで調べ，主体的かつ協働的にまとめようとしている。(ワークシート)

第二次（3時間）	**連結財務諸表分析** ねらい：連結財務諸表分析の方法の妥当性と実務における課題を見いだし，それらを踏まえて，連結情報を基に，企業グループの実態及び経営判断が，企業経営や利害関係者（ステークホルダー）に及ぼす影響を分析することを通して，財務諸表分析について理解を深める。				
	■連結情報を基にした，財務諸表分析の手法を理解する。 ・連結財務諸表の見方を理解させ，多くの数値の中のどの部分が利用できるのかをすぐに判断できるようにさせる。 ・財務３表（C/F,B/S,P/L）のつながりを理解するため具体的な取引をワークシートに記入させる。	●			・実際の連結情報の見方を理解し，それを基にした財務諸表分析の手法を理解している。（観察，ワークシート）
	■インターネットを利用して情報を入手する。電卓を使用して隣とペアワークによる分析計算をする。 ・インターネットを利用して情報を入手させる。 ・ワークシートにデータをまとめさせ，電卓を使用して分析させる。			●	・有価証券報告書を自ら調べ，主体的かつ協働的にまとめようとしている。（ワークシート）
	■同業他社を比較して，各企業に対する企業評価や投資意思決定についてペアで討論し，発表する。 ・ワークシートに，上場企業の同業他社を２社ずつ分類して整理して発表させる。		●		・連結情報を基にした財務諸表分析について，討論を通して思考を深め，適切に判断して導き出した答えを表現している。（ワークシート）
第三次（3時間）	**株主関連指標** ねらい：株価に関連した財務諸表分析について理論と実務とを関連付けて理解するとともに，株価が企業経営や利害関係者（ステークホルダー）に及ぼす影響を分析することを通して，株主関連指数について理解を深める。				
	■株価を使用した，財務諸表分析の手法を理解させる。 ・ワークシートに，上場企業の同業他社を２社ずつ分類して整理させる。 ・実務ではPER，PBRなど英語表記を多く用いるため，慣れ親しむことができるように指導する。	●			・株価を使用した財務諸表分析の手法を理解している。（観察，ワークシート）
	■インターネットを利用して情報を入手する。 ・インターネットを利用して情報を入手させる。 ・ワークシートにデータをまとめさせる。			●	・有価証券報告書を自ら調べ，主体的かつ協働的にまとめようとしている。（ワークシート）
	■規模の異なった同業他社を比較して，各企業に対する投資意思決定についてペアで討論し，発表する。 ・ワークシートに，上場企業の同業他社を２社ずつ分類して整理させる。		●		・株価を使用した財務諸表分析について，討論を通して思考を深め，適切に判断して導き出した答えを表現している。（ワークシート）

5　本時の指導と評価の計画（第2時／全3時間）

学習内容・活動	評価規準・【評価の観点】・（評価方法）
ねらい：イオンとセブン＆アイについて，自らが就職や投資をするならどちらを選ぶか想定することを通して，財務諸表分析について学ぶ。	
○まず今までの企業に対するイメージに頼り，どちらの企業が優良であるのかを考える。 ・ペアをつくり，どちらの企業に就職したいかをイメージだけで考えさせ，発表させる。 ・生徒の事前準備として同業２社のイメージを膨らませておく。今回は小売業のトップ企業であるイオンとセブン＆アイの２社について知っていることを話し合わせる。 ○インターネットを利用して財務情報を入手する。 ・金融庁のシステムであるEDINETを利用して有価証券報告書を調べさせる。	・それぞれの企業に対して投資や就職ができるかどうか主体的に判断しようとしている。【主体的に学習に取り組む態度】（ワークシート）
○過去５期分の株価を有価証券報告書（資料１）から計算する。 ・資料１には株価は提示されていないので，資料１の中のどの指標を使えば計算できるのかを考えさせる。 ・なるべくヒントを与えず，ペアでの相談により答えが出せるようにある程度の時間を取って待つ。PERを使って株価を逆算させる。PBRは１株当たりの株価を使用して計算させる。 ○ROA・FCF・PBRを求める。 ・一人が電卓を打ち，もう一人が資料の読みあげをするように協力して作業させる。 ・必ず二人で話し合い，結論を出すことを強調する。 ○資料２のワークシートに「どっち？」の結論を記入させる。 ・営業収益の伸び・資金的余裕・投資条件を考えさせる。 ・必ず二人で話し合い，結論を出すことを強調する。実は財務会計には絶対的な解がないことを理解させる。	・財務諸表分析の指標の計算方法と意味を理解している。【知識・技術】（ワークシート）
○すべての分析を踏まえてあなたが就職したいのは「どっち？」なのかを考えさせる。 ・理由を明示できることが重要であり，結論はどちらになっても大丈夫で，正解がないことを理解させる。 ・結論が絶対ではないことを知らせ，発表しやすい雰囲気をつくり，自由な意見を言えるようにする。 ○ペアによる発表をする。 ・代表者を決めてワークシートの最後「就職するならどっち？」について発表させる。 ・ほかのペアの意見をしっかりと聴き，新たな発見をさせる。 ○それぞれの発表に対するコメントをする。財務諸表分析は「誰が何のために行うのか」という明確な目標がないとできないことを考える。 ・学んできた財務諸表分析の集大成的な内容であることを理解させる。 ・ほかのペアの発表に対する質疑応答をする。絶対的な正解はないが，各自が主体的に判断することの重要性を考えさせる。	・身近な小売業が持つ財務的な問題点を発見し，それを踏まえて投資や就職を実際に行う場合を想定して判断し，表現している。【思考・判断・表現】（ワークシート）

資料１

イオン　企業の概況（有価証券報告書）

回　　次		第91期	第92期	第93期	第94期	第95期
決　算　年　月		2016年２月	2017年２月	2018年２月	2019年２月	2020年２月
営業収益	（百万円）	8,176,732	8,210,145	8,390,012	8,518,215	8,604,207
経常利益	（百万円）	179,674	187,351	213,772	215,117	205,828
親会社株主に帰属する当期純利益	（百万円）	6,008	11,255	24,522	23,637	26,838
包括利益	（百万円）	△3,523	70,710	124,403	36,604	60,292
純資産額	（百万円）	1,819,474	1,862,410	1,916,737	1,875,364	1,849,278
総資産額	（百万円）	8,225,874	8,750,856	9,452,756	10,045,380	11,062,685
１株当たり純資産額	（円）	1,364.57	1,349.79	1,371.60	1,299.32	1,264.63
１株当たり当期純利益金額	（円）	7.19	13.44	29.23	28.11	31.88
潜在株式調整後１株当たり当期純利益金額	（円）	7.02	13.2	28.75	27.62	31.83
自己資本比率	（％）	13.9	12.9	12.2	10.9	9.6
自己資本利益率	（％）	0.5	1	2.1	2.1	2.5
株価収益率	（倍）	205.93	124.63	61.8	83.46	63.19
営業活動によるキャッシュ・フロー	（百万円）	43,156	294,893	463,911	469,874	624,660
投資活動によるキャッシュ・フロー	（百万円）	△446,612	△267,710	△427,854	△662,416	△341,492
財務活動によるキャッシュ・フロー	（百万円）	313,344	81,450	28,641	143,792	51,164
現金及び現金同等物の期末残高	（百万円）	700,511	802,099	870,013	814,479	1,141,171
従業員数［外，平均臨時雇用者数］	（人）	135,058 [261,356]	143,374 [262,772]	148,146 [262,958]	156,739 [263,173]	160,227 [259,938]

出典：金融庁EDINET「イオン株式会社　有価証券報告書－第95期（平成31年３月１日－令和２年２月29日）」より作成。

セブン＆アイ・ホールディングス　企業の概況（有価証券報告書）

回　　次		第11期	第12期	第13期	第14期	第15期
決　算　年　月		2016年２月	2017年２月	2018年２月	2019年２月	2020年２月
営業収益	（百万円）	6,045,704	5,835,689	6,037,815	6,791,215	6,644,359
経常利益	（百万円）	350,165	364,405	390,746	406,523	417,872
親会社株主に帰属する当期純利益	（百万円）	160,930	96,750	181,150	203,004	218,185
包括利益	（百万円）	144,603	116,175	186,072	184,963	231,253
純資産額	（百万円）	2,505,182	2,475,806	2,575,342	2,672,486	2,757,222
総資産額	（百万円）	5,441,691	5,508,888	5,494,950	5,795,065	5,996,887
１株当たり純資産額	（円）	2,683.11	2,641.40	2,744.08	2,850.42	2,946.83
１株当たり当期純利益金額	（円）	182.02	109.42	204.8	229.5	246.95
潜在株式調整後１株当たり当期純利益金額	（円）	181.84	109.31	204.63	229.31	246.85
自己資本比率	（％）	43.6	42.4	44.2	43.5	43.4
自己資本利益率	（％）	6.9	4.1	7.6	8.2	8.5
株価収益率	（倍）	24.7	40.2	21.8	21.3	15
営業活動によるキャッシュ・フロー	（百万円）	488,973	512,523	498,306	577,878	576,670
投資活動によるキャッシュ・フロー	（百万円）	△335,949	△371,602	△240,418	△557,497	△318,047
財務活動によるキャッシュ・フロー	（百万円）	△2,312	△78,190	△168,510	△5,324	△213,204
現金及び現金同等物の期末残高	（百万円）	1,147,086	1,209,497	1,300,383	1,310,729	1,354,856
従業員数〔外，平均臨時雇用者数〕	（名）	53,993 [91,467]	54,448 [86,490]	56,606 [92,808]	58,165 [86,463]	57,270 [81,538]

出典：金融庁EDINET「株式会社セブン＆アイ・ホールディングス　有価証券報告書－第15期（平成31年３月１日－令和２年２月29日）」より作成。

資料2

ワークシート

組　　番　　氏名

隣の人とペアワークをしてください。

1．まず現状の知識でイオンとセブン＆アイについて２人で相談して答えてください。

どっちに就職したい？　　イオン　　セブン

2．各年度５期分の株価を求めなさい。　　PER（株価収益率）＝ 株価 / 一株当たりの当期純利益

イオン

年	2016	2017	2018	2019	2020
株価（一株）	1,480.6　円	1,675.0　円	1,806.4　円	2,346.1　円	2,014.5　円

セブン＆アイ

年	2016	2017	2018	2019	2020
株価（一株）	4,495.9　円	4,398.7　円	4,464,6　円	4,888,4　円	3,704.5　円

3．財務諸表分析をしてください。

総資本利益率（ROA）　　ROEは資料１にあります

分析手法	年	2016	2017	2018	2019	2020
ROA	イオン	0.1　%	0.1　%	0.3　%	0.2　%	0.2　%
	セブン	3.0　%	1.8　%	3.3　%	3.5　%	3.6　%

フリーキャッシュフロー（FCF）　　単位：百万円

分析手法	年	2016	2017	2018	2019	2020
FCF	イオン	−403,456	27,183	36,057	−192,542	283,168
	セブン	153,024	140,921	257,888	13,819	258,623

株価純資産倍率（PBR）　　PERは資料１にあります

分析手法	年	2016	2017	2018	2019	2020
PBR	イオン	1.1　倍	1.2　倍	1.3　倍	1.8　倍	1.6　倍
	セブン	1.7　倍	1.7　倍	1.6　倍	1.7　倍	1.3　倍

4．どっち？

・５年間の伸び率が高いのはどっち？（営業収益）　　イオン　　セブン

・資金的な余裕のあるのはどっち？　　イオン　　セブン

（FCF・現金及び現金同等物の期末残高）

・投資するならどっち？（PER/PBR/株価の推移など）　　イオン　　セブン

理由：PBRが割安で，PERは割高，過去５年間の株価の動きを見ると投資にはこちらが向いているのではないか。　　など

5．これまでの分析を踏まえて就職するならどっち？（すべての分析から）　　イオン　　セブン

理由：

「財務会計Ⅰ」授業展開例

1　単元名　(1)　財務会計の概要

2　単元の目標

何ができるようになるのか	・企業会計と財務会計の意義・役割，財務諸表の構成要素など財務会計に関する知識などを基盤として，財務会計及び関連する法規と基準の意義について自らの考えをもつとともに，適切な会計情報の提供と効果的な活用についての意識と意欲を高め，組織の一員としての役割を果たす。
どのように学ぶか	・資産負債アプローチのもとでの財務諸表の構成要素に関する学習活動に取り組む。
何を学ぶか	・企業会計と財務会計の意義・役割　・財務諸表の構成要素 ・会計法規と会計基準

3　本時の指導と評価の計画（第3時／全8時間）

学習内容・活動	評価規準・【評価の観点】・（評価方法）
ねらい：資産負債アプローチによる財務諸表の構成要素について理解を深める。	
○簿記の５要素に対する復習をする。 ・ワークシートに簿記で学習した５要素（資産・負債・純資産・収益・費用）の増加（発生）側と減少（消滅）側を図示により整理させる。	・簿記の５要素を理解している。【知識・技術】（ワークシート）
○収益費用アプローチと資産負債アプローチについてその違いを理解する。 ・ワークシートに歴史的に収益費用アプローチが取得原価主義会計と結びつき，資産負債アプローチが公正価値（時価主義）会計と結びつくことを整理させる。	・歴史的な経過を考え，判断し，表現している。【思考・判断・表現】（ワークシート）
○国際会計基準審議会（IASB）が公表している概念フレームワークにより資産・負債・持分（純資産）・収益・費用がどのように定義されているのかについてグループで調べる。 ・IASBの概念フレームワーク「第４章　財務諸表の構成要素」を資料として配布し，精読させ，５つの要素についてそれぞれ自分たちの言葉でまとめさせる。	・主体的に難解なフレームワークを読み込もうとしている。【主体的に学習に取り組む態度】（ワークシート，発表）
○昔の収益費用アプローチと現代の資産負債アプローチにおいて，主に財務諸表構成要素の概念のどの部分が変化したのか比較しながらグループで検討させる。 ・日本の概念フレームワークはまだ制度化されていないため，IASBの概念フレームワークを使って財務諸表の構成要素を考えさせる。 ・収益と費用を認識するとき，資産・負債の増加・減少から捉えることや，損益計算の方法も変化することを理解させる。	・将来日本の会計基準においても概念フレームワークは基礎的な枠組みとなることを理解している。【知識・技術】（ワークシート，発表）

「簿記」授業展開例

1　単元名　(2)　取引の記帳

2　単元の目標

何ができるようになるのか	・記帳に関する知識，技術などを基盤として，企業会計に関する法規と基準を実務に適用し，適正な会計帳簿の作成について，組織の一員としての役割を果たす。
どのように学ぶか	・固定資産の概念と種類，取得と売却の記帳に取り組む。
何を学ぶか	・現金と預金 ・債権・債務と有価証券 ・商品売買 ・販売費と一般管理費 ・固定資産 ・個人企業の純資産と税

3　本時の指導と評価の計画（第8時／全11時間）

学習内容・活動	評価規準 【評価の観点】（評価方法）
ねらい：定率法による減価償却費の計算方法に関する知識・技術を身に付けるとともに，定額法と定率法の違いや企業経営に与える影響を考察し，理解を深める。	
○有形固定資産の減価償却の目的を学ぶ。 ・定額法の計算例を用いて，取得原価・耐用年数・残存価額の意味を確認するとともに，毎期減価償却費の金額が一定であること捉えさせる。 ○計算例（耐用年数5年）により定率法の減価償却費の計算を学ぶ。 ・定率法の計算例を用いて，取得原価・償却率の意味を確認させ，減価償却費の金額が年を追うごとに減少することを捉えさせる。 ○5年間の売上高・売上原価・減価償却費の数値をもとに定額法・定率法の場合の利益を分析し考察する。 ・売上高・売上原価が5年間一定の数値例をもとに5年分の損益計算書を作成させ，減価償却が企業に与える影響について考えワークシートにまとめさせる。	・定率法の減価償却費の計算，記帳をすることができる。【知識・技術】（ワークシート）
○減価償却が企業に与える影響，定額法と定率法の違いについてグループやペアワークで発表する。 ・定額法と定率法はどのような有形肯定資産の費用配分の方法として適切か考えさせる。 ・どちらの減価償却方法が健全な企業経営に適しているか考えさせる。	・定額法と定率法の違いが企業経営に与える影響について思考している。【思考・判断・表現】（ワークシート，観察）

4　「簿記」指導上の留意点

簿記は企業が日常行う取引を理解し，取引を仕訳，転記できるようになることが重要である。特に正常な営業循環の取引を仕訳，転記し試算表を作成し貸借の合計を合わせ，貸借が一致することを学ばせることがまず重要となる。1年間の日常取引が仕訳できるようになれば，その後決算手続きを通して企業の1年間の経営成績をあらわす損益計算書，決算日時点の財政状態をあらわす貸借対照表を作成する能力を育成するとともに，財務諸表から企業の実態を理解する能力を育成することが大切である。

簿記においては帳簿作成に重点が置かれがちであるが，取引を理解し，仕訳・転記し，試算表を作成して貸借を合わせる。その後決算整理を行い，財務諸表を作成して企業の実態を捉える力をつけることが，簿記の本来の目的である。

検定に合格するために簿記を学ぶのではなく，簿記の学びを通して，企業の諸活動を計数的に捉える力，財務諸表を分析する力の基礎・基本を養う必要がある。

(1)　簿記の原理

簿記の5要素といわれる資産・負債・純資産（資本）・収益・費用の意味，貸借対照表と損益計算書の関係，損益法と財産法の利益の計算，取引の8要素の結合関係の基礎・基本をしっかり身に付けさせた上で取引の仕訳の学習を行うことが大切である。また，取引の記帳を学習する際，借方に記載する勘定科目は資産の増加なのか費用の発生なのかをしっかり捉えて理解させることが重要である。簿記の原理の理解がおろそかになると，以下の学習内容は暗記して覚えるだけの学習になってしまう可能性がある。

(2)　取引の記帳

取引の意味を理解するとともに，取引の内容を図解できる力を身に付けるとよい。債権債務の関係，お金の流れなど図式化することにより取引の内容を理解することができる。上記したように仕訳を指導する際は，取引の8要素の結合関係を押さえながら仕訳を指導する必要がある。また，補助簿の記入方法を訓練させるような指導は極力控えるべきである。日常取引の学習を終えた時点で，決算整理前の試算表を作成する学習を繰り返し実施すると，簿記の力が高まる。

(3)　決算

決算整理をする意義，つまり会計期間の適正な利益を計算するとともに，期末時点における財政状態を明らかにするために決算整理を行うことをよく理解させる必要がある。間違っても決算整理仕訳を暗記させるような指導を行ってはいけない。

(4)　記帳の効率化本支店会計

必ずしも会計ソフトウェアを活用することを必要とせず，表計算ソフトによって作成された会計帳簿システムを活用した取引実習を行うことも効果的である。　（田中　英淳）

コラム　簿記教育はｅラーニングが最適？

県立岐阜商業高校の簿記教育ではｅラーニングが採用されている。多くの生徒が体育系部活動や吹奏楽部に所属し，放課後，休日を忙しく過ごしているため，オンデマンド式の授業動画が自宅でもスマホでも視聴できるようになっている。授業の予習・復習で動画を視たり，長期休業期間に総復習をしたりと生徒の要望に応じて，いつでもどこでも簿記の学習ができる環境が整っている。

また，新型コロナウイルス感染症（COVID-19）対応による休業期間中，オンライン授業で簿記が進められた。オンデマンド授業で学んだ内容を双方向によるオンライン授業で復習する授業形態で，通常授業より生徒の理解は進んだように思われる。

「原価計算」授業展開例

1　単元名　(6)　直接原価計算

2　単元の目標

何ができるようになるのか	・直接原価計算に関する知識，技術などを基盤として，直接原価計算の方法を実務に適用し，適切な原価情報の提供と効果的な活用について，組織の一員としての役割を果たす。
どのように学ぶか	・固定費の果たす経営に対するレバレッジについてのケーススタディに取り組む。
何を学ぶか	・直接原価計算の目的と財務諸表の作成　　　・短期利益計画への活用

3　本時の指導と評価の計画（第8時／全8時間）

<table>
<tr><th>学習内容・活動</th><th>評価規準
【評価の観点】（評価方法）</th></tr>
<tr><td colspan="2">ねらい：製造間接費の固定費が経営管理に与える影響を知ることを通して，固定費について理解を深める。</td></tr>
<tr><td>○直接原価計算は，短期利益計画に役立つもので，ここまで学んだ原価計算手法と異なり，未来志向の原価計算であることを理解させる。
・直接原価計算の目的と方法，直接原価計算による損益計算書の作成方法についてワークシートにまとめさせる。
○ケーススタディとして，大型テレビを製造している工場の原価計算を例にする。
「問題：5年前に55インチの4Kテレビは￥600,000以上しました。現在は￥100,000で一台が購入できます。なぜこのように家電製品は短期間で大きな値引きができるのでしょうか？考えてみよう！」
①ある企業では30億の投資により工場を建設し設備を購入，テレビの製造を開始した。
原材料費　@￥95,000
労 務 費　@￥50,000
経　　費　@￥30,000（固定資産の減価償却費を除く）
@￥175,000（これはすべて変動費である）
②販売計画
　　1年目　2年目　3年目　4年目　5年目
　　2,000台　2,0000台　1,500台　1,500台　1,000台
累計　2,000台　4,000台　5,500台　7,000台　8,000台
③固定費を回収する事が大切
当初売価　@￥600,000
変 動 費　@￥175,000
固 定 費　￥3,000,000,000（工場への投資額）</td><td>・変動費・固定費・貢献利益・営業利益の意味を理解している。【知識・技術】（ワークシート）
・条件を与え，ペアワークで考えさせる際に，着眼すべき点を踏まえて思考している。【思考・判断・表現】（ワークシート）</td></tr>
<tr><td>○工場の現場では変動費と固定費という概念が重要であり，固定費をすべて回収できたあとは大きな値下げが可能になることを理解する。
￥3,000,000,000÷（@￥600,000－@￥175,000）≒7,058台
最初の工場への投資を回収できる5年目の途中からは，大幅な値引きが可能となることを結論としてまとめさせる。</td><td>・実際の金額でのシミュレーションに，主体的かつ協働的に取り組もうとしている。【主体的に学習に取り組む態度】（ワークシート，発表）</td></tr>
</table>

「管理会計」授業展開例

1　単元名　(6)　経営意思決定

2　単元の目標

何ができるようになるのか	・経営意思決定に関する知識，技術などを基盤として，経営意思決定の方法を実務に適用し，会計情報に基づく適切な経営意思決定について，組織の一員としての役割を果たす。
どのように学ぶか	・経営意思決定の方法の妥当性と実務における課題を見いだし，科学的な根拠に基づいて貨幣の時間価値と法人税を考慮した設備投資の意思決定に取り組む。
何を学ぶか	・経営意思決定の概要　　・業務的意思決定 ・構造的意思決定

3　本時の指導と評価の計画（第８時／全８時間）

学習内容・活動	評価基準・【評価の観点】・（評価方法）
ねらい：貨幣の時間価値及び法人税を考慮した意思決定を通して，構造的意思決定について理解を深める。	
○貨幣の時間価値を考慮した簡単な設例を考えることにより，時間による資本コストの概念を学ぶ。 現在　　３％の複利　　10年後 ¥100,000 → ¥134,391	・簡単な設例から複利計算の終価係数を理解している。【知識・技術】（ワークシート）
○法人税の影響によるキャッシュ・アウトフローの減少効果であるタックスシールドについてその概念を理解する。 ・財務会計的な費用と法人税的な損金には違いがある。実際のキャッシュ・フローを考える上では損金になるが，キャッシュ・アウトフローがない減価償却の計算ができるようにする。 ○取替投資の意思決定について，正味現在価値法を用いた設例をワークシートで用意し，その回答をペアワークで考えさせながらまとめる。 設例：現有設備と新設備のどちらを選ぶか？ 当社では１種額の製品Ａ（販売単価5,000円）を１台の設備（現有設備）で製造販売している。製品Ａの販売は順調であり，供給が需要に追いついていない。そこで，高性能な新設備に取り替えることを検討している。	・簡単な設例からタックスシールドの計算を理解している。【知識・技術】（ワークシート）
○構造的意思決定について時間価値という最も重要な論点をしっかりと理解し，応用問題にも回答できるようにする。 ・意思決定会計の総仕上げとして，２つの投資案を検討するが，試行錯誤を繰り返して回答を導き出せるように，ペアで相談させる。	・時間価値とタックスシールドを同時に考え，判断し，表現している。【思考・判断・表現】（ワークシート）

第５節　ビジネス情報分野の科目

1　分野の概要

情報ビジネス分野の各科目については，いずれもつねに情報技術の進歩に留意しながら指導すること。

ビジネス情報分野では，適切な情報を提供する力及び情報や情報技術をビジネスに効果的に活用する力を育成する。

ビジネス情報分野は，基幹となる「情報処理」において，ビジネスに関する情報を収集・処理・分析して表現し，活用する一連の活動を，情報セキュリティの確保や知的財産の保護などに留意して行い，企業において情報を適切に扱うために必要な資質・能力を育成した上で，発展的な学習につなげていく。

具体的には，「ソフトウェア活用」において，ソフトウェアを活用するために必要な資質・能力を育成し，「プログラミング」において，企業活動に有用なプログラムと情報システムを開発するための資質・能力を育成する。また，「ネットワーク活用」においては，情報技術の進歩に伴うビジネスの多様化とビジネスにおいてインターネットを活用することに伴う様々な課題に適切に対応し，インターネットを効果的に活用するとともに，インターネットを活用したビジネスの創造と活性化に取り組むために必要な資質・能力を育成する。「ネットワーク管理」においては，情報通信ネットワークの活用の拡大と情報セキュリティ管理の必要性の高まりに対応し，情報資産を共有し保護する環境を提供するために必要な資質・能力を育成する。

このように「情報処理」を基幹として，各学校，学科の教育目標と生徒の興味・関心，状況に応じて，発展的な学習に結びつけていくことが大切である。

2　情報処理

ねらい
- 情報を扱う者としての役割と責任について，理解を深める。
- 情報を適切に扱うことができるようにする。

学び方
- 企業における情報の管理と活用に関する具体的な事例について多面的・多角的に分析し，考察や討論を行う。
- 表現の方法や伝え方などの工夫について考察や討論を行う。
- 企業において情報を扱う具体的な場面を想定した実習を行う。

この科目は，ビジネスに関する情報を収集・処理・分析して表現し，活用する一連の活動を，情報セキュリティの確保，知的財産の保護などに留意して行うなど，企業において情報を適切に扱うために必要な資質・能力を育成することを主眼としたものである。

「情報処理」の指導項目は次のとおりである。

(1)　企業活動と情報処理
　ア　情報処理の重要性
　イ　コミュニケーションと情報デザイン
　ウ　情報モラル

(2)　コンピュータシステムと情報通信ネットワーク
　ア　コンピュータシステムの概要
　イ　情報通信ネットワークの仕組みと構成
　ウ　情報通信ネットワークの活用
　エ　情報セキュリティの確保と法規

(3)　情報の集計と分析
　ア　ビジネスと統計
　イ　表・グラフの作成と情報の分析

ウ　問題の発見と解決の方法

(4)　ビジネス文書の作成

ア　文章の表現

イ　ビジネス文書の種類と作成

(5)　プレゼンテーション

ア　プレゼンテーションの技法

イ　ビジネスにおけるプレゼンテーション

(3)情報の集計と分析や(4)ビジネス文書の作成では，10分間に何文字入力できるかといった技術を求めるのでなく，ビジネスに有用な情報をわかりやすく伝達する技術を育成する。

今回の改訂では，情報を適切に表現し，活用できるようにする視点から，情報デザイン及び問題の発見と解決の方法に関する指導項目を取り入れるなどの改善が図られている。与えられたデータを指示どおりに実行する技術だけでなく，ビジネスの抱える諸問題を発見し，情報を整理して解決方法を考案する力の育成を目指している。

また，小・中学校におけるプログラミング教育の実施に伴い，「情報処理」においてもアルゴリズムを考案し，プログラムとして表現する基礎的な技法を用いた問題の発見と解決について，ビジネスを想定した題材を用いて扱うことも明記されている。

プログラミング教育は2020（令和2）年より小学校で導入されている。その目的は，「小学校段階における論理的思考力や創造性，問題解決能力等の育成」であり，高等学校「情報処理」では，よりビジネスに即した論理的思考力や創造性，問題解決能力が求められる。ただし，「情報処理」では，コーディング能力は求めない。

3　ソフトウェア活用

この科目は，企業活動においてソフトウェアを活用するために必要な資質・能力を育成する視点から，従前の「ビジネス情報」の指導項目を改善し，科目の名称を改めたものである。

「ソフトウェア活用」の指導項目は次のとおりである。

(1)　企業活動とソフトウェアの活用

ア　ソフトウェアの重要性

イ　情報通信ネットワークの導入と運用

ウ　情報資産の保護

(2)　表計算ソフトウェアの活用

ア　オペレーションズ・リサーチ

イ　情報の集計と分析

ウ　手続の自動化

ねらい

・企業活動においてソフトウェアを適切に活用することができるようにする。

学び方

・情報を多面的・多角的に分析し工夫して表現する。

・情報の管理と提供の方法について考察や討論を行う。

・ソフトウェアを活用する具体的な場面を想定した実習を行う。

コラム　その情報…本当に正しい？　～SNSでの誹謗中傷

自動車のあおり運転事件で，事件とは無関係なのに自動車に同乗していた女性であるというデマの情報を拡散した男性に裁判所が損害賠償を命じたというニュースがあった。男性は「身勝手な正義感」で，女性があおり運転の同乗者だというデマを信じ，女性の実名とともに「早く逮捕されるように拡散お願いします」とSNSに投稿してしまった。女性は，たった1日でデマによる誹謗中傷に巻き込まれ，その数は1,000件を超えたという。

自分の価値観（正義感）のみで判断し，真偽のわからない情報を身勝手に流すことは，他人を攻撃する行為へつながる恐れがある。ビジネスは，人と人との橋渡しである。商業を学んだ者は，ダイバーシティ（多様性）を認め，相手を尊重しつつ，つねに謙虚でありたいものだ。

(3)　データベースソフトウェアの活用
　ア　データベースの重要性
　イ　データベースの設計
　ウ　データベースの作成と操作
　エ　手続の自動化
(4)　業務処理用ソフトウェアの活用
　ア　仕入・販売管理ソフトウェアの活用
　イ　給与計算ソフトウェアの活用
　ウ　グループウェアの活用
(5)　情報システムの開発
　ア　表計算ソフトウェアによる情報システムの開発
　イ　データベースソフトウェアによる情報システムの開発

(5)情報システムの開発においては，生徒の実態や学科の特色に応じて，その中からいずれか１つを選択して取り扱うことができる。

今回の改訂では，ビジネス計算に関する指導項目を「ビジネス基礎」に移行するとともに，仕入・販売管理ソフトウェアとグループウェアの活用に関する指導項目を従前の「ビジネス実務」から移行するなど改善が図られている。特に，既存の業務処理用ソフトウェアはとても便利であるが，その使い勝手に振り回されてしまうことがあるため，業務処理用ソフトウェアを活用し，その利便性を向上するためにもカスタマイズできる技術の育成を図る必要がある。

また，単なるソフトウェアの活用技術を習得するだけでなく，様々なビジネス上の諸問題を解決するために，問題を発見し，ソフトウェアを用いて解決する方策を考案する力を育成することが大切である。

4　プログラミング

ねらい
・情報を処理する環境の構築ができるようにする。

学び方
・プログラムと情報システムを開発する手順と方法について考察や討論を行う。
・企業活動に有用なプログラムと情報システムを開発する具体的な場面を想定した実習を行う。

この科目は，プログラムと情報システムを開発する環境の多様化と携帯型情報通信機器の普及に対応するとともに，プログラムと情報システムの開発を一連の流れとして捉え，企業活動に有用なプログラムと情報システムを開発するために必要な資質・能力を育成する視点から，従前の「プログラミング」の指導項目と「ビジネス情報管理」の情報システムの開発に関する指導項目を整理して統合したものである。

「プログラミング」の指導項目は次のとおりである。

(1)　情報システムとプログラミング
　ア　情報システムの重要性
　イ　プログラム言語の種類と特徴
　ウ　プログラミングの手順
(2)　ハードウェアとソフトウェア
　ア　データの表現
　イ　ハードウェアの機能と動作
　ウ　ソフトウェアの体系と役割
(3)　アルゴリズム
　ア　アルゴリズムの表現技法

イ　データ構造と制御構造

ウ　変数・定数と演算

エ　データの入出力

オ　条件判定と繰り返し処理

カ　配列の利用

(4)　プログラムと情報システムの開発

ア　情報システム開発の手法と手順

イ　プロジェクト管理

ウ　手続き型言語の利用

エ　オブジェクト指向型言語の利用

オ　携帯型情報通信機器用ソフトウェアの開発環境の利用

カ　情報システムの評価と改善

システム開発において，ソフトウェアの開発環境を積極的に利用し，アプリケーションプログラム，いわゆる「アプリ」を開発するのもよい。なお，(4)プログラムと情報システムの開発のウからオまでについては，生徒の実態や学科の特色に応じて，その中からいずれか１つ以上を選択して扱うことができる。

今回の改訂では，情報システムの開発に関する指導項目を従前の「ビジネス情報管理」から移行するとともに，携帯型情報通信機器用ソフトウェアの開発環境の利用に関する指導項目を取り入れるなど改善が図られている。なお，指導するプログラム言語は特に定められていない。１つのプログラム言語でコーディングができれば，ほかのプログラム言語の記述上のルールを習得し，流用できることを意識して指導することが大切である。

５　ネットワーク活用

この科目は，情報技術の進歩に伴うビジネスの多様化と，ビジネスにおいてインターネットを活用することに伴う様々な課題に適切に対応し，インターネットを効果的に活用するとともに，インターネットを活用したビジネスの創造と活性化に取り組むために必要な資質・能力を育成する視点から，従前の「電子商取引」の指導項目を再構成したものである。

「ネットワーク活用」の指導項目は次のとおりである。

(1)　情報技術の進歩とビジネス

ア　ビジネスの変化

イ　個人情報と知的財産の保護

ウ　関係法規とガイドライン

(2)　インターネットと情報セキュリティ

ア　インターネットの仕組み

イ　ハードウェアとソフトウェアの導入

ウ　情報セキュリティの確保

(3)　情報コンテンツの制作

ア　図形と静止画

イ　動画と音声

(4)　インターネットの活用

ア　ウェブページの制作とデザイン

イ　企業情報の発信

ねらい

・ビジネスにおけるインターネットの活用について理解を深める。

・ビジネスにおいてインターネットを効果的に活用することができるようにする。

学び方

・企業における情報の管理と活用に関する具体的な事例について多面的・多角的に分析し，考察や討論を行う。

・表現の方法や伝え方などの工夫について考察や討論を行う。

・企業において情報を扱う具体的な場面を想定した実習を行う。

ウ　電子商取引と電子決済

エ　ビジネスの創造

情報処理推進機構の国家試験に，情報セキュリティマネジメント試験や情報処理安全確保支援士試験が新設されたことからも，情報通信ネットワークの重要性やセキュリティの必要性が高まっていることがわかる。

今回の改訂では，インターネットを活用したビジネスの創造に関する指導項目を取り入れるなど改善が図られている。ビジネスの市場は，従前の実店舗からネットワーク上のバーチャルになりつつある。その意味で，インターネットを活用したビジネスの創造をすることはとても大切である。

また，バーチャルモールでの買い物の入り口はウェブページであることから，ユニバーサルデザインを意識したユーザインタフェースを考案し，デザインする技術を育成する必要がある。

6　ネットワーク管理

ねらい
- 情報資産を共有し保護する環境の提供を担う者としての役割と責任について理解を深める。
- 情報資産を共有し保護する環境の提供ができるようにする。

学び方
- 情報セキュリティ管理及び情報通信ネットワークの設計・構築と運用管理に関する具体的な事例について多面的・多角的に分析し，考察や討論を行う。
- 企業において情報セキュリティ管理及び情報通信ネットワークの設計・構築と運用管理を行う具体的な場面を想定した実習を行う。

この科目は，情報通信ネットワークの活用の拡大と情報セキュリティ管理の必要性の高まりに対応し，情報資産を共有し保護する環境を提供するために必要な資質・能力を育成する視点から，従前の「ビジネス情報管理」の情報通信ネットワークに関する指導項目を分離したものである。

「ネットワーク管理」の指導項目は次のとおりである。

⑴　企業活動と情報通信ネットワーク

ア　情報資産の共有の重要性

イ　情報通信ネットワークの形態と通信

ウ　ネットワーク機器と周辺機器の種類・機能

⑵　情報セキュリティ管理

ア　情報セキュリティ管理の目的と重要性

イ　人的対策

ウ　技術的対策

エ　物理的対策

⑶　情報通信ネットワークの設計・構築と運用管理

ア　情報通信ネットワークの設計方法

イ　情報通信ネットワークの構築方法

ウ　情報通信ネットワークの運用と障害対応

エ　システム監査

コラム　リスク管理　～転ばぬ先の杖～

BCPという言葉を知っているだろうか。BCPとはBusiness Continuity Planningの頭文字をとった言葉で，事業継続計画のことだ。企業は，テロや災害，コンピュータシステムの障害や様々な不祥事に巻き込まれても，重要な業務が継続できる方策を準備し，事業が継続できようにしておかなくてはならない。そういったリスク（危機）に備えておくことがリスク管理である。もしものための「保険」に入るのも，明日，友達と海へ遊びに行くのに雨が降った時の別の対策を考えておくのもリスク管理の1つだ。みなさんは，テスト前に慌てて一夜漬けの勉強をしてないだろうか。「明日でいいや」と今日できることを明日に引き延ばしてないだろうか。商業でビジネスを学んだ者は，いつ何が起きても平然と対応できるリスク管理ができるようになりたいものだ。

今回の改訂では，人的対策，技術的対策など情報セキュリティ管理に関する指導項目を充実させるなど改善が図られている。情報通信ネットワークが様々な場面で活用されていることから，セキュリティに関する重要性と最新の情報セキュリティの動向を注視することが大切である。

コラム　プロフェッショナルなスペシャリストへ

ビジネスでは，ゼネラリストとスペシャリストという言葉がある。ゼネラリストとは，「広い知識や技術を有する人」のことである。一方，スペシャリストとは，「特定分野の知識や技術を有する人」のことである。商業科目には，「マーケティング分野」，「マネジメント分野」，「会計分野」，「ビジネス情報分野」など，様々な分野の学びがある。せっかく商業科目を学ぶのであれば，何かしらのスペシャリストを目指したいものだ。様々な学びの中で必ず自分に合ったものがあり，どこかで輝けるはずである。「○○のことなら△△さんに聞けば大丈夫！」などと言われたら仕事をする上で至極の喜びだろう。会社にとっては，ゼネラリスト・スペシャリストともに必要な存在である。商業科目の学びで得た知識と技術を基盤に会社で活躍することで，より大きく成長してもらいたい。

そして将来的には，プロフェッショナルなスペシャリストへ。プロフェッショナルとは，「職業人としてすばらしい・ビジネス人にふさわしい」など，人間的にも立派という意味も含まれる。商業科目での学びが花開いて，将来，「△△さんはプロフェッショナルなスペシャリストだね」などと言われたらとても光栄である。

「情報処理」学習指導計画

1　単元名　(1)　企業活動と情報処理

2　単元の目標

何ができるようになるのか	・企業における情報処理に関する知識，技術などを基盤として，情報処理の意義と課題について自らの考えをもつとともに，企業における適切な情報処理についての意識と意欲を高め，組織の一員としての役割を果たす。
どのように学ぶか	・情報をわかりやすく伝達するために必要な情報デザインの重要性，文字・図形・音声などの特性，色彩・光など情報デザインの要素が心理や感情に及ぼす影響に関する学習活動に取り組む。 ・法規及び企業における個人情報の漏えいや著作権の侵害などの具体的な事例と関連付けて分析し，考察する学習活動に取り組む。
何を学ぶか	・情報処理の重要性　・コミュニケーションと情報デザイン ・情報モラル

3　単元の評価規準

Ⅰ　知識・技術	Ⅱ　思考・判断・表現	Ⅲ　主体的に学習に取り組む態度
・企業における適切な情報処理について理解するとともに，関連する技術を身に付けている。	・情報処理の意義と課題について，企業活動と関連付けて見いだすことができる。	・企業における情報処理について自ら学び，適切な情報処理に主体的かつ協働的に取り組むことができる。

4　指導と評価の計画　※本時の内容は太枠

時程	ねらい・学習活動	評価の観点 Ⅰ	Ⅱ	Ⅲ	評価規準・評価方法
第一次（2時間）	コミュニケーションと情報デザイン（2時間） ねらい：情報をわかりやすく伝達するために必要な文字・図形・音声などの特性，色彩・光などの情報デザインの要素，色彩が心理や感情に及ぼす影響，伝えたい意図を的確に表現するための要素の構成と配置及び図解表現の効果と方法について考察し，理解を深める。				
	■新聞や雑誌，教科書などの資料を参考に気づいたことをワークシートにまとめる。 ・ワークシートに，文字，図形，色彩，構成・配置など，分類分けして整理させる。			●	・身近な情報メディアから気づいたことをまとめようとしている。（ワークシート・観察）
	■色彩が心理や感情に及ぼす影響について，グループで話し合い，ワークシートにまとめる。 ・自分の感じている感覚と心理学などで一般的に定義づけられている違いに気づかせる。		●		・自分の経験や身の回りのものから情報を収集し，整理している。（観察）

	■総務省「情報通信白書」の「情報通信機器の保有状況」の資料とそれをグラフにしたものを参考に気づいたことをワークシートにまとめる。 ・図解やグラフ化によって，情報の伝わりやすさが違うことを理解させる。 ・イラスト，音響による効果についても理解を深めさせる。	●			・意図的に情報を加工することで伝わり方に違いがあることを理解している。[ワークシート・観察]
	■情報デザインとは何かを整理し，グループで話し合い，ワークシートにまとめ，発表する。また，バリアフリー，ユニバーサルデザイン，国による色の感じ方の違いなどの理解を深める。 ・情報の発信者と受信者には理解度が異なることに気づかせる。 ・情報の発信が手軽になった反面，情報の信頼度が落ちたことに気づかせる。 ・ちょっとした工夫で情報の伝わり方が変わることに気づかせる。（資料3）を利用してまとめる。	●			・情報の伝え方についてわかりやすいものを選択・加工することを理解している。（ワークシート）
			●		・話し合いによって思考を深め，グループの考え方をまとめ，適切に表現している。（ワークシート・観察）
第二次（2時間）	**コミュニケーションと情報デザイン（2時間）** ねらい：必要な情報を収集・整理し，情報をわかりやすく伝達するためのコンテンツの考案，色彩などが感情に及ぼす影響を考えながら，伝えたい意図を的確に表現するための要素を考案してチラシ全体を構成する作業を通して，情報デザインの理解を深める。				
	■日にち・時間・模擬店・発表などいくつかの情報を収集し，整理したものをワークシートにまとめる。		●		・チラシに載せることが必要な情報を取捨選択し，整理している。（ワークシート・観察）
	■模造紙やポスター用紙などに，わかりやすく情報を伝達するために，文字，イラスト，図などを整理して配置する。その際に，色彩等にも十分留意する。			●	・他者と協力しながらチラシを制作しようとしている。（模造紙・ポスター用紙）
	■できあがった作品をグループごとに発表する。作品の意図を伝えるとともに，他者からの良かった点，改善点を知ることで振り返りに活用する。		●		・音声による情報伝達に留意しながら発表している。（作品評価表）

5　本時の指導と評価の計画（第2時／全2時間）

学習内容・活動	評価規準 【評価の観点】（評価方法）
ねらい：情報をわかりやすく伝達するために表現の効果と方法について考察し，理解を深める。	
○新聞や雑誌，教科書，標識など（資料1）を参考に，気づいたことをワークシートにまとめる。 ・ワークシートに，文字，図形，色彩，構成・配置など，分類分けして整理させる。	・身近な情報メディアから気づいたことをまとめようとしている。【主体的に学習に取り組む態度】（ワークシート・観察）
○色彩が心理や感情に及ぼす影響について，グループで話し合い，ワークシートにまとめる。 ・自分の感じている感覚と心理学などで一般的に定義づけられている違いに気づかせる。	・自分の経験や身の回りのものから情報を収集し，整理している。【思考・判断・表現】（観察）
○総務省「情報通信白書」の「情報通信機器の保有状況」とそれをグラフにしたもの（資料2）を参考に気づいたことをワークシートにまとめる。 ・図解やグラフ化によって，情報の伝わりやすさが違うことを理解させる。 ・イラスト，音響による効果についても理解を深めさせる。	・意図的に情報を加工することで伝わり方に違いがあることを理解している。【知識・技術】（ワークシート・観察）
○情報デザインとは何かを整理し，グループで話し合い，ワークシートにまとめ，発表する。また，バリアフリー，ユニバーサルデザイン，国による色の感じ方の違いなどの理解を深める。 ・情報の発信者と受信者には理解度が異なることに気づかせる。 ・情報の発信が手軽になった反面，情報の信頼度が落ちたことに気づかせる。 ・ちょっとした工夫で情報の伝わり方が変わることに気づかせる。（資料3）を利用してまとめる。	・情報の伝え方についてわかりやすいものを選択・加工することを理解している。【知識・技術】（ワークシート） ・話し合いによって思考を深め，グループの考え方をまとめ，適切に表現している。【思考・判断・表現】（ワークシート・観察）

資料1　コミュニケーションと情報デザイン

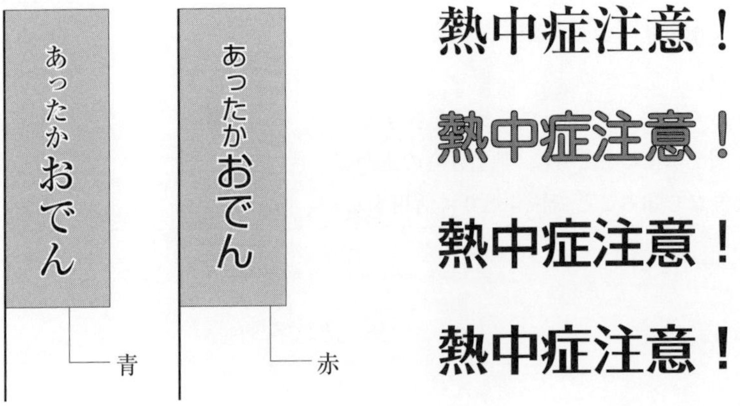

資料２　コミュニケーションと情報デザイン

	2010	2011	2012	2013	2014	2015	2016	2017	2018	2019
固定電話	85.8	83.8	79.3	79.1	75.7	75.6	72.2	70.6	64.5	69
モバイル端末全体	93.2	94.5	94.5	94.8	94.6	95.8	94.7	94.8	95.7	96.1
スマートフォン	9.7	29.3	49.5	62.6	64.2	72	71.8	75.1	79.2	83.4
タブレット型端末	7.2	8.5	15.3	21.9	26.3	33.3	34.4	36.4	40.1	37.4

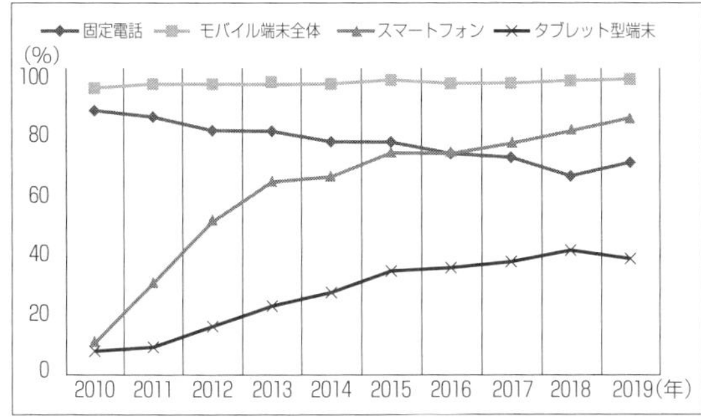

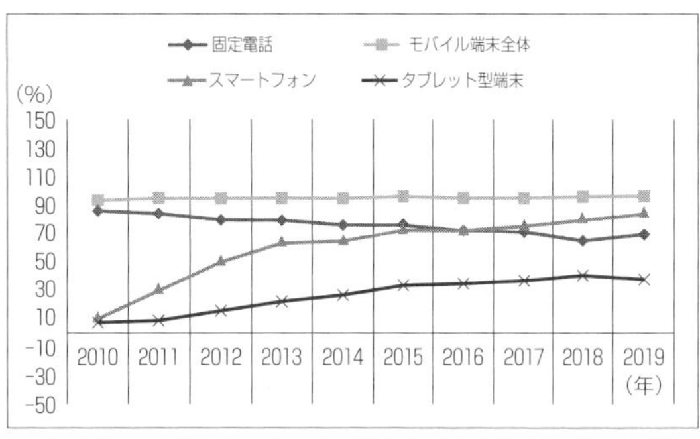

出典：総務省「令和２年　情報通信白書」より作成。

資料３　コミュニケーションと情報デザイン

「コミュニケーションと情報デザイン」　ワークシート

課題１　新聞，雑誌，または教科書などを参考に，読者に見やすく工夫している点はありますか。気づいたことを記入してください。

自由記述
グループのまとめ
ほかのグループの意見

課題２　資料１を見て感じたことは何ですか。気づいたことを記入してください。

自由記述
グループのまとめ
ほかのグループの意見

課題３　資料２からどのようなことがいえますか。気づいたことを記入してください。

自由記述
グループのまとめ
ほかのグループの意見

まとめ　情報デザインとは

自由記述

＜まとめ＞

・

・

・

＜今日，発見したこと＞

「ソフトウェア活用」授業展開例

1　単元名　(2)　表計算ソフトウェアの活用

2　単元の目標

何ができるようになるのか	・オペレーションズ・リサーチや情報の集計と分析など，表計算ソフトウェアの活用に関する知識，技術などを基盤として，企業活動の改善に対する要求などに基づいた情報の効率的な集計・分析と分析結果の適切な表現について，組織の一員としての役割を果たす。
どのように学ぶか	・ビジネスを想定した題材を用いて情報を集計し，分析などを行う実習に取り組む。 ・ビジネスを想定した題材を用いた実習に取り組む。
何を学ぶか	・オペレーションズ・リサーチ　・情報の集計と分析 ・手続の自動化

3　本時の指導と評価の計画（第8時／全16時間）

学習内容・活動	評価規準 【評価の観点】（評価方法）
ねらい：身近な課題を整理，分析して，具体的な技法をグループワークで考察することを通して，表計算ソフトウェアの有用性について理解を深める。	
○学習の見通しをもつ。 ・本時のねらいを確認する。 ・課題をもとにどのようにすれば最適解を求められるか，グループワークを通して考案する。考案した式を手計算で解くと同時に表計算ソフトウェアの分析機能を用いて実行する。また，一連の処理を応用してシミュレーション技法を理解する。 ・ワークシートを提示して，本時の学習に見通しをもたせる。 ○ワークシート1についてグループで話し合う。考え方をまとめたら，式を立て，答えを出す。 ・考察→自分で計算→表計算ソフトウェアでの実行→数値を変えてシミュレーションをすることで，学習の定着を図る。 ○ワークシート1の課題を表計算ソフトウェアのゴールシーク機能を用いて実行する。 ○数値を変えてシミュレーションをする。 ○ワークシート2についてグループで話し合う。考え方をまとめたら，式を立て，答えを出す。 ○ワークシート2の課題を表計算ソフトウェアのソルバー機能を用いて実行する。 ○数値を変えてシミュレーションする。 ○今日の学習について振り返り，まとめる。	・グループでの討論を通して思考を深め，改めて整理させることで，表計算ソフトウェアの有用性について理解を深めている。【知識・技術】（ワークシート，観察） ・企業活動の改善に対する要求を分析し，科学的な根拠に基づいて，表計算ソフトウェアを活用して，情報を集計・分析するとともに，その結果を表現し，評価・改善している。【思考・判断・表現】（ワークシート）

シミュレーション

組　　番	検印
氏名	

身近な課題の最適解をみつけよう

1　学校の今年の学園祭で，クラスではたこ焼き店を出すことにした。出店するためには，たこ焼き機，ガスコンロ，その他備品で30,000円の固定費がかかることがわかった。また，たこ焼きは売価を１船600円に設定し，その原価（変動費）は320円かかることがわかった。利益を最低40,000円確保するためには，目標売上数を何船にすればよいかをシミュレーションする。

【思考・判断・表現】Ａ・Ｂ・Ｃ

～考え方を整理する～
目標販売数…ｘ，販売金額…600ｘ，変動費…320ｘ，固定費…30000

（式）販売金額　－　総費用（固定費＋変動費）　＝　（目標）利益

☆　表計算ソフトウェアのゴールシーク機能を使ってみる

2　あるキノコ園では，しいたけ，まいたけの２種類のキノコを出荷している。１日のキノコの採れ高から出荷量には限りがある。本日のしいたけの採れ高は700本であり，まいたけの採れ高は500株だった。キノコ園では，しいたけとまいたけを詰め合わせた２種類のセットを販売している。「キノコの王様」は，しいたけ20本，まいたけ８株入りで，「キノコのお姫様」は，しいたけ12本，まいたけ８株入りである。「キノコの王様」「キノコのお姫様」それぞれの利益は１セットあたり1,200円，600円である。このような場合，どちらのセットをいくつ詰め合わせ，販売すれば最大の利益が得られるかシミュレーションする。なお，セットは完売するものとする。

【思考・判断・表現】Ａ・Ｂ・Ｃ

～考え方を整理する～
キノコの王様のセット数をｘ，キノコのお姫様のセット数をｙとすると，…
（式）・目的関数　$z = 1200x + 600y$　を
・制約条件

$$\begin{cases} 20x + 8y \leqq 700 \\ 12x + 8y \leqq 500 \end{cases}$$

のもとで最大にする

☆　表計算ソフトウェアのソルバー機能を使ってみる

□　今日の授業で，新しく知ったこと，感じたこと，できるようになったことを書いてください。

「プログラミング」授業展開例

1　単元名　(3)　アルゴリズム

2　単元の目標

何ができるようになるのか	・アルゴリズムの表現技法，データ構造，制御構造などアルゴリズムに関する知識，技術などを基盤として，企業活動の改善に対する要求などに基づいた適切なアルゴリズムの考案について，組織の一員としての役割を果たす。
どのように学ぶか	・企業活動に有用なプログラムの作成を題材として，アルゴリズムを考案する学習活動に取り組む。
何を学ぶか	・アルゴリズムの表現技法　・データ構造と制御構造 ・変数・定数と演算　・データの入出力 ・条件判定と繰り返し処理　・配列の利用

3　本時の指導と評価の計画（第14時／全20時間）

学習内容・活動	評価規準・【評価の観点】・（評価方法）
ねらい：並べ替えの考え方について，課題から具体的な技法について理解を深める。	
○学習の見通しをもつ。 ・本時のねらいを確認する。 ・課題をもとにどのようにすればデータの並べ替えができるか，グループワークを通して考案する。考案した技法をわかりやすく手順にまとめ発表する。 ・ワークシートを提示して，本時の学習に見通しをもたせる。	
○ワークシート1についてグループで話し合う。考え方をまとめたら，整理し，文章で手順を考える。 ○ワークシート2についてグループで話し合う。考え方をまとめたら，整理し，文章で手順を考える。 ・手法は１つでなく，いろいろな方法を考えさせる。 ○各グループで技法をまとめ，代表者が発表する。 ・考えがまとまったら，文章化させる。 ・発表を終えたことところで，既存のソートアルゴリズムに当てはまる場合，そのソートアルゴリズムの補足をし，アルゴリズム技法を理解させる。バブルソート，セレクションソート，インサーションソートの３つの技法が出てくればよりよい。 ○今日の学習を踏まえて，プログラム言語化するためにどのようにすればよいか考える。 ・考察→整理→文章化することで，学習の定着を図る。 ・今日の学習について振り返り，まとめさせる。	・グループでの討論を通して思考を深め，整理することで，ソートのアルゴリズムについて理解を深めている。【知識・技術】（ワークシート，観察） ・アルゴリズムに関して自ら学び，企業活動の改善に対する要求を踏まえ，適切なアルゴリズムの考案に主体的かつ協働的に取り組もうとしている。【主体的に学習に取り組む態度】（ワークシート）

ソートのアルゴリズム

身近なソートアルゴリズムを考えよう

組　　番 氏名	検印

1　ある体育の授業で，40名の生徒が出席番号順に並んでいます。その生徒を身長の高い順に並べ替えます。どのようにすれば，並べ替えられますか。

【思考・判断・表現】Ａ・Ｂ・Ｃ

手順①

手順②

手順③

手順④

手順⑤

手順⑥

2　あるクラスの選択科目調査の用紙を担任が集めました。担任は学級委員長であるあなたに「出席番号順に並べ替えておいて」と頼みました。どのように並べ替えますか。

【思考・判断・表現】Ａ・Ｂ・Ｃ

手順①

手順②

手順③

手順④

手順⑤

手順⑥

□　今日の授業で，新しく知ったこと，感じたこと，できるようになったことを書いてください。

「ネットワーク活用」授業展開例

1　単元名 (1) 情報技術の進歩とビジネス

2　単元の目標

何ができるようになるのか	・情報技術の進歩とビジネスとの関係及び情報技術をビジネスに活用することに関する知識などを基盤として，情報技術を活用することの意義と課題について自らの考えをもつとともに，ビジネスにおけるインターネットの効果的な活用についての意識と意欲を高め，組織の一員としての役割を果たす。
どのように学ぶか	・情報通信ネットワークをビジネスに活用することの重要性について，具体的な事例を用いて分析し，考察する学習活動に取り組む。 ・法的な規制やガイドラインの必要性について，具体的な事例を用いて分析し，考察する学習活動に取り組む。
何を学ぶか	・ビジネスの変化　・個人情報と知的財産の保護 ・関係法規とガイドライン

3　本時の指導と評価の計画（第3時／全6時間）

学習内容・活動	評価規準 【評価の観点】（評価方法）
ねらい：過去の個人情報漏えい事件を調べ，事件の教訓を考えることを通して，個人情報の保護の重要性について理解を深める。	
○学習の見通しをもつ。 ・本時のねらいを確認する。 ・インターネットを利用して，過去の漏えい事件を調べてみる。ニュースになっていない事件を含めると相当数の事件が起きている。グループワークを通して事件の概要，原因，対応などをまとめ，防止策を考案し，発表する活動を通して，情報を取り扱う際の留意点を明らかにする。 ・インターネット上の情報の真偽を確認しながら進めさせる。 ・ワークシートを提示して，本時の学習に見通しをもたせる。	
○グループごとに，インターネットを用いて事件を調べ，ワークシートにまとめる。 ・インターネット上の意見を参考に自分の考えを照らし合わせ，またグループでの対話を通して，自分の意見を確立する。 ・グループごとにできるだけ別の事件を調べさせる。漏えい件数・被害額・攻撃による・ミスによるなど，テーマごとでもよい。 ○各グループでまとめた資料を発表し，様々な事件があること，今後対策が必須なこと，事件が会社に影響を与えること等，生徒全員で情報共有をすることによって個人情報の保護の重要性を理解する。 ○今日の学習について振り返り，まとめる。	・グループでの協議を通して，調べる作業を分担しながら作業を進めることで，個人情報の漏えいについて思考を深めている。【思考・判断・表現】（ワークシート，観察） ・情報技術の進歩とビジネスとの関係及び情報技術をビジネスに活用することについて理解している。【知識・技術】（ワークシート）

過去の事例から学ぶ

事件・事故を起こさないために

組　番　氏名	検印

過去の個人情報漏えい事件ついて調べてみよう（ほかのグループとは違う事件を調べてみよう）。

【思考・判断・表現】Ａ・Ｂ・Ｃ

事件名	
被害件数	
漏えい原因	
概要 詳細 二次被害等	
被害額・補償額	

あなたが考える再発防止策

事件名	
被害件数	
漏えい原因	
概要 詳細 二次被害等	
被害額・補償額	

あなたが考える再発防止策

□　今日の授業で，新しく知ったこと，感じたこと，できるようになったことを書いてください。

「ネットワーク管理」授業展開例

1　単元名 (2) 情報セキュリティ管理

2　単元の目標

何ができるようになるのか	・情報セキュリティ管理の目的と重要性，人的対策など情報セキュリティ管理に関する知識，技術などを基盤として，企業活動の改善に対する要求などに基づいた情報資産の保護について，組織の一員としての役割を果たす。
どのように学ぶか	・情報セキュリティ上の問題の発生時に損害を最小限に抑え，情報通信ネットワークの運用の継続や復旧を図るための事業継続計画の重要性などについて，具体的な事例と関連付けて分析し，考察する学習活動に取り組む。
何を学ぶか	・情報セキュリティ管理の目的と重要性　・人的対策 ・技術的対策　・物理的対策

3　本時の指導と評価の計画（第3時／全6時間）

学習内容・活動	評価規準・【評価の観点】・（評価方法）
ねらい：最新のマルウェア情報を調べて，その動向や傾向，特徴，予防策・対応策などの学びを通して，情報セキュリティ管理について理解を深める。	
○学習の見通しをもつ。 ・本時のねらいを確認する。 ・インターネットを利用して，最新のマルウェア事情について調べる。グループワークを通してマルウェアの特徴や傾向，対応策や予防策をまとめ，どのような情報セキュリティ対策が必要か考案し，発表する活動を通して，情報を取り扱う際の留意点を明らかにする。 ・ワークシートを提示して，本時の学習に見通しをもたせる。	
○グループごとに，インターネットを用いて最新のマルウェア情報を調べ，ワークシートにまとめる。 ・できるだけ授業で学んだ以外のマルウェアについて調べさせる。危険度・認知度・感染数・感染OSなど，テーマごとでもよい。	・グループでの協議を通し，調べる作業を分担しながら作業を進めることで，マルウェアの脅威などについて思考を深めている。【思考・判断・表現】（ワークシート，観察）
○各グループでまとめた資料を発表し，様々なマルウェアがあること，感染経路，予防策，対応策等，生徒全員で情報共有する。 ・生徒全員で最新情報を共有することで，注意すべき点など生徒同士で確認し，理解を深めさせる。 ○今日の学習について振り返り，まとめる。	・情報セキュリティ管理について自ら学び，情報資産の保護に主体的かつ協働的に取り組もうとしている。【主体的に学習に取り組む態度】（ワークシート，観察）

最新のマルウェア情報

備えあれば憂いなし

組　　番 氏名	検印

授業で学んだ以外のマルウェアについて調べてみよう（ほかのグループとは違うマルウェアを調べてみよう）。

【思考・判断・表現】Ａ・Ｂ・Ｃ

マルウェア名		
マルウェアの特徴		危険度 Ａ・Ｂ・Ｃ
予　防　策		
対　応　策		

マルウェア名		
マルウェアの特徴		危険度 Ａ・Ｂ・Ｃ
予　防　策		
対　応　策		

マルウェア名		
マルウェアの特徴		危険度 Ａ・Ｂ・Ｃ
予　防　策		
対　応　策		

マルウェア名		
マルウェアの特徴		危険度 Ａ・Ｂ・Ｃ
予　防　策		
対　応　策		

□　今日の授業で，新しく知ったこと，感じたこと，できるようになったことを書いてください。

第3章　未来につながる商業教育

第1節　商業高校フードグランプリ参加について　【北海道札幌東商業高等学校】

1　商業高校フードグランプリとは

「商業高校フードグランプリ」は，2013（平成25）年より開催されている全国の商業高校生がプロデュースする“食”の商品コンテストである。食品の中間流通業を営む伊藤忠食品株式会社が主催する当大会は，エントリーを通じて継続的に流通・販売可能な商品の条件や課題を学ぶことで，商品の改良や次の商品開発に生かしていくこと，地域食文化の継承に寄与することを趣旨としており，高校生が地元の食材を活用してメーカーと開発した商品を募集している。予選を通過した高校が決勝となる本選に出場し，本選では試飲・試食提供・接客やステージで商品をPRするプレゼンテーションを行う。

2　科目「商品開発」の授業展開

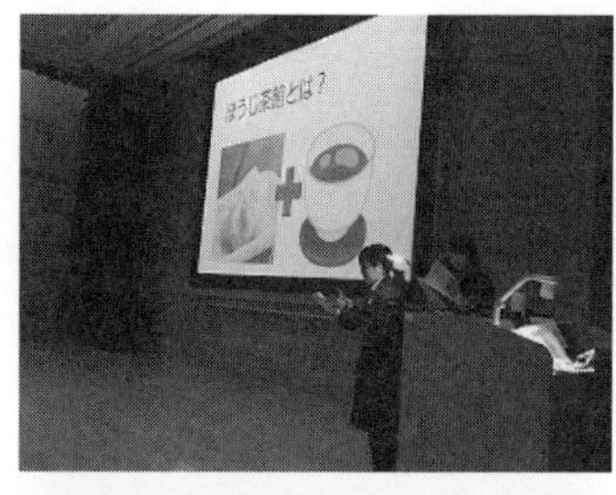

▲商品企画の発表会の様子。審査員は全て外部の人が行っている。

科目「商品開発」における本校の取り組み，目的について説明する。科目の目標に示されているとおり，実際の商品開発だけを目指すわけではなく，商品開発に関わる一連の手順や手法，技術を習得できるように留意している。ただし，用語や技法の名称などを覚えるだけにはならないよう，実践を交え主体的な活動となるようにしている。これまでの科目との大きな違いとして，正解を導くだけではなく最適解を創造させることだと考え，常によりよい解を探し求めて活動している。授業ではこのことを前提に，知識の習得だけを目的とせず，何かを生み出すきっかけをつくりたいと考えている。

この授業の目的に，自分の考えをもち，それを他者と共有して意見をまとめあげること，また自分が創造したことを他人に発信して納得してもらい，企画を採用してもらうことがある。このプレゼンテーション能力を磨くことは実社会での即戦力につながる。そのためグループワークや，発表の機会を多く設けるようにしている。

実際には毎年，おおよそ3か月かけて商品提案する機会を設けている。毎年テーマは違うが，地域企業の方と相談の上課題を設定し，そのテーマについて「ブレインストーミング」，「アイデアマップ」，「KJ法」，「SCAMPER法」などを用い，商品企画書にまとめあげ，プレゼンテーションを行う。発表の対象は地元企業や流通に関わる方々，製造業者，小売業者の方々であり，発表を見て，評価していただいている。

これまでの発表の中から商品化に結びついたものもある。ただし，あくまでも商品化を目的としてはいない発表会である。

3　本校の商品開発

本校で開発した商品は直近6年間ではおおよそ15種類あり，そのほとんどが3年次の科目「課題研究」とマーケティング部によって開発されている。2年次の「商品開発」で手法や考え方を学んで，3年次に実践している。

多くの地元企業や大手小売業者の方などに本校の活動に賛同してもらい，様々な商品が誕生した。地域で「食」をテーマにしたイベントも開かれ，積極的に関わっている。「課題研究」やマーケティング部では，このイベントでの販売を目指した商品も多く開発した。地域に深く関わることによって地元企業が協力をしてくれ，地域住民がそれを応援してくれる構図ができあがった。

販売商品のいくつかは常時販売となったが，多くはイベント限りの商品や期間限定品，数量限定品である。マーケティング部で開発に取り組んでいる様々な種類のコロッケについては，3年間で12万個以上売り上げるまでになった。売上を伸ばすことができた要因は，大手小売業者が積極的に自社の流通を活用したことが大きい。売れ続ける，売上を伸ばすということについては，流通の役割の重要性を痛感させられた。

▲マーケティング部で開発しているコロッケ。ここ3年間は毎年取り組んでおり，1日1万個近く売れる人気商品となっている。

また，最初から流通を意識した商品開発も行った。基本的には常温で，賞味期限が長い（約1年間），輸送に耐えられるなどを考慮して商品の形態や売り場，ターゲット，売り場における価格などを考えることもした。

4　商業高校フードグランプリへの挑戦

商品としての可能性を確かめるためには，様々なテストが必要である。市場テストや消費者テストなどで実際の市場の反応をみて，今後どうしていくのかを考える。高校生として，これらの体験をするのには大変な労力が必要であり，多くの場合は実施できないと思う。

伊藤忠食品株式会社主催の「商業高校フードグランプリ」への挑戦は，高校だけではどうしてもできないようなことを，実践を伴って体験できるよい機会である。商品をつくるだけでなく，流通させるためにはどのようなことが必要かを改めて体験できる。審査の内容は，味のほかに「独創性・新規性」，「ネーミング・パッケージデザイン」，「価格の妥当性」，「流通性・発展性」，「地域貢献度」である。ともすると客観的な視点がなくなり，目の前の問題しか見えなくなりがちであるが，流通させるために必要な要素を幅広く審査をしてもらえることが利点である。また，実際に流通させるために一括表示の不備なども指摘してもらえ，賞味期限のあり方なども教えてもらうことができた。

▲商業高校フードグランプリでの販売の様子

年々開催方法なども変わっており，展示会での商品紹介から販売を伴う紹介となっていった。展示会では，高校単独では経験することができない小売業のバイヤーとの会話の中で商品説明のスキルを格段に上げることができる。特に，相手の話している意図を読み取る能力が試され，緊張感の中にも大きな達成感を味わうことができた。さらに販売に関して，全国から集まった強豪校が開発した商品から受ける刺激はとても大きい。自分たちが考えつかなかった販売方法を同年代の高校生が考えていることに少なからず衝撃を受けることになる。また，販売数の差も気になるところである。売り方や話し方，笑顔の作り方などお互いが参考になるものがたくさんあった。

さらにプレゼンテーション審査もあるので，自分たちの商品の優位性をいかに認めてもらうかという，プレゼンテーションの基本的な目的に立ち返るきっかけとなった。

伊藤忠食品株式会社は，大会終了後においても各審査員からのレビューを教えてくれたり，実際の流通に乗るための様々な機会を提供してくれたりしている。本校の商品も，全国チェーンでの販売機会を紹介してもらった。このことをきっかけに，商品の製造業者も常に流通できる商品に仕立てている。

5　流通活動の必要性

思いつきの商品をその場限りだけで売ることは比較的容易にできる。生徒たちが世の中に出たときに，それだけではまったく足りていないことに気づくだろう。製品がうまく流通に乗って初めて商品になり，その結果商品が売れるようになることで収益が発生し，ビジネスとなる。そのために必要なことを商品の開発段階で実践することは，ビジネスを学習するためには必要不可欠であるといえる。

（秋本　直人）

「商業高校フードグランプリ2018」本選出場の様子

「やみつきにんにく味噌だれ」の企画開発を行う。商品の味はもとより，商品名，パッケージ，ラベル，売り方など，ターゲットを定めて決定した。現在も商品として販売している

◀「やみつきにんにく味噌だれ」のPOP用写真

図表３－１－１　「商業高校フードグランプリ」各賞受賞校

	2013年	2014年	2015年	2016年
（商品開発部門）大　賞	岡山県立岡山東商業高等学校	愛知県立愛知商業高等学校	愛知県立愛知商業高等学校	鹿児島県立奄美高等学校
（アイデア部門）大　賞	北海道函館商業高等学校			
審査員特別賞	大分県立日出暘谷高等学校・日出総合高等学校	北海道函館商業高等学校	北海道札幌東商業高等学校	学校法人片山学園倉敷翠松高等学校
	北海道留萌千望高等学校	佐賀県立唐津商業高等学校	滋賀県立大津商業高等学校	岡山県立岡山東商業高等学校
				鹿児島県立串良商業高等学校
来場者賞	学校法人佐賀学園佐賀学園高等学校	愛知県立愛知商業高等学校	愛知県立愛知商業高等学校	鹿児島県立奄美高等学校

	2017年	2018年	2019年
大　賞	高知県立安芸桜ヶ丘高等学校	兵庫県立相生産業高等学校	茨城県立石岡商業高等学校
審査員特別賞	北海道函館商業高等学校	三重県立水産高等学校	岸和田市立産業高等学校
	福岡県立小倉商業高等学校	山梨県立ひばりが丘高等学校	宮崎県立都城商業高等学校
	山梨県立ひばりが丘高等学校		
	堺市立堺高等学校		
	三重県立水産高等学校		
来場者賞	高知県立安芸桜ヶ丘高等学校	仙台市立仙台商業高等学校	茨城県立石岡商業高等学校
プレゼンテーション優秀賞		仙台市立仙台商業高等学校	三重県立水産高等学校
NHK　Eテレ＃ジューダイ賞		北海道札幌東商業高等学校	

第2節　広島市商ピースデパート【広島市立広島商業高等学校】

広島市商ピースデパートは，2020（令和２）年度で14回を迎える。第１回から①ヒロシマの高校生として「平和貢献」の意識とホスピタリティの精神を養う。②ビジネスの体験活動を通して，企業経営のセンスと専門能力を育成する。③社会貢献できる知識・技術を学んでいるというプライドと行動力を養う。この３つを目的として開催している。利益の一部を広島・長崎両市の平和団体へ毎年寄付し，2011（平成23）年度の第５回広島市商ピースデパートから，東日本大震災の復興支援のため宮城県物産展を導入し，復興支援のために利益の一部を寄付している。また，2014（平成26）年度の第８回では広島市土砂災害の復興支援として寄付を行った。

1　実施形態

▲第５回広島市商ピースデパートで展示されたピースモニュメント「キョウチクトウ」。キョウチクトウは「75年間草木も生えないといわれた焦土にいち早く咲いた花で，当時復興に懸命の努力をしていた市民に希望と力を与えてくれました（広島市公式ホームページより）」として，広島市の花に制定されている。

本校では教育課程の「総合的な探究の時間」に位置付けて開催している。（模擬）株式会社を設立し，2007（平成19）年５月26日に創立総会を開催した。生徒一人あたり2,000円の出資を行い，「総合的な探究の時間」で全校生徒が週１時間の準備学習を行っている。仕入先は広島総合卸センターの事業所を中心に，島根県・長崎県・宮城県・愛媛県・高知県の各県観光協会等を通して各地の名産品も取り扱う。１年生から３年生の全18クラスが店舗運営を行うほか，「ピースデパート」の名前のとおり，「平和でなければ商業教育はできない」という理念に基づき，平和探求学習と展示にも取り組んでいる。

2　組織

社長をはじめとするすべての役員は３年生と２年生から立候補を募り，株主総会で決議される。例年，社長及び各部長を３年生が，副社長及び各副部長を２年生が務める。教員も全員がどこかの部門に所属し，生徒では行うことができない諸手続きや，各部門会議の事前準備や各部長の指導，店舗マネージャーや各課長が授業を行う場合の事前指導などを行っている。当初は商業科教員が部門長を担ってきたが，ここ数年は普通科教員が部門長を担ってきており，学校全体で行うデパートという雰囲気が高まっている。

各クラスでは，店舗マネージャー（店長）・サブマネージャー（副店長）・仕入課長・販売課長・経理課長の５人（５役と呼ばれる）を選出し，この５役を中心に，店舗運営を行う。仕入課・販売課・経理課の各課員はクラスの店舗で販売員として業務を行う。また，本部業務として各部門へクラスから２～５名を選出し，本部の業務を行いながら，クラス店舗での販売活動も行う。

図表3－2－1　広島市商ピースデパート　クラス組織図

クラス組織図（提出用紙）

今年度の目標

3	年	A	組

店舗マネージャー	番号	名前

サブマネージャー	番号	名前

仕入課長	
番号	名前

販売課長	
番号	名前

経理課長	
番号	名前

仕入課	
番号	名前

販売課	
番号	名前

インバウンド担当（2名）

経理課	
番号	名前

※本部役員がいるクラスは，この欄に入力する	
番号	名前

本部業務

総務部（5名）	
番号	名前

販売促進部（2名）	
番号	名前

市商銀行（2名）	
番号	名前

ピース部門（2名）	
番号	名前

必ず2名でお願いします。

企画部（2名）	
番号	名前

お客様対応室（2名）	
番号	名前

衛生管理対策（2名）	
番号	名前

3　ピースデパート開催に向けての学習

広島市商ピースデパート開催に向けての学習は，「総合的な探究の時間」として計画を立てて実施している。株主総会を行う前には，1年生の「ビジネス基礎」で株主総会について学習している。その学習をもとに，株式購入の手続きや株主総会へ参加し，学習内容を体験している。ここ数年では，商品選定のための予備知識としてSDGsについて学ぶ機会をもっているが，その講義は3年生販売コースの生徒が全学年全クラスへ赴き，授業を行っている。また，仕入先訪問に向けたビジネスマナーの学習は，3年生秘書コースの生徒が全クラスで名刺の受け渡しや電話応対などの授業を行った。このように，2年・3年のコースで学んだ内容をほかの生徒に伝える機会も設けている。そのほかに，ピースデパート当日の平和展示だけでなく，学年ごとにテーマを変えた平和学習も行っている。

▲SDGsについて学ぶ授業の様子

また，例年，夏休み中に企業へ訪問し，取扱商品についての説明を受けたり，新商品があればその紹介をしていただいたりしている。商品選定から納品・返品のスケジュールや支払いについての打ち合わせも行っている。

大半のクラスが10月中旬から11月初旬にかけて商品選定と数量決定をしており，仕入課長や販売課長を中心に，過去の販売データから商品の候補や数量をクラスへ提案する。ここでは，「情報処理」で学んだデータ分析の知識・技術が必要となる。生徒たちは，自分たちが売りたいものや自分たちが食べたいものを選定しがちであるが，当日の客層からターゲットを絞って商品選定をする必要性など，マーケティングの知識をもつ生徒が仕入の担当になると，感性で商品選択をする生徒との違いが出て興味深い。

販売価格を学校側で決めることができる商品や仕入先もある。これらは仕入課長と経理課長を中心に販売価格を考える。損益分岐点の計算や利益率から販売価格を計算し，普段の買い物とかけ離れた価格になっていないかなど，取り扱う商品の１つひとつが適正価格になるように検討していく。11月中には各クラスの販売ローテーションを決定し，値札やPOP広告の作成など，各店舗の準備が大詰めを迎える。

ピースデパート開催２日前からは終日準備を行う。講堂・体育館・格技場を売り場に変えるために，それまでに準備してきたとおりの図面で備品を配置していく。それと同時に，冷蔵庫等の什器や商品の搬入を行い，納品後は検品作業と陳列作業に移る。開催前日には校内生徒・教員向けにプレオープンを行って，お客様へのアプローチやレジのオペレーションなどを実践し，無理・無駄のない動きかどうかを検証する。

4　ピースデパートの開催

(1)　ピースデパート当日

▲第13回広島市商ピースデパートのオープニングセレモニーの様子

ピースデパートは10時に開店する。開店前のオープニングセレモニーでは社長のあいさつなどを行い，お客様をお迎えする。営業中は接客や商品補充などをする。閉店時間が近づくと，パンやケーキなどの消費期限が当日の商品を値引き販売するタイムセールが始まる。そのため，タイムセールで販売することも想定した価格設定が必要になってくる。閉店後は仕入課を中心に棚卸作業を行い，商品を補充する。

その際，初日の様子から店内のレイアウトを大幅に変更するクラスもある。また，経理課を中心に売上の計算を行う。商品１つひとつに切り取ることができる値札をつけており，その切り取った値札を数えて，仕入課からの棚卸情報と売上代金が一致しているかを確かめる。金銭授受に伴う現金過不足が起こらないように気をつけているが，１日に多くのお客様の会計を行っているので，手元の現金と記録上の売上額に多少の誤差は出てしまう。しかし，現金過不足のないクラスも実際にはあるので，経理を担当する生徒の力量にかかっているといっても過言ではない。現金過不足があったクラスはどこに原因があるかを話し合い，２日目には現金過不足を起こさないためのオペレーションなどを確認する。

▲デパート当日の様子

２日目は，初日の反省を生かした店舗運営を行う。また，最終日でもあるため，この日のタイムセールは消費期限が当日の商品に加えて，返品ができない商品も値引きして販売をする。15時で一般のお客様を対象とする営業は終了するが，校内生徒，教職員の購入可能な時間を設けている。完全閉店後は，初日と同じく棚卸と売上の計算を行う。翌日の片づけと返品がスムーズにできるようにある程度片づけて，２日目は終了する。

(2)　片づけ

店舗の撤収作業と返品を同時に行う。多くの仕入先が広島市内の業者であるため，商品だけでなく什器等も借りており，それらの返却とともに，返品の一覧も渡す。後日，仕入先業者より仕入代金の請求がなされる。講堂・体育館・格技場を店舗にするために２日間かかるが，撤収し元通りにするのはほんの数時間である。会場を撤収したあとには，クラスごとの反省会と次年度への引継ぎ事項の整理をする。

(3)　精算

仕入代金の支払いと，店内装飾などの消耗品などの経費の精算を行う。仕入先への支払いが数十万円になることもあり，また銀行振り込みであるため，実際の作業は教員が行っている。しかし，支出伺いを作成することは生徒でも可能なので，経理課長が作成するクラスもある。

(4)　決算

各クラスの仕入代金の支払いや，各クラスや部門の経費の精算が終わったあとには決算を行う。１年生も「簿記」で決算を学んでいるので，それを参考にする。

(5)　株主総会

３年生が卒業する前に株主総会を行う。決算報告と取締役の解任がメインの議題である。議事終了後は，情報企画コースが作成したピースデパートのドキュメント映像を鑑賞する。年度当初の学習の様子から当日の準備や営業の様子などを撮影しており，それを編集したものである。

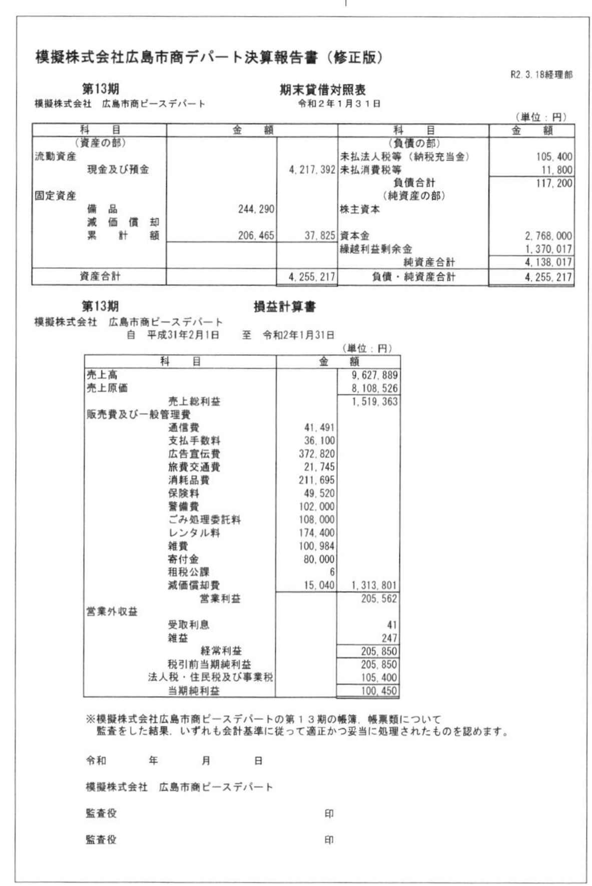

模擬株式会社広島市商デパート決算報告書（修正版）

R2.3.18経理部

第13期　　期末貸借対照表

模擬株式会社　広島市商ピースデパート　　令和２年１月３１日

（単位：円）

科　目	金　額		科　目	金　額
（資産の部）			（負債の部）	
流動資産			未払法人税等（納税充当金）	105,400
現金及び預金		4,217,392	未払消費税等	11,800
			負債合計	117,200
固定資産			（純資産の部）	
備　品	244,290		株主資本	
減価償却累計額	206,465	37,825	資本金	2,768,000
			繰越利益剰余金	1,370,017
			純資産合計	4,138,017
資産合計		4,255,217	負債・純資産合計	4,255,217

第13期　　損益計算書

模擬株式会社　広島市商ピースデパート

自　平成31年2月1日　　至　令和2年1月31日

（単位：円）

科　目	金　額	
売上高		9,627,889
売上原価		8,108,526
売上総利益		1,519,363
販売費及び一般管理費		
通信費	41,491	
支払手数料	36,100	
広告宣伝費	372,820	
旅費交通費	21,745	
消耗品費	211,695	
保険料	49,520	
警備費	102,000	
ごみ処理委託料	108,000	
レンタル料	174,400	
雑費	100,984	
寄付金	80,000	
租税公課	6	
減価償却費	15,040	1,313,801
営業利益		205,562
営業外収益		
受取利息		41
雑益		247
経常利益		205,850
税引前当期純利益		205,850
法人税・住民税及び事業税		105,400
当期純利益		100,450

※模擬株式会社広島市商ピースデパートの第１３期の帳簿，帳票類について
監査をした結果，いずれも会計基準に従って適正かつ妥当に処理されたものを認めます。

令和　　年　　月　　日

模擬株式会社　広島市商ピースデパート

監査役　　　　　　　印

監査役　　　　　　　印

▲第13回広島市商ピースデパート決算報告書

5　まとめ

本校では，広島市商ピースデパートを学習の題材として扱う授業が数多くある。商業科の授業にはその要素が多くあるのは予想できるが，共通教科・科目の中にも存在している。すべての単元をピースデパートの学習につなげることは難しいが，それぞれの科目の学習を組み合わせて生かすことができている。2018（平成30）年度に広島市立高等学校学力向上推進事業で，教科横断の総合的な学習について研究を行った。各教科からピースデパートに関する単元を学習する時期をそれぞれ記入し，ピースデパートの学習に生かす試みを行った。

生徒からは，社会人の疑似経験ができたので，社会人になる上での不安は小さくなったという声がある。ピースデパートの学習があることで，自身の将来をイメージしやすくなっている。今後も，ピースデパートの学習を通して，各教科・科目の知識を活用した探究学習を進め，生徒自身の経験値が上がるような学校デパートにしていきたい。　　　　　　　　　　（石井　智子）

平成３０年度　広島市立広島商業高等学校　ユネスコスクールカレンダー

		1学期				2学期					3学期		
		4月	5月	6月	7月	8月	9月	10月	11月	12月	1月	2月	3月
教科における取組	国語												
	地歴公民								②3年・現代社会「公害」プラスチックごみの削減と関連。				
	数学											数学Ⅰ 第5章データの分析（市商デパート来場者アンケートの分析）	
	理科			マイクロプラスチック					細菌				
	保健体育				応急手当			廃棄 バリアフリー			感染症		
	芸術								ピースデパートのテーマソングの練習				
	英語												
	家庭	②③被服材料	①②光明保育園実習				②③高齢者福祉・社会保障制度	①②認知症サポーター養成講座 ②③契約・消費者問題		②被服の取り扱い（取り扱い表示） ①これからの消費生活（持続可能な生活）	①②住居の安全（バリアフリー・防災）		
	商業	①1年ビジネス基礎「ビジネスで必要な心構え」：働きがい、実践や就職に関連	①②3年総合実践「ビジネスマナー」：質の高い教育、デパートの販売技術に関連	②3年電子商取引「広島市商ドットコムのネットショップ実習」：ピースデパートの平和活動に関連 ①2年電子商取引「ビジネスプラングランプリ」：地域の課題解決が住み続けられるまちづくりをに関連	②③3年観光実習「観光ガイド実習：平和にまつわる碑めぐりでの学び ②2年財務会計Ⅰ「株式会社の税金の記帳」：デパートの納税と関連	①②3年販売実習「GMSにおける店舗運営」：デパートチャレンジブースの平和貢献活動に関連	①公開講座「学ぼうマルチメディア講座」：学校資源を活用した地域貢献 ③課題研究ビジネス経済応用講座「経済の国際化」「日経ストックリーグ」：現代社会と関連	①コースアドバイザー講演会「各専門分野で活躍している業界の講話」：質の高い教育、働きがいと関連	②3年電子商取引「広島市商ドットコムのネットショップ実習」：ピースデパートの平和活動に関連	①3年ビジネス情報管理「親子で学ぶプログラミング教室」：専門知識を活用した地域貢献 ②1年ビジネス基礎「ビジネスと売買取引」：デパートの活動と関連	①3年ビジネス情報管理「パソコン教室」：専門知識を活用した地域貢献に関連	②2年電子商取引「広島市商ドットコムのネットショップ実習」：ピースデパートの平和活動に関連 ①商業学習発表会「専門分野での学びの振り返り」：働きがいに関連	③1年情報処理「プレゼンテーション」：他教科の様々な発表活動に関連
	その他		①②③総合的な学習の時間「株主総会」：パートナーシップで目標を達成しように関連					①②③デパート本部役員による校外での販売活動「デパートの宣伝を兼ねて、学びを活かした販売実習」：平和貢献活動に関連		①②③総合的な学習の時間「広島市商ピースデパート」：教科横断型の学習に関連	①②③総合的な学習の時間「社会保険労務士の講義」：すべての人に健康と福祉をに関連	①②③総合的な学習の時間「株主総会」：パートナーシップで目標を達成しように関連	

▲2018（平成30）年度広島市立高等学校学力向上推進事業研究指定校報告書より

平成31年4月12日

第13回広島市商ピースデパート実行委員会（　　・　　）

平成31年度　総合的な探究の時間「キャリア教育実践」年間計画（案）

	月日	曜	学習分野	1年生	2年生	3年生
1学期	4月8日	月	始業式・新任式			
	4月15日	月	キャリア学習	充実した高校生活を送るために	進路実現を果たすために 2年生で取り組むべきこと(1)	進路実現を果たすために 3年生で取り組むべきこと(1)
	4月22日	月	キャリア学習	進路実現を果たすために 取り組むべきこと	進路実現を果たすために 2年生で取り組むべきこと(2)	進路実現を果たすために 3年生で取り組むべきこと(2)
	4月29日	月	昭和の日			
	5月6日	月	振替休日			
	5月13日	月	デパート学習	接客技術講習会Ⅰ【講堂】・株主総会・事前学習（ピース部門は平和探求学習の準備）		
	5月18日	土	デパート学習	株主総会【講堂】		
	5月20日	月	PTA総会の代休			
	5月21日	火	PTA総会の代休の振替	取引先企業の研究Ⅰ・ クラス内の役割分担決め	取引先企業の研究Ⅰ・ クラス内の役割分担決め	取引先企業の研究Ⅰ・ クラス内の役割分担決め
	5月27日	月	デパート学習	取引先企業決定会議（ピース部門は平和探求学習の準備）		
	6月3日	月	デパート学習	取引先企業の引継ぎ説明会（ピース部門は平和探求学習の準備）		
	6月11日	火	デパート学習 （体育大会予行）	接客技術講習会Ⅱ	取引先企業の研究Ⅱ（ピース部門は平和探求学習の準備）	
	6月17日	月	デパート学習	取引先企業の研究とSDGs・広島広域都市圏ポイントについて （ピース部門は平和探求学習の準備）		
	6月24日	月	デパート学習	平和探求学習Ⅰ		
	7月1日	月	総合的な時間	テスト前により実施なし		
	7月8日	月	テスト返却②			
	7月15日	月	海の日			
	7月18日	木	デパート学習	企業訪問の事前学習と取扱商品（エシカル消費を促す商品も含む）の選定 （ピース部門は平和探求学習の準備）・名刺交換の練習		
	7月22日	月	教育相談研修会・成績会議			
2学期	8月26日	月	デパート学習	企業訪問報告会（ピース部門は平和探求学習の準備）		
	9月2日	月	デパート学習	第1回部門別会議（ピース部門は平和探求学習の準備）		
	9月9日	月	デパート学習	平和探求学習Ⅱ		
	9月16日	月	敬老の日			
	9月17日	火	デパート学習	取扱商品の研究（エシカル消費を促す商品）・ 食品衛生について（試食）		
	9月23日	月	秋分の日			
	9月30日	月	代休（9月28日）			
	10月7日	月	デパート学習	ピースシアター全体視聴会【講堂】・店舗準備		
	10月14日	月	体育の日			
	10月21日	月	合唱祭・文化祭週間			
	10月28日	月	合唱祭・文化祭週間			
	11月4日	月	振替休日			
	11月8日	金	デパート学習	第2回部門別会議（ローテーション提示）・食品衛生講習会・店舗準備		
	11月11日	月	デパート学習	オープニングセレモニー予行【講堂】（参列生徒のみ）・ 接客技術講習会Ⅲ・店舗準備		
	11月18日	月	総合的な時間	テスト前により実施なし		
	11月25日	月	デパート学習	店舗準備・ピースデパート開催にあたっての諸注意		
	11月28日	木	デパート学習（終日）	店舗設営・仕入商品の搬入等		
	11月29日	金	デパート準備（終日）	店舗設営・仕入商品の搬入等・プレオープン		
	11月30日	土	デパート学習	デパート1日目		
	12月1日	日	デパート学習	デパート2日目		
	12月2日	月	デパート学習	片づけ・各クラスの振り返り・次回の広島市商ピースデパート開催に向けて・ 社会人基礎力分析・全体会【講堂】・企業訪問（お礼）		
	12月9日	月	デパート学習	各店舗別利益の計算と決算手続きについて		
	12月16日	月	デパート学習	進路実現に向けての3年生からのアドバイス【講堂】		社会保険労務士による講義
	12月23日	月	デパート学習			
3学期	1月6日	月	始業式・課題テスト			
	1月13日	月	成人の日			
	1月20日	月	全商簿記検定週間			
	1月27日	月	デパート学習	決算報告・確定申告・株主総会に向けて・デパートお客さまアンケート		
	2月3日	月	キャリア学習	インターンシップについて	作文指導について	卒業試験①
	2月10日	月	キャリア学習	本校の進路実態・資格取得の確認・新学年に向けて		
	2月13日	木	デパート学習	株主総会【講堂】		
	2月17日	木	日商簿記検定週間			
	2月24日	月	天皇誕生日（振替休日）			
	3月2日	月	卒業式の代休			
	3月9日	月	学年末試験③			
	3月16日	月	デパート学習	第14回広島市商ピースデパート開催に向けて		

▲平成31年度総合的な探究の時間「キャリア教育実践」年間計画

第3節　キッズビジネスタウンあいち【愛知県立中川商業高等学校】

1　キッズビジネスタウンとは

※
子ども
　開催団体によって幼児から小学生まで対象が異なるため，開催団体に応じて表記を変えている。

　キッズビジネスタウンとは，「子ども※たちがつくる，子どもたちの街」の理念のもと，子どもが市民となり，みんなで働き，学び，遊ぶことを通して，協力しながら街を運営し，社会のしくみを学ぶというものである。参加する子どもはもちろん，運営する高校生にとっても有益な事業であるとともに，ビジネス教育としての宣伝効果も大きい。

　2006（平成18）年，東京都江東区豊洲に職業体験型テーマパーク「キッザニア東京」ができ，話題となった。KCJ GROUP株式会社が運営しており，約100種類の職業・社会体験を通して子どもたちが楽しみながら社会のしくみを学ぶことができる施設である。小学生の学びの場としても活用されており，様々なイベントにも注目が集まっている。

※※
キッズビジネスタウンいちかわ
　毎年3月の第一土・日の2日間開催している。なお，「キッズビジネスタウン」は学校法人千葉学園千葉商科大学の登録商標である。

　同じようなねらいをもつ千葉商科大学における「キッズビジネスタウン」は，キッザニアに先立つこと２年前の2003（平成15）年３月29日・30日に，故中澤興起名誉教授を中心として，第１回「キッズビジネスタウンいちかわ※※」として初めて開催され，以後継続して毎年開催されている。

　高等学校における取り組みとしては，2007（平成19）年度に愛知県立岡崎商業高等学校が初めて実施し，2008（平成20）年度には新潟県立新潟商業高等学校，長野県小諸商業高等学校，秋田市立秋田商業高等学校が実施した。

　また，2009（平成21）年度の第19回全国産業教育フェア神奈川大会において神奈川県が初めて実施し，その後秋田大会や新潟大会，大分大会などでも開催され，現在では宮城県，三重県，岡山県，鹿児島県など，全国的に開催が拡大している。

　「キッズビジネスタウンいちかわ」では，小学６年生以下の児童・幼児を参加対象として，次の６点を楽しみながら経験し，身に付けることを目的としている。

▲キッズビジネスタウン開催の様子

①働くことの楽しさ，喜び，そして大切さを知る。
②ほかの子どもと協調して仕事を行い，相手を思いやる気持ちを育む。
③食べ物や手作業製品の作り方を知り，物を大切にする気持ちを育む。
④ビジネス（商業）のしくみ，ビジネスに必要な知識，技術の基礎を学ぶ。
⑤職業の種類，仕事の資格などの学習方法（プロセス）を学ぶ。
⑥臨機応変に対応する。

　また，特徴としては次のものが考えられる。

⑴　参加する子どもたち
・「子ども会議」で，生きた街づくりを主体的に学ぶ。
・仕事探しから始め，就職・仕事・給料・買い物・退職まで「働くこと」の一連の流れを体験させ，働くことの楽しさ，喜び，大切さを学ぶ。
・仕事体験ブースで現実の取引に近い実践的な活動を体験することによって，

商品やお金の流れについて学び，職業観・勤労観を養うことができる。
・ほかの子どもと協力してものごとを行うことで相手を思いやる気持ちを育む。

⑵　運営スタッフ（高校生）

・「小学生の街づくり」の運営をマスターすることで，日常の専門的な学習による知識を深めるほか，発想から具現化までの過程を学習，深化させる。
・仕事をする，給料をもらう，消費をする，納税をするといった活動の各場面で子どもたちのサポートをすることで，責任感をもつ。また，子供たちだけでなく，その保護者や協力してくれる企業の方々とも協力することを通して，コミュニケーション能力の向上を図る。
・運営スタッフ同士が共通の目的に向かうことで，達成感や充実感を得られる。

⑶　保護者・地域住民

・保護者や地域住民からもキッズビジネスタウンに対して様々な提案や活動をすることによって，市民主導のまちづくりを推進するきっかけにもなる。これは地方自治の確立という目的にも役立つ。
・協力している団体が参加することで，各団体の社会的立場を認識するとともに，抱えている課題をわかち合うことで，お互いの課題解決の一助とする。
・地域づくりという共通の目的に向かって協働する中で，社会人としての責任の重さを学ぶ。参加する児童や保護者に商業高校での学習内容の理解を深めてもらうとともに，商業高校をより身近なものとして捉えてもらうことができる。

2　キッズビジネスタウンのしくみ

キッズビジネスタウンの基本的なしくみは次のとおりである。

図表３－３－１　キッズビジネスタウンの基本的なしくみ

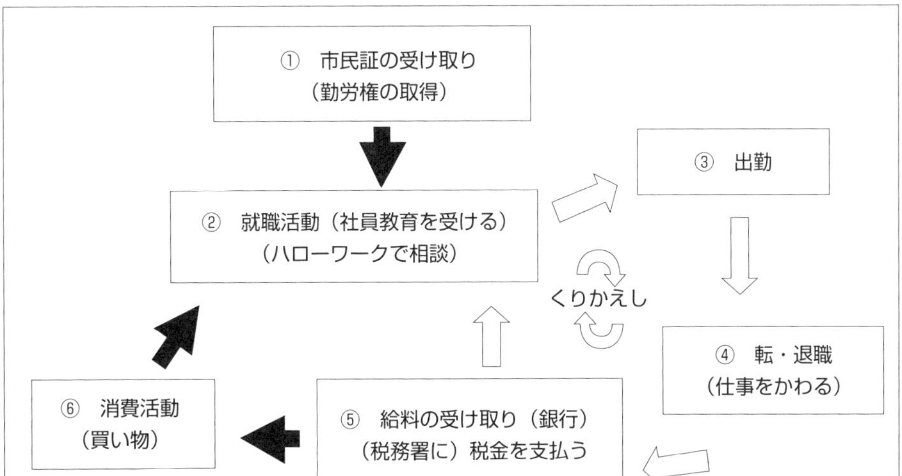

①参加する子どもはまず市役所に行き，参加証を示して市民証を受け取る。
②ハローワークにて市民証を呈示して，体験手続きを行う。ハローワークのスタッフから紹介カードを受け取り，移動して社員教育を受ける（２回目以降は好きな職業を選択することができる。しかし，各仕事体験ブースの受入人

数には上限があるので，空き状況を確認しながら選択することになる)。

③仕事体験ブースへ移動し，高校生運営スタッフへ市民証と紹介カードを渡し，勤務開始時間を記入してもらう。その後，高校生運営スタッフの指示で就業体験を行う（40分程度)。

④体験を終えると，「銀行」にて働いた分の給料である域内通貨を受け取り，「税務署」で所得税を納税する。

⑤給料として受け取った域内通貨によって消費活動を行う。

なお，ハローワークでの職業紹介等の運用システムは，システム・フューチャー株式会社が開発し，提供している。　（笠木　秀樹）

3　キッズビジネスタウンあいち

(1)　実践の概要

「キッズビジネスタウンあいち」は，全国産業教育フェアの実施から継続して開催されており，現在は本校所在地である名古屋市中川区を中心とした近隣の小学生を対象に参加者を募り，地域に根ざした催事となっている。

毎回150名を超える多くの児童が参加し，仕事体験ブースは20以上用意されている。本校生徒及び県内の他校商業高校生たちが運営の中心となり，多くの企業，大学，専門学校等の協力を得て実施している。約半年の準備期間で，生徒自身が企画を考え，当日の運営を行っている。近年では仕事体験ブースだけでなく，スタンプラリー，塗り絵コーナー，紙ヒコーキコーナーなど，参加対象の小学生以外の保護者同伴児童（小学３年生以下）にも楽しめるような企画も考えられている。

さらに，３年生「課題研究」の授業において，キッズビジネスタウンのテーマ設定やキャラクターを考え，グッズ制作や域内通貨「だがね」のデザインを考える取り組みも始まっている。２年生「総合的な学習（探究）の時間」，３年生「課題研究」において，協力してくれる企業等とキッズビジネスタウン当日に向けて，仕事体験ブースの企画運営などの準備を行っている。事前研修である企業訪問や現場実習，研修，打ち合わせを繰り返すことによって働くことの意義を考え，社会人となる自覚が芽生えるという，高校生にとっても成長できる貴重な機会となっている。参加する小学生にとっては，就業体験，納税，そして消費活動という一連の流れを体験することによって，働くことの楽しさや達成感，納税の必要性などを学ぶことができるという，ほかでは体験できないものとなっている。

また，協力してくれる企業の中には一般の消費者にとってなじみの薄い企業もあり，保護者・小学生に企業の活動や歴史をPRできる場ともなっている。高校生・小学生・保護者・企業そして教員などキッズビジネスタウンに関わる全ての関係者にとって有意義な活動である。

毎年回を重ねるにしたがって，経験やノウハウが蓄積されて改善が繰り返されるPDCAサイクルが自然に行われているのも特徴的である。

(2)　組織

愛知県商業教育振興会主催の事業であり，運営は本校が中心となり実施している。高等学校，小学校，企業，大学，専門学校，地域住民など関係者が多くなるにつれて，連絡調整活動など事務作業が増え，担当教員の負担も年々増加している現状がある。

今後の構想としては，コンソーシアム（共同事業体）の構築がある。学校，協力してくれる企業等キッズビジネスタウンの関係者を組織化することで，単年度ごとの活動で終わらず，将来にわたって継続的な活動が可能となる。さらにモノやノウハウといった資源の蓄積が容易になり，担当教員の負担軽減を図るとともに継続的で効率的な活動ができるようにしていきたいと考えている。現在，主催者である愛知県商業教育振興会と本校において具体的なコンソーシアム構築の方策について検討を進めている。

⑶　実施内容

仕事体験ブースの例を以下にあげる。

事務系…ハローワーク・銀行・税務署

製造販売系…ピザの宅配業・文房具メーカー

生活関連サービス…スーパーマーケット・美容・引越業者・消防・自動車整備業・写真家・喫茶店など

▲宅配便の業務内容について説明する高校生と説明を受ける小学生の様子

企業等の選定は，２年生で行うインターンシップ先に参加をお願いしたり，教員が近隣の企業へ直接説明に出向き，参加を募集したりしている。

⑷　生徒の感想

参加した生徒からは「小学生にわかりやすく伝えることの難しさを学んだ」「大きな催事に対する準備の大切さを学んだ」「日頃学んでいる商業の知識や技術を生かすことができる喜びを感じた」「社会で仕事をすることの厳しさ，評価されたときの喜びを感じた」「お客様のことを第一に考えるというビジネスの原点に関わる経験ができた」などがあった。

⑸　参加者の感想

参加した小学生からは「仕事をして給料をもらえて嬉しかった」「税金を払うことは，自分たちの街のために必要なことだということがわかった」「将来の職業選択に生かすことができそう」「高校生になったらお兄さん，お姉さんみたいになりたい」などがあった。

また，小学生の保護者からは「毎年参加しているが，年々少しずつ工夫がされていて感激している」「高校生の人の対応が親切でよかった。小学生のよいお手本となっている」「年１回でなく，複数回開催してほしい」などの感想をいただいている。

▲スーパーマーケットのレジ打ち作業を真剣に行う小学生たち

企業からの感想としては，「参加した社員が生き生きと活動し，仕事に対して誇りややりがいを改めて感じるよい機会となった」などがあった。

今後は，域内通貨「だがね」を活動の中で効率的に消費してもらうことや，年複数回の開催などの課題があげられており，関係者での検討を進めているところである。

（磯部　憲司）

第4節　観光教育のあり方【宮城県松島高等学校】

観光教育のあり方について，松島高校なりに分析し，取り組んできたものを以下に示す。

1　日本の観光

日本が「観光」に注目するようになったのは，2003（平成15）年に当時の内閣総理大臣であった小泉首相が「観光立国宣言」を表明したことに端を発している。バブル崩壊後の「失われた10年」と呼ばれたこの状況を打開する策として表明したものである。この政策は不況打開策だけに留まらず，様々な波及効果をもたらし，少子高齢社会や人口減少を解決する糸口にもなった。

図表3－4－1観光交流人口増大の経済効果（2018年）

○定住人口一人あたりの年間消費額(127万円)は，旅行者の消費に換算すると外国人旅行者8人分，国内旅行者(宿泊)23人分，国内旅行者(日帰り)73人分にあたる。

定住人口=1億2,644万人
一人あたり年間消費額=127万円

減少
定住人口一人減少分

拡大

旅行消費額

訪日外国人旅行 4.5兆円

国内旅行(海外分除く)20.5兆円
うち宿泊旅行　15.8兆円
うち日帰り旅行　4.7兆円

訪日外国人旅行者
3,119万人
一人一回あたり旅行支出
15万3,029円

国内旅行者(宿泊＋日帰り)
5億6,178万人<延べ人数>
うち宿泊　2億9,105万人
うち日帰り　2億7,073万人
一人一回あたり消費額
宿泊　5万4,300円
日帰り　1万7,285円

外国人旅行者8人分
または
国内旅行者(宿泊)23人分
または
国内旅行者(日帰り)73人分

出典：国土交通省「地域の活性化にかかる観光庁の諸施策について」より作成。

人口の減少とともに高齢化が進むことで，自治体の税収が全体的に減り，それを支える生産年齢層の一人あたりの負担が増えるといった問題を「観光客」の消費活動によって賄おうとしたのが「交流人口」という考え方である。その一方，これと同時期に首都圏と地方の人口格差を是正し共倒れスパイラルを止めるため，「移住」を呼びかけるPR合戦も続いていた。しかし，その「移住」に関して，自治体としては「誰でもいい」という訳ではなく，少なからず問題をはらんでいたのである。

そこで，「関係人口」という考え方に変わっていくのだが，この関係は，ちょっとした関係ではなく，かなり強い関係であり，自治体が求める人物像を指している。「何度もくるリピーター」「いつか戻りたいと熱望する出身者」「人やコト・思い出のある第二の故郷と感じている人」といった地域の熱烈なファンである。この人たちは，情報を発信し，観光客を誘引し，新しい技術や知識を持ち込み，地域の課題を解決することなどを期待されている。

このようにして，日本における「観光」は，「交流人口」や「関係人口」を増やすため，地域の「観光資源」を発掘するなど，地域の魅力をブラッシュアップすることが必須となった。そのことから「観光」と「地方創生」は同一視されるようになっていくのである。

2　世界の観光

世界でも「観光」に関する考え方に大きな変化があった。2015（平成27）年9月開催の「誰一人取り残さない」を理念とした，国連の「持続可能な開発サミット」で採択されたSDGs（持続可能な開発目標）だ。その採択により，国連世界観光機関（UNWTO）では，SDGsの「観光がどのように貢献すべきか」という問いに，「地球を舞台とする観光業はSDGsの全ゴールの達成に貢献できる。貢献しなくてはならない」という答えを出している。経済的な側面のみならず，平和の創出といった様々な分野において観光は大きく貢献できるとし，2017（平成29）年を「開発のための持続可能な観光の国際年」と制定した。ここでも，持続可能な社会の実現には，地域の魅力を大切にすることが必要だと「地方創生」の趣旨と同様のことを述べている。

3　観光ビジネスへの向き合い方

観光地として勢いがある地域では，地域住民のシビックプライド※が高いことがわかっている。これには，誰でも情報を発信できる時代になったこと，旅行のスタイルが団体旅行から個人旅行へと変わっていることが影響していると思われる。シビックプライドとは，住民が住んでいる場所を住民が「好きであるコト」を意味するが，「好きであるコト」から芽吹いた知識や技術，情報こそが真の観光資源となり訴求力となる。そのため本校観光科では，地域について深く探究しシビックプライドを高めるため「観光資源を学ぶのではなく，観光資源から学ぶ」ことを重視している。

※
シビックプライド
市民が自分の住む都市に対して抱く「愛着」や「誇り」のことをいう。なお，シビックプライド（Civic Pride）は株式会社読売広告社の登録商標である。

また，地域で何ができるのか，そのためには何を学ばなければならないのかを自ら考え，地域での活動の中で，そこでできるコトややりたいコトを知り，そのために必要な知識や技術を自主的に学ぶといった，人間形成の循環を地域とともに形成することを目的としたコミュニケーションスキルやリーダーシップ，ホスピタリティ，問題を発見・解決する力などを磨くことも重視している。観光分野はもちろん，地域の様々な産業に貢献できる人材を育成することが，観光科のカリキュラムデザインであり，本校の「観光教育」なのである。

4　カリキュラム

まず1年生では「地域理解」を促す。観光科の科目として「地元学」と「観光基礎」が設けられており，その科目の中で実習や事業を体験的に学習する。

観光基礎の一環である「販売実習」は，約2週間，地元松島町を中心に行われるインターンシップであるが，卒業を控えた生徒に「3年間の観光科授業や行事の中で，一番印象に残っているのは何か?」と尋ねたときに，一番多いのがこの「販売実習」だ。その主な理由として「人生で初めて働く経験をした」「大人の友人ができた」「地域とつながることができた」などがあげられた。

これは，高校3年間の中で生徒が松島町の行事やイベントに参加して，実習でお世話になった方々と顔を合わせる機会が多いため，その方々との付き合いが実習期間だけにとどまらないからである。あいさつをしたり，声をかけられたりということから，人とのつながりを強く感じているようだ。逆に言うと，1年生での販売実習は，観光科として3年間気持ちよく地域で活動ができるかどうかを左右する，重要な実習となる。そのため事前学習では，社会人としてのものごとの捉え方やマナーについて理解を深め，高校生としてではなく，一緒に働く社会人として振るまえるよう指導を行っている。

また，実習後は実習の体験を町内3校の小学校で発表する。地域についての理解をより深めるだけでなく，異年齢間の関わりを通じて，相手を思いやろうとする気持ちを育む。本校では，アウトプットの重要性を認識し，より実践的なアウトプットを実施している。アウトプットによるフィードバックによって，多様な視点を取り入れ，本質を追究する力を育成することができるからだ。

▲ホテル実習の様子

2年生では，「地域理解」から「地域貢献」へ移行し，どのようなことで地域に貢献ができるのかを探究する。学校設定科目「旅行業務」では，約1か月間ホテルに泊まり込み実習を行う「ホテル実習」があり，その事前学習として，仙台市内のホテルで1日限りのインターンシップも実施している。また，ホテルや旅館には和室があることもあり，昨今，自宅に和室がない家が多いことから，座敷（和室）での礼儀・作法を学ぶため「和室作法講座」を設けホテル実習の準備を整えている。

ホテル実習は，同年代との泊まり込みの実習である。これだけ長い期間の実習だと，それぞれの家庭での習慣の違いから，生活習慣のギャップを体験することになる。また，年齢層が異なる多くのお客様や指導にあたる従業員の方々と接することで，日常の多様性（身近）と非日常の多様性（世間）を体験することとなり，いったん自分のつくった世間の常識を見つめ直した上で，「社会に貢献するために」ということを考える出発点となる。そのため，この「激動の時期」にあって普遍的なものはないかと，「公共哲学」「倫理」などの要素を授業に加えられないかを検討しているところだ。

3年生では，目標を「地域と共創」としており，「課題研究」ではガイド部・広報部・商品開発部・観光資源部に分かれて活動をしている。ガイド部は観光ボランティアガイドの原稿の手直しや地域の研究を，広報部は観光科の活動と宮城・松島の広報を行う。テレビで放送する町のCMなども制作している。商品開発部では松島のお土産など商品を考案し，観光資源部では観光資源についての研究をしている。

また，「観光実践」では実際に旅行業者の協力を得て，ツアーを開発・販売している。観光産業の現状を知る機会として，毎年6月に観光業界で時代の最前線を牽引している方々にお越しいただいて開催しているのが，「松島フォーラム」である。2019（令和元）年には，基調講演で日本インバウンド連合会の中村理事長にお越しいただき，基調講演のあとはNPO法人ちょうふこどもネットの横山副理事長，松島町観光課班の酒井班長も交えて「新しい観光の取り組み方と魅力づくり」をテーマにパネルディスカッションをしていただいた。

このような過程を経て，「観光商品（松高おもてなしツアー）」を実施している。2019（令和元）年のツアー申込者数は16名で，宿泊を伴う催行可能人数を下回ってしまったために，急遽日帰りプランに変更し実施したが，参加してくださったお客様には，生徒が考えたツアーに大変満足していただいた。2020（令和２）年は，新型コロナウイルス感染症（COVID-19）の影響によりツアーの実施は見送ることとなったが，コロナ禍でも安心して観光ができる「新しい観光様式」を提案できるよう模索しているところだ。

５　観光ボランティアガイド

観光ボランティアガイドの2019（令和元）年度の受け入れは国外を含めると23件で，約2,000人をガイドしてきた。海外については，当時オリンピック開催を翌年に控えていたことで，ベラルーシ，アンゴラ，リトアニア，モルディブ，アゼルバイジャン，ハイチ，ジョージア，スロバキアの各大使館の方々のガイドも行った。

▲　観光ボランティアガイドの様子

観光ボランティアガイドでは実に様々なアクシデントが起こるもので，時間・人数の変更や落とし物，急な要望など，その都度，臨機応変に対応しなくてはならない。もちろん，そのすべてに対応できるマニュアルはなく，基本的にその場でリーダーが判断し，対応することになる。ガイド中は時間を調整しながら，最良の選択をし続けなければならないのである。そのときの判断基準の根底となっているのが「一生の思い出になる旅にする」という思いだ。常に臨機応変な対応が求められるガイドでは，マニュアルから一歩出た対応が必要になる。まさに，歌舞伎役者・18代目中村勘三郎の「型があるから型破りで，型がなければ形無し」という言葉のとおりである。「一生の思い出になる旅」や「観光ガイドマニュアル」を型として，そこからいかに一歩踏み出せるかがサービスを超えたホスピタリティ精神の育成につながるのだと感じている。

あるガイドで，こんなことがあった。そのときの客層は30～60代と幅広く，約450人規模のもので，雨が降り天候はあまりよくはなかったが，いつもと同じように客を班ごとに分けてガイドをした。帰りの船の出発時間に余裕をもって集合時間を設定しているのだが，その日のガイドでは，集合時間を過ぎても集まらない班があった。私が気をもんで集合場所で待っていると，サブリーダーを務める生徒から「お土産を買っているお客様がいらっしゃるので，一人担当者を置いて，ほかのお客様は連れてきました」と報告を受けた。船会社に連絡をしたあと，私がそのお土産屋に向かうと，店の軒先で会計をしているお客様の姿を見守っている生徒の姿を発見した。生徒に声を掛けると，今度は「お客様がトイレに行ったので様子を見てきます」と言い，雨の中，傘もささずに走って行ってしまった。最終的に帰りの船の出発時刻には全員揃ったのだが，ヒヤッとした一場面だった。全員で船の出向を見送っていたときに，生徒の手には先程お客様が購入していたお土産が。あとで報告を受けたのだが，そのお客様は，家族へのお土産ではなく，生徒たちへの感謝の気持ちを伝えるために，そのお土産を買ってくださっていたのだ。

その後，そのツアーのお客様から写真が添えられた感謝の手紙が届いた。帰りの船の中では涙するお客様がいらっしゃったことも船会社から聞いている。ホスピタリティが一方通行ではなく双方向であること，ブレない型の設定がいかに重要であるかを感じたガイドであった。もちろんサービスの型から一歩踏み出すためには，多様性に満ちた人の気持ちを感じ取る修練の場が必要だ。それを学ぶ体験・環境を提供してくれる県や町，また観光業に携わる地域の事業所の協力があって，ホスピタリティ精神の醸成ができているのだと感謝している次第である。

（櫻井　潤）

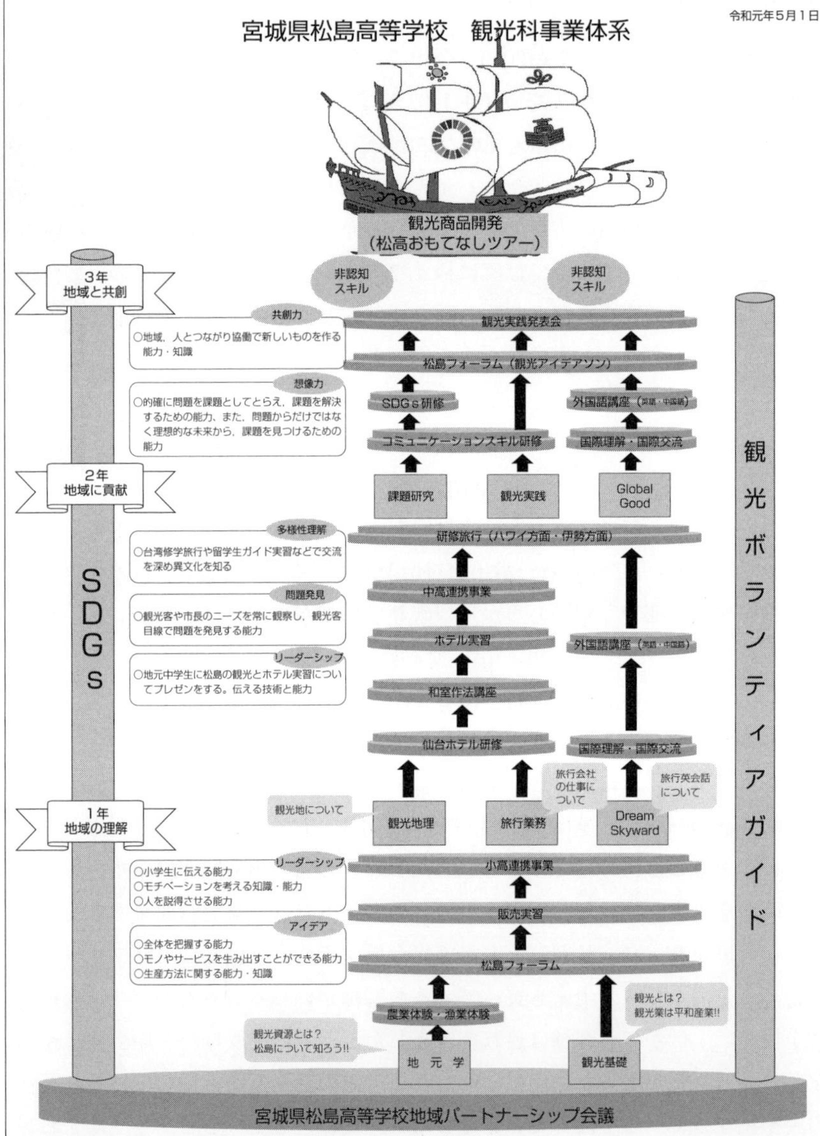

第５節　観光アプリ開発によるビジネス情報分野の体験的学習【千葉県立一宮商業高等学校】

本校は，文部科学省からスーパー・プロフェッショナル・ハイスクール（SPH）※の指定を受け，「高校生版DMO※※の活動を核とした地域観光ビジネス教育プログラムの開発」を行った。校内に設置した５つのユニット組織のうち，私が担当した観光コンテンツユニットでは，観光アプリ開発をテーマにビジネス情報分野の授業研究を行った。１年次の「情報処理」，２年次の「プログラミング」，３年次の「プログラミング応用」（学校設定科目）の授業を系統的に行い，情報通信技術で地域社会を支える人材を育成することを目指した。ここでは，観光アプリ開発をテーマとして取り組んだ授業実践について記述する。

※
スーパー・プロフェッショナル・ハイスクール
文部科学省が2014（平成26）年度より実施している事業で，「専門高校等において，大学・研究機関・企業等との連携の強化等により，社会の変化や産業の動向等に対応した，高度な知識・技能を身に付け，社会の第一線で活躍できる専門的職業人の育成を図る（文部科学省）」ことを目的としている。

※※
DMO
Destination Management Organizationの略。地域の関係者と協同しながら，明確なコンセプトに基づいた観光地域づくりを実施する法人のことをいう。

１　「情報処理」 観光アプリアイデアコンテスト

１年次は「情報処理」の授業で，地元の一宮町の魅力を紹介する観光アプリの開発コンテストを開催した。観光アプリに必要な機能について，生徒の考えをアプリコンセプトシートにまとめさせ，グループ内発表，クラス内発表，学年発表の順で発表を行った。発表の場を段階的に大きくすることで，生徒は発表技法の改善を図ることができ，聞き手の生徒は，自分と他者の発表を比較して学習することができる。また，発表用のスライド資料の作成に関連して，情報デザインの授業を行い，文字の大きさや配色，図形，レイアウトなどの要素が聞き手に与える影響を説明した。発表する際は，評価シートを使って，説明のわかりやすさ，声の大きさなどの発表技法やプレゼンテーションソフトの活用技術について点数化した。評価シートは発表日より前に配布することで，評価の観点を意識した発表を行うことができ，主体的に自らの学習を修正しようとする力が育まれる。

さらに，生徒が成長するためには，発表のどこがよかったか，どこを改善した方がよいかというフィードバックが重要である。スライド資料によかったところや修正点を朱書きしたり，生徒の発表に対するコメントを書いて渡したりするなどの取り組みを行った。生徒一人ひとりにコメントを返すのは大変ではあるが，生徒の成長につながる最も重要な教育活動である。プレゼンテーションソフトの操作技法・発表方法の習得や言語活動の充実を図る観点からも，生

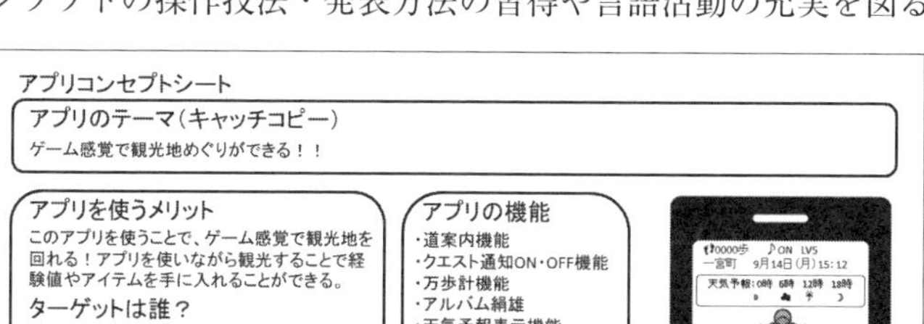
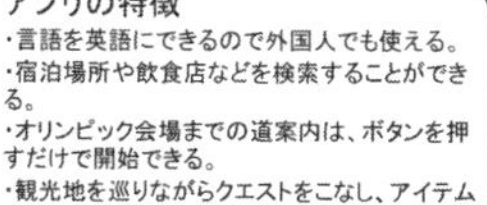

▲生徒のアプリコンセプトシート

▲学年発表会でプレゼンテーションに臨む生徒

徒がプレゼンテーションを行う意義は大きい。

2　「プログラミング」 観光コンテンツ作成

▲電話で取材を申し込む生徒

▲お弁当屋の経営者に取材する様子

2年次では「プログラミング」の授業で一宮町の観光名所や店舗などを取材し，観光アプリに掲載する情報をまとめた。

はじめにグループをつくり，観光アプリで紹介する場所の選定を行った。生徒は「ビジネス基礎」で学習したビジネスマナーを実践して，取材対象の観光名所や店舗に電話で取材を申し込んだ。取材を了承してもらった店舗には，タブレット端末を持参して訪問し，写真や動画，取材内容のメモを取りながら話を聞いた。地元のお弁当屋の経営者からは，個人経営とフランチャイズチェーンの違いや，商品のこだわり，天気や曜日によって仕込む食材の量を調整する難しさなどを教わった。喫茶店の取材では，商品を注文して，おいしそうに見えるよう試行錯誤しながら写真を撮影した。日常的にSNSに投稿する写真を撮影している生徒は，手慣れた様子で撮影ができる。生徒は，写真撮影や画像を加工する技術などを日常生活の中で身に付けているということを，取材の中で実感していた。また，経営者の生の声を聞くことで，ビジネスに関する興味・関心を高め，授業で学んだ知識をより深めていた。

取材後は，取材内容を観光アプリで表示できるデータ形式にまとめた。紹介ページは情報デザインの考えに基づき，自分たちが伝えたい情報が正確に伝わり，利用者が見やすく，わかりやすいデザインになるように指導した。しかし，例としてあげたレイアウトをそのまま利用したり，見にくい配色を使ったりする生徒もいる。授業を通して，生徒が主体的に考案する思考力・判断力・表現力や，客観的に見やすいと考えられるデザインを実現する技術力などを育成するために，観光コンテンツの作成を行った。今後はこのような学習機会を増やすことが求められる。将来のビジネスを担う人材として必要な，総合的な能力を育む必要性を感じた。

3　「プログラミング応用」 観光アプリ開発

2年次の「プログラミング」でJavaの基礎的内容を学習した上で，3年次では学校設定科目「プログラミング応用」で，統合開発環境（IDE）※を使った観光アプリの開発や，高度なアルゴリズム※※について発展的な学習を行った。観光アプリはGoogle Mapにお勧めの観光スポットを示し，ピンをタップすると詳細情報を掲載したページに移動するというものである。Google Mapを表示するためには，Googleアカウントの取得，API※※※キーの取得など様々な準備が必要になる。また，Android OS向けアプリを開発するためのIDEであるAndroid Studioを使ったプロジェクトの作成方法，コーディング，テスト，デバッグなど基本的な使い方を習得しなければならない。アプリ開発の指導にあたり，教員は，生徒がどこでつまずくか，指導内容の学習効果やねらいなどを把握して授業に臨まなければならない。

1学期は探索アルゴリズムやソートアルゴリズムなどを使った基本的なアプ

※
統合開発環境（IDE）
ソフトウェアを開発するための様々な機能を備えた開発環境をいう。

※※
アルゴリズム
ある課題を解決するための方法や手順のことをいう。プログラミングでは，ある範囲から目的のデータを探し出す探索アルゴリズムやデータを昇順・降順に並べ替えるソートアルゴリズムなどを学習する。

※※※
API
Application Programming Interfaceの略。ソフトウェアやアプリケーションなどの機能の一部を公開することで，外部のソフトウェアと機能を共有できるようにしたものをいう。観光アプリでは，Google Mapに関するAPIを利用することで地図機能を実現している。

リを開発しながら，Android Studioの使い方を習得した。いくつかのアプリを作成するうちに生徒はAndroid Studioの操作に慣れ，自分でプロジェクトを作成し，テスト用のスマートフォンでプログラムのテストをすることができるようになった。そして２学期は観光アプリ開発を開始し，マップや観光名所の紹介ページを表示する機能を作成した。このアプリに掲載した紹介ページは，２年次に作成した観光コンテンツをもとに作成している。マップに表示するピンのデータはCSV※ファイルで管理した。ファイルの入出力に関する処理はプログラミングの授業で学習する項目であり，それを応用する学習にもなる。

※
CSV
Comma Separated Valuesの略。数値やテキストデータをカンマ「,」で区切ったデータ形式をいう。

アプリ開発の過程で，ユーザビリティが高い操作画面の設計や誰にでもわかりやすいデザインにすることの重要性などを，体験的に学習することができる。生徒は，プログラムにエラーが発生すればその原因について考え，デバッグできるとプログラミングに関する理解を深めることができていた。オブジェクト指向言語の特徴は，教科書を読むだけでは理解しにくい。アプリ開発の経験を通して，プログラム言語の特徴や構文の理解を深めることができる。

▲観光アプリのタイトル画面

▲マップ画面

▲観光名所の紹介画面

4　アプリ開発による教育効果

アプリ開発による教育効果や意義は様々なものがある。１つ目は，論理的思考力や課題発見能力・課題解決能力を育むことである。プログラムの内容を考察することで論理的思考力が育まれ，エラーの発生原因や解決方法を考察することで課題発見能力・課題解決能力が育まれる。これらの能力は職業分野を問わず，ビジネス全般で必要とされるものである。２つ目は，創造性や主体性を育むことである。アプリ開発では，生徒自身が主体的に「こんなアプリをつくりたい」「この機能を実現するためには，どうしたらよいのか」ということを考える。例題や練習問題などの答えのある課題に取り組むだけでなく，自分の考えをアプリに取り入れることで，創造性や主体性が育まれる。3つ目は，進路について考え，キャリアプランニング能力を育むきっかけになるということである。アプリ開発の授業を受講する生徒の中には，情報通信分野に興味をもっている者が一定数いる。アプリ開発の経験を通して，生徒自身が情報通信分野の仕事に対する適性があるかどうかを考える機会になる。

以上のようにアプリ開発の教育的効果を3つあげたが，プログラミングを学習する目的は，プログラム言語の構文を覚えることやソフトウェアの操作技術を習得することだけではない。学習を通して，前述した学習効果のような「生きる力」を育むことが重要であると考えている。

5　今後に向けて

小・中学校でプログラミング学習が取り入れられるなど，プログラミングに対する社会的関心が高まっている。商業高校でのプログラミング学習は，コーディングを伴う実習を経験させ，専門学校や大学での専門的な学習につなげる役割も担うと考えている。情報通信技術の変化は速いため，商業高校で教える教員が新しい技術に柔軟に対応し続けなければ，時代遅れの内容を生徒に教えることになってしまう。企業や大学，専門学校への橋渡しを行うためには，教員が，プログラミング学習の意義や自らが学び続ける姿勢をもつ重要性を理解しなければならない。各学校で，教員が教育内容と教育効果の研究を進め，発表し，研究成果を共有する取り組みが大切である。　（小城　翔平）

コラム　アプリ開発に関するプログラミングコンテストの状況

高校生が参加できるアプリ開発のコンテストには，全国商業高等学校協会主催プログラミングコンテストやアプリ甲子園，U-22プログラミング・コンテストなど様々なものがある。コンテストで上位に入賞するアプリの発想力や技術力の高さには驚かされるものがあり，アプリ開発に関連するトレンドや技術の進歩の速さなどを感じる。アプリの審査は，一般企業の技術者や大学教授など，第一線で活躍する人々が行っており，審査内容も開発者に伝えられ，次の開発に生かされる。学校教育のみならず，民間企業もIT人材育成や人材発掘に取り組んでおり，社会が求める，社会で通用する教育を目指すきっかけになるのではないかと思う。アプリ開発コンテストに応募するという経験も生徒の成長の一助となるため，商業高校でプログラミングを学ぶ生徒や指導する教員は関心をもち，参加してほしいと思う。

「情報処理」授業展開例

1　単元名　(5)プレゼンテーション

2　単元の目標

何ができるようになるのか	・プレゼンテーションの技法などプレゼンテーションに関する知識，技術などを基盤として，プレゼンテーションに対する要求などに基づいた適切な情報の伝達について，組織の一員としての役割を果たす。
どのように学ぶか	・ビジネスにおいてプレゼンテーションを行う場面を想定した実習に取り組む。
何を学ぶか	・プレゼンテーションの技法 ・ビジネスにおけるプレゼンテーション

3　本時の指導と評価の計画（第６時／全６時間）

学習内容・活動	評価規準 【評価の観点】（評価方法）
○本時のねらいを把握する。 ・プレゼンテーションの話し手，聞き手，双方の立場から適切なプレゼンテーションの表現技法を学ぶ意義を確認する。	
ねらい：観光アプリのアイデアをテーマとして行ったグループ発表，クラス発表の経験を生かし，代表者が学年で発表したり，その発表を聞いたりして，適切に相手に伝わるプレゼンテーションの表現技法について学ぶ。	
○代表生徒はプレゼンテーションを行う。 ・学年代表者によるプレゼンテーションを通して，話し手，聞き手双方の立場から適切なプレゼンテーションの表現技法を学ぶ。 ・クラス内発表を経て選ばれた代表生徒によるプレゼンテーションを行う。 魅力的なプレゼンテーション内容を考案することに加え，自分の考えを相手に適切に伝えるためにはどのように発表すればよいかを考えさせ，支援する。	
○他者のプレゼンテーションから学ぶ。 ・聞き手の生徒は，プレゼンテーションを聞き，発表終了後に評価シートに記入する。 ・話し方，身振り手振り，スライド資料の作り方，内容，写真や文字などの使い方などを自身のプレゼンテーションを振り返りながら，よりよい表現技法を学ぶ。 ・他者の考えに触れ，自分とは異なる意見を持つ人も多くいることを学ぶ。 観光アプリの開発をテーマとすることで，主体的に創造することの意義を学ばせる。 ○発表後の総括を行う。 ・話し手，聞き手双方の取り組みや授業態度について指導をする。	・聞き手として，発表者の思いや発表準備への苦労などを考え，適切な態度で発表を聞くことに取り組もうとしている。【主体的に学習に取り組む態度】（観察） ・情報デザインの考えをスライド資料の作成に取り入れ，誰もがわかりやすいものをつくることを身に付けている。【知識・技術】（観察）

第6節　スマートフォンを使った「プログラミング」の授業実践【長野県諏訪実業高等学校】

新学習指導要領により小学校，中学校，高等学校のすべての生徒がプログラミング教育を受けることになり，その重要性が高まっている。新高等学校学習指導要領では商業科の科目「プログラミング」においても内容が改訂された。科目「プログラミング」の目標として「商業の見方・考え方を働かせ，実践的・体験的な学習活動を行うことなどを通して，企業活動に有用なプログラムと情報システムの開発に必要な資質・能力を次のとおり育成することを目指す」と示され，指導項目として「携帯型情報通信機器用ソフトウェアの開発環境の利用」などが新たに追加された。これを受けて，筆者はHTML 5やJavaScriptによるクラウド型モバイルアプリ開発環境である「Monaca」を利用し，生徒が普段使用しているAndroid及びiOSのスマートフォンで実行できるアプリの開発実践を行った。

図表3－6－1　各段階におけるプログラミング教育の対比

小学校におけるプログラミング教育	中学校技術・家庭科（技術分野）におけるプログラミング	高等学校教科情報科におけるプログラミング
学習指導要領において，各教科等の特質に合わせて「児童がプログラミングを体験しながら，コンピュータに意図した処理を行わせるために必要な論理的思考力を身に付けるための学習活動」を実施すると示されている。	これまでの計測・制御に関するプログラミングに加え，学習指導要領において，「D　情報の技術」(2)に「生活や社会における問題を，ネットワークを利用した双方向性のあるコンテンツのプログラミングによって解決する活動を通して，次の事項を身に付けることができるよう指導する。」と示されている。	各学科に共通する科目として「情報Ⅰ」が設定され必修とされており，内容に「コンピュータとプログラミング」が示されている。

1　Scratchによる指導

導入の指導として，プログラミングとアルゴリズムの基本を身に付けさせるために，MIT（マサチューセッツ工科大学）メディアラボが開発したブロックによるビジュアルプログラミングが行える「Scratch」をオンラインで利用した。Scratchではブロックをマウスで配置し，組み込んでプログラムを作成できるため，プログラミング言語固有の予約語や文法を覚えてキーボードで入力する必要がなく，ブロックのもつ役割によって形が異なるため，組み合わせが制限されて構文エラーが起きないなどのメリットがある。これらの特徴を生かし小学生を対象としたプログラミング教室などが開かれているが，高校生に対するプログラミング教育の導入としても有効に活用できると考えた。

はじめに，教師の指示どおりにプログラムを組ませながら，条件判定，繰り返し処理，変数，乱数等のプログラムの基本構造を指導した。マウスでネコの画像（Sprite）を動かして，ネズミを捕まえる簡単なゲームを作成し，楽しみながら学習ができるようにした。

また，ボールがバウンドするシミュレーションのプログラムを作成させ，変数の値を変更するとプログラムの実行結果も変化することが視覚的に理解できるように工夫した。その後，教師が作成したプログラムを同じように作成するだけではなく，自由に工夫する時間を与えたり，改善課題を与えたりして生徒自身が考えてプログラムを作成するように指導を行った。

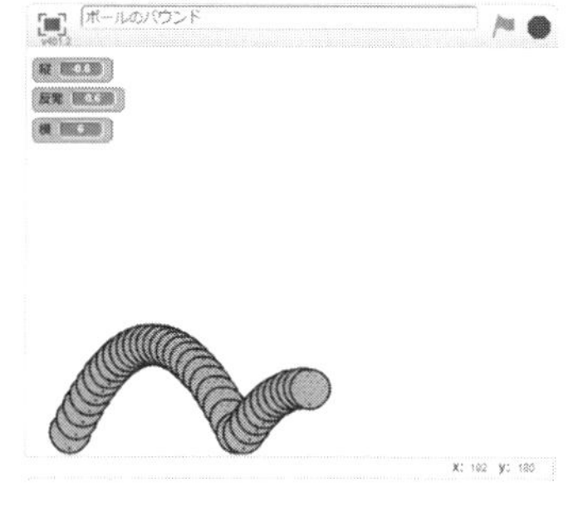

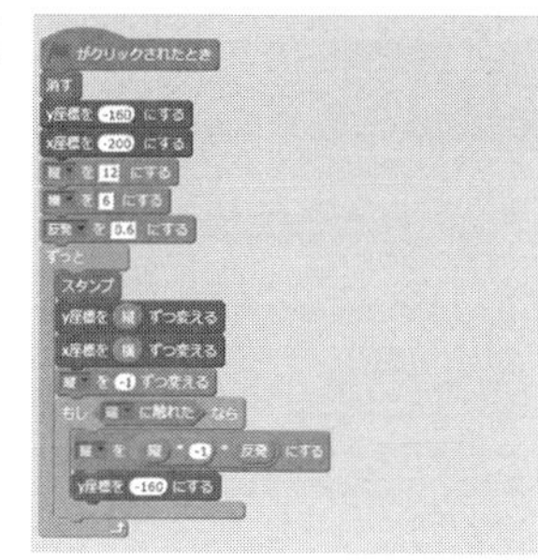

▲Scratchによるボールのバウンドのシミュレーション

Scratchでは簡単なプログラムだけではなく，配列や関数の定義，メッセージを用いた並列処理などを用いることで高度なプログラムを作成することもできる。たとえば生徒が絵や多角形などの図形を描くプログラムやシューティングゲームを作成・実行し，関数や引数についても活用できるようになれば，基本的なアルゴリズムについての知識を身に付けられたと判断できる。その時点で，JavaScriptによるプログラミングの指導に移行した。

2　JavaScriptによる指導

Scratchによる学習のあと「enchant.js」というゲーム開発用ライブラリを利用して，JavaScriptによるコーディングプログラミングの学習を行った。

enchant.jsは，画面上に画像（Sprite）を表示させることができ，Scratchと同様にクリックやキーボード入力などのイベントによって処理を実行したり，表示されているSpriteの位置を動かしたりすることができる。このように，enchant.jsとScratchはSpriteの扱い方が似ている。この似ている部分に注目させて，Scratchと対比させながらenchant.jsでシューティングゲームの作成を行い，その過程でJavaScriptの文法や記法，デバッグの方法などについての学習を進めた。

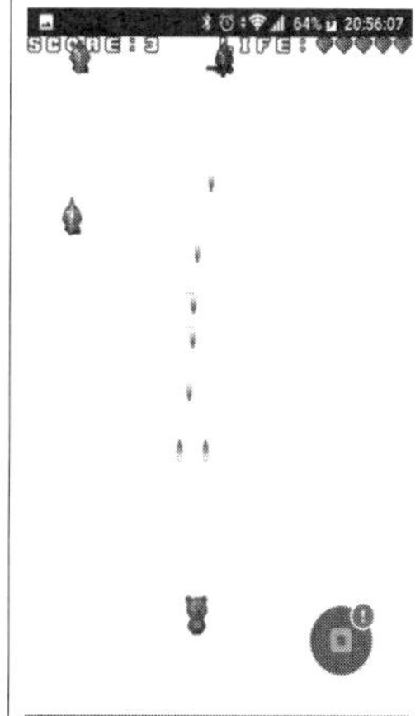

▲作成したシューティングゲーム。enchant.jsで作成し，Monacaで実行している。

たとえば，画像（Sprite）を動かすためにキーボードの入力に応じてSpriteのX，Y座標を変化させたり，敵に弾が当たったときにスコアを加算したりする部分で変数を利用していることを理解させ，変数についての学習への導入に利用した。JavaScriptの文法でScratchのブロックと対比し置き換えるようにして学べるようにすることで，Scratchによるプログラムの学習のあと，JavaScriptのコーディングによるプログラミングへの移行がスムーズにいくように工夫した。ただし，JavaScriptのすべてをScratchのブロックと比較することはできないため，プログラム作成の実習をしながら，文法や構文についての指導を行った。JavaScriptに加えenchant.jsのクラス，メソッド，プロパティなど新しいことを多く学ぶため，生徒は難しいと感じていたようだが，シューティングゲームを作成する様子から，JavaScriptへの移行はスムーズに行えたと感じている。

▲Monacaデバッガーアプリの画面。AndroidとiOS向けにリリースされている。

3　スマートフォンアプリ開発の指導

enchant.jsではオブジェクト指向プログラミングを取り入れることができ，キャラクターであるSpriteをクラスとして定義したり，既存のキャラクターを継承して別のキャラクターを作成したりできる。Spriteはオブジェクトであるため，弾を発射するなどのメソッドや，進行方向と速度などプロパティを作成して継承すれば，新しいキャラクターを作成する際に再度定義する必要がない。

オブジェクト指向プログラミングを用いることで，動きが異なる様々な種類の敵キャラクターや，複数の種類の弾が作成でき，ゲームの幅を広げることが簡単にできる。このようにシューティングゲームとオブジェクト指向プログラミングは親和性が高く，生徒たちにとって楽しみながら理解できる題材である。また，新高等学校学習指導要領の指導項目として「オブジェクト指向型言語の利用」があげられており，先を見据えた学習につながると考えた。

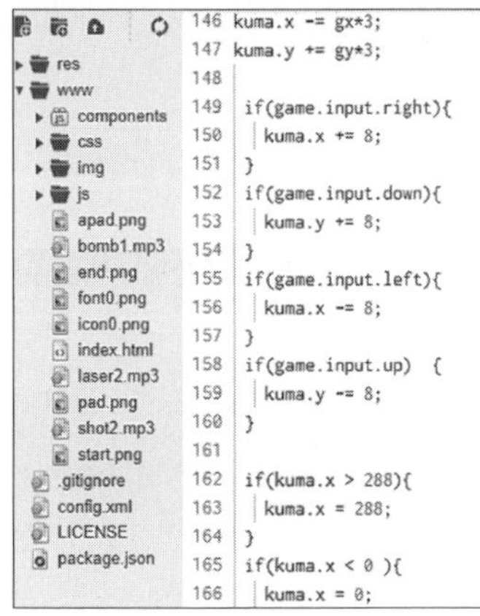

▲コンピュータのブラウザ上で，ソースコードを編集できる。

シューティングゲームのほかに，ラングトンのアリやライフゲームによる人工生命シミュレーションプログラム，迷路の自動生成，右手法（壁塗り法）による迷路の自動探索などのプログラムを作成した。これらのプログラムは画面をマス状に区切り，配列の値によって画面の状態を変化させる。このように自動的にコンピュータが処理を行い，視覚的に変化するプログラムの作成を通じて生徒の興味をひきながら，配列や繰り返し処理，関数などについて指導をした。実習を通じて体験的にJavaScriptの文法に関する知識，デバッグに関する技能が身に付いたと考える。

スマートフォンアプリ開発の指導には，MonacaというHTML 5やJavaScriptで作成したブラウザ上で動くプログラムを，スマートフォンのアプリとしてビルドできるオンラインの開発環境を使用した。MonacaにはAndroidとiOSそれぞれに対応したデバッガーアプリがあり，デバッガーを通じて作成したプログラムを実行することができる。Monacaを利用することで，生徒が使用しているスマートフォンの機種に関係なく動作が可能なアプリの開発を，同一の環境で行うことが可能となる。

▲ブラウザの開発者ツール（デベロッパーツール）でエラーの内容と場所を表示することができる。

はじめに，シューティングゲームをコンピュータからMonacaの開発環境にアップロードし，スマートフォンのMonacaデバッガーによって自動的に同期してダウンロードすることで，スマートフォン上で動作させた。コンピュータで作成したプログラムであるため，キーボード入力によってキャラクター（Sprite）の移動や弾を発射する仕様になっており，スマートフォン上では動作しても思いどおりにゲームができないことに生徒たちはすぐに気づいた。そこで，スマートフォンの加速度センサーを利用し，本体を傾けた際の加速度を取得して，Spriteを前後左右に動かしたり，画面をタッチしてミサイルを発射したり，音を出したりするようにシューティングゲームを改良した。このように加速度センサーなどの各種センサー等を利用して，スマートフォンの特性を生かしたアプリの開発が可能となる。生徒にとってスマートフォンで動作するゲームは日常的に楽しんでいる身近なものであり，スマートフォンの様々な機能を使えるアプリの作成はモチベーションの向上につながると考えた。

開発は，まずコンピュータでソースコードを入力してデバッグし，Monacaにアップロード後，スマートフォンのMonacaデバッガーアプリで動作確認をするという手順を繰り返した。ブラウザの開発者ツールによって文法エラーがないか確認してデバッグをさせた。エラーがある行番号と桁位置，エラー内容が表示されるため，生徒はこれを参考に文法エラーを修正する。文法エラーがないことを確認できたら，次はMonacaを使ってスマートフォン上で動作させ，意図した通りに動くか確認する。ここで論理エラーがあった場合には再びコンピュータでデバッグを行った。ゲームを題材にすることで，ユーザーの操作とキャラクターの動きが連動しない，敵を倒してもスコアが増えないなど，意図した通りの動作にならないことに視覚的な違和感を抱きやすく，論理エラーに気づきやすいというメリットがある。

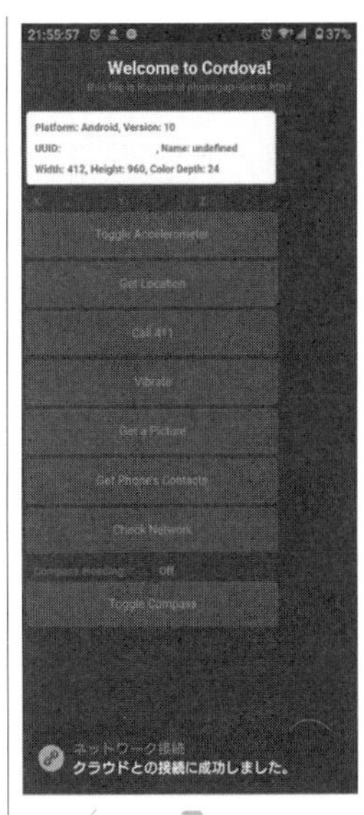

▲Monacaで提供されているサンプルアプリ「Hello World アプリ」では，基本プラグインを使って，スマートフォンの加速度センサーやGPS，バイブレータ，写真などの各種機能を動作させることができる。これらを活用したアプリ開発も可能である。

4　おわりに

Scratchによるプログラムの基礎学習，JavaScriptによるコーディング学習，Monacaを利用したスマートフォンアプリ開発の３ステップによって新学習指導要領の指導項目に合致した指導の実践を試みた。生徒が自分自身で作ったアプリを自分のスマートフォンで実行できるという点では，生徒の授業への興味や満足感は高まると考えられる。スマートフォンは各種センサーやカメラ，GPS，スピーカーなどを備えている高性能なデバイスであり，これを使用することによりブラウザ上で実行するプログラムと比較して，活用範囲の広いアプリ開発をすることができる。スマートフォンのアプリ開発という点ではMonacaの利用以外の方法も考えたが，公立高等学校ではコンピュータへの新たなソフトウェアのインストールが難しく，有償サービスの利用ができないといった制約がある。そのため，iOS developer programの登録などができず，iOSにおいてデバッグ及び開発アプリを端末へインストールするハードルが高い。Monacaを利用したアプリ開発はこれらの問題の１つの解決策となる。

商業科では検定試験を活用した指導が行われることが多く，プログラミングについては全国商業高等学校協会が主催する情報処理検定などが実施されている。この検定試験では，並び替えや順位付けのアルゴリズムや，データを読み込んで集計を行うプログラムなどが出題される。これらのアルゴリズムについて学ぶことは重要であると考えるが，それらを筆記で学ぶだけでは実際にプログラムを作成する技能を身に付けることはできないと考え，本稿で述べたような実習を中心としたプログラミング教育を行った。生徒たちに考えさせながら指導を行うことで，プログラムを改変したり，一部を自分で追加したりする技術を身に付けられたと考える。エラーの発生原因を理解し，デバッグすることについては実際にプログラムを組まないと得られない経験であり，実習による体験学習ならではの教育ができた。　（浅見　大輔）

「プログラミング」授業展開例

1　単元名　(3)　アルゴリズム

2　単元の目標

何ができるようになるのか	・アルゴリズムの表現技法，データ構造，制御構造などアルゴリズムに関する知識，技術などを基盤として，企業活動の改善に対する要求などに基づいた適切なアルゴリズムの考案について，組織の一員としての役割を果たす。
どのように学ぶか	・順次，選択，繰り返しの各制御構造の組合せによってアルゴリズムを表現することに取り組む。 ・アルゴリズムの表現技法を学ぶために，日常生活における様々な場面を構造化し，流れ図を作成するなどの実習に取り組む。
何を学ぶか	・アルゴリズムの表現技法　・データ構造と制御構造 ・変数・定数と演算　・データの入出力 ・条件判定と繰り返し処理　・配列の利用

3　本時の指導と評価の計画（第1時／全8時間）

学習内容・活動	評価規準 【評価の観点】（評価方法）
ねらい：日常生活における様々な場面を構造化し，流れ図を作成する実習を通して，アルゴリズムの表現技法について学ぶ。	
○コンピュータはプログラミングされた様々な処理を順序に従って実行することで，目的の動作を行っていることについて説明を受ける。 ・アルゴリズムは順次・選択・繰り返しの制御構造の組み合わせによって表現できることについて説明を受ける。 ・プログラムが組み込まれている機械を例に，流れ図の表現方法を学び，ワークシートに記入する。 例として自動販売機などをあげ，身近な機械などのアルゴリズムを通じて，日常生活の様々な場面でプログラムが使用されていることを説明する。その後，その動作について手順に分解し，流れ図の例を示すことで，制御構造と流れ図の記法について理解させる。	
○日常で使用する機械や装置や，日常生活の作業などを一連の手順に分解し，流れ図を作成してワークシートに記入する。 ・ペアとなってお互いの流れ図を確認し，正しく動作するか検証する。正しい動作となるように流れ図をペアで修正する。 たとえば料理など，日常の様々な作業をアルゴリズムで表現できることを説明し，流れ図を作成して正しく動作するか検証することで，正しいアルゴリズムを作成することの重要性を体験させる。	・アルゴリズムの表現技法について理解している。【知識・技術】（ワークシート）
○ワークシートを書画カメラやスクリーンなどを利用して教室全体へ見えるように映し，作成した流れ図を発表する。 日常生活の様々な場面をアルゴリズムとして表現できることを，他者の発表を通じて実感させる。 ○発表を振り返り，まとめを行う。	・制御構造や流れ図の記法にしたがってアルゴリズムを考えたり，判断したり，表現したりしている。【思考・判断・表現】（ワークシート・観察）

第７節　科目「課題研究」の実践研究【神戸星城高等学校】

１　はじめに

近年，商業高校生の就職率が５割を切っている。

こうした状況は，商業高校の授業に変革を迫った。職業人の育成に直結した検定（全国商業高等学校協会など）取得を含むスキル指導型から，構成主義型のプロジェクト学習（以下，PBL※）による実践力育成の必要性が高まった。本稿は，科目「課題研究」において，生徒たちが衰退傾向にある地元商店街の店主を取材し，地域情報誌として発行する授業実践（PBL）を取りあげたものである。

授業では，以下の４点の生徒育成ポイントを設定した。

①情報発信者としての責任を自覚させる。

②主体的に情報の収集・加工・表現に取り組ませる。

③郷土愛を醸成する。

④自らの得た情報を質的に向上させる思考力・判断力を身に付ける。

なお，授業の効果検証にあたっては，フィールドワーク（取材活動）の事前・事後調査の段階で情報活用能力調査※※を活用して，生徒の意識変化を実証的に分析した。また，最終の授業において生徒が自由記述する「１年間の授業実践を振り返って」の記述内容を，テキストマイニング※※※によって生徒の授業評価に対する分析を行った。

▲地元商店街での授業実践の様子

※
PBL
Project Based Learning。問題解決型学習のことで，自ら問題を発見し解決する能力の育成を目指した教育手法のことをいう。

※※
情報活用能力調査
文部科学省が高等学校の生徒の情報活用能力について，把握，分析し，指導の改善，充実のため，2015（平成27）年12月から2016（平成28）年３月にかけて実施した調査。

※※※
テキストマイニング
構造化されていないテキストから目的に応じて情報や知識を掘り出す方法と技術の総称。つまり，自由記述のテキストデータを解析し，知見を導き出すことを可能にする分析方法である。

２　学習指導要領に関する視点

本実践では，カリキュラム・マネジメントとして学習指導要領に関連した視点をもって考察を行う。つまり，本授業は科目「課題研究」として実施している。本校では，本科目の履修により「総合的な探究の時間」の履修に代替している。代替履修にあたっては，専門教科・科目と必履修教科・科目相互の目標や内容について，あるいは代替の範囲などについて十分な検討を行うことが必要とされている。

そこで，科目の目標を整理するために，図表３－７－１に，双方の学習指導要領解説から「課題研究」と「総合的な探究の時間」の特徴をまとめ，ポイントを比較した。

図表3－7－1　学習指導要領解説比較

「課題研究」	学習指導要領（平成30年告示）解説比較分析	「総合的な探究の時間」
商業の見方・考え方を働かせ，実践的・体験的な学習活動を行うことなどを通して，**ビジネス**を通じ，地域産業をはじめ経済社会の健全で持続的な発展を担う職業人として必要な資質・能力を次のとおり育成することを目指す。 (1)　商業の各分野について実務に即して**体系的・系統的**に理解するとともに，相互に関連付けられた技術を身に付けるようにする。 (2)　**ビジネスに関する課題**を発見し，ビジネスに携わる者として解決策を探究し，科学的な根拠に基づいて創造的に解決する力を養う。 (3)　課題を解決する力の向上を目指して自ら学び，ビジネスの創造と発展に**主体的かつ協働的**に取り組む態度を養う。	①「課題研究」は，教科商業科に属する科目であることから，商業やビジネスの観点から見方・考え方を働かせていくが，「総合的な探究の時間」には特に指定されていない。 ②「課題研究」は，教科商業科に属する科目であることから，職業人を育成する観点をもつ必要性に触れているが，「総合的な探究の学習」においては，「課題発見・解決のための資質・能力」として広義的に示されている。 ③「課題研究」は，教科商業科に属する科目であり，商業の各分野について「体系的・系統的」に理解するとともに「ビジネスに関する課題」への取り組みが明示されている。「総合的な探究の時間」においては，「横断的・総合的」に「実社会や実生活と自己との関わり」といった大きなテーマのみが示されており，広義的な課題を設定することができる。 ④「課題研究」は，主体的な取り組みを「ビジネス」の観点から求め，「総合的な探究の時間」においては，「探究」活動に対する主体的な取り組みを求めている。	**探究**の見方・考え方を働かせ，**横断的・総合的**な学習を行うことを通して，自己の在り方生き方を考えながら，よりよく**課題を発見し解決していくための資質**・能力を次のとおり育成することを目指す。 (1)　探究の過程において，課題の発見と解決に必要な知識及び技能を身に付け，課題に関わる概念を形成し，探究の意義や価値を理解するようにする。 (2)　**実社会や実生活と自己との関わり**から問いを見いだし，自分で課題を立て，情報を集め，整理・分析して，まとめ・表現することができるようにする。 (3)　探究に**主体的・協働的**に取り組むとともに，互いのよさを生かしながら，新たな価値を創造し，よりよい社会を実現しようとする態度を養う。

商業科目「課題研究」の特徴は次のとおりである。

・商業高等学校で学んだことの集大成として取り組む

ほかの教科（農業・工業・水産・家庭・情報）においても商業科と同様に科目「課題研究」が設けられている。これまで専門教科として学んできた内容を複合的，横断的に活用するという視点から，教科の集大成・総まとめ的な科目という位置付けである。学習者がテーマを決め，主体的に取り組み，産業社会における課題を解決する学習に取り組むために設置されている。すなわち，構成主義型の授業実践※が必要とされる。

次に「総合的な探究の時間」の特徴をまとめる。

・教科や科目等の枠を越えた課題に取り組む

「総合的な探究の時間」は，学習対象や学習領域が特定の教科や科目等にとどまらずに，横断的かつ総合的でなければならないとされている。

これは，教科や科目等の枠を越えて探究する価値のある課題に取り組んでいくことを意味している。これについても構成主義型の授業実践が必要とされる。

※
構成主義型の授業実践
生徒たちが設定した，あるいは設定された課題に対し，自分自身の解釈によって理解を組み立てていく教育とされる。また，こうした概念を基にした学習を指す。

3「課題研究」の授業デザイン

図表３－７－１からも明らかなように，学際的な能力の育成は双方の授業実践において重要な視点となっている。また，科目「課題研究」を「総合的な探究の時間」の代替科目として開設する場合には，両科目の目標を達成することができる授業デザイン※を行わなければならない。

それ故，商業科の領域において，商業教育の視点から，①専門教科として教えるべきことはしっかり教えること，②課題解決学習において教育効果が高いとされるグループでの活動を意図的・計画的に取り入れること，③産業現場において，商業科での学びを実践的に活用する場を与えていく構成主義型の授業に取り組んでいくことの３点が求められる。

本授業実践では，構成主義型の授業づくりにチャレンジする教員に対して，授業イメージができるよう，具体的な授業実践の内容と教育効果を示す。

本授業実践の概要は図表３－７－２のとおりである。

※
授業デザイン
生徒が「思考力，判断力，表現力」を発揮するために，教授式の授業によって身に付けた「知識・技能」の活用を図ることで，生徒の総合的な学力向上を目指す授業改善の方策のことをいう。

図表３－７－２　本授業実践の概要

実施年度	2018（平成30）年度
実施期間	７月から翌年１月まで（神戸星城高等学校）
単元科目	商業科３年・課題研究（開設講座名：パソコン演習）履修生徒　女子40名
取材対象	神戸市長田区大正筋・六間道・本町筋・北神戸センター街　各商店街
学習指導要領への対応	・商業編　「課題研究」 ⑶　産業現場等における実習 ・総合的な探究の時間　第４章　各学校において定める目標及び内容 よりよい解決に向けて地域社会で行動していくこと
単元指導計画（全22時間）	⑴　オリエンテーション………………２時間 ⑵　企画会議…………………………４時間 ⑶　取材活動…………………………７時間 ⑷　編集会議…………………………２時間 ⑸　誌面作成…………………………４時間 ⑹　コンテンツ発表会…………………３時間
授業の目標	⑴　地元の大正筋商店街を取材し，現状を把握する。 ⑵　集客につなげる観点で地域情報誌を作成・発行する。 ⑶　新たな活性策を発見し，今後の実践内容を創出する。 ⑷　訴求力のある誌面作成能力・表現力を育成する。 ⑸　学習活動を通じて，主体性・創造性を培う。

図表　3－7－3　単元指導略案

学習活動	教員の働きかけと生徒の活動	指導上の留意点
オリエンテーション 	・大規模小売店舗の売上が地域に還元されにくく，業績が悪化すれば退店してしまう「焼き畑商法」になりがちであることや，商店街での売上は地元在住の商店主によって地域に還元されていく違いを理解する。	・地元の産業に貢献し，活性化させることができるのか，可能性があるのはどのような小売店かについて，基礎知識として，大規模小売店舗と商店街や地元商店の形成過程や地域との関わりについて考えさせる。 ・生徒に対して著作権や守秘義務について理解させてから活動を行う。
企画活動 	・グループ活動を取り入れ，生徒間の話し合いの中から観察評価を行い，コーチングによって，生徒のやる気を引き出すためのアドバイスを行うことで主体性を醸成する。	・ここでは，できるだけ教員からグループ間での話し合いに関して否定的な発言を行わないようにする。導入段階で発言を否定すれば生徒のやる気を削ぎ，主体性を発揮する機会を逸することになる。教員はよい意見を評価するとともに，話し合いの時間を守らせるといったペースメーカー的な役割に徹する。
取材活動 	・大正筋商店街を訪問し，活動の趣旨を説明して理解を得る。 ・店舗の基本情報だけでなく，アピールポイントを引き出すための質問項目を用意させる。 ・地元商店街の調査活動を通じて，地域におけるビジネスの現状を理解させる。	・商店街の店主に対して，活動の趣旨を伝えるチラシなどを作成・配付し，理解を得てから活動を開始する。 ・取材活動を行う際に，これまで学んできたビジネスマナーを実践的に発揮する機会であることを伝えて，意識付けを行う。
編集活動 	・収集した情報や画像について優先度に基づく順位付けを行い，その理由付けを行うことで掲載情報に関して論理的に思考する機会を設定する。 ・これまで収集した情報をもとに誌面構成を検討する。	・必須情報を必ず取り入れさせる。 ・守秘義務などの情報の取り扱いについて十分注意させる。 ・商店の特色を取り入れさせるなどして，見る側に興味を与える店舗情報になるよう内容を工夫させる。
誌面作成 	・情報の分析・加工を行い，誌面に掲載する際にどのように訴求力を与えていくのか表現力の視点から考えさせる。 ・情報の質を高めるために既存のミニコミ誌や地域情報誌を参考にデザイン面・情報面に分けてアイデアを取り入れる。 ・情報発信に有益と考えられるアプリケーションソフトを有効活用して，誌面を作成する。	・色あい・フォント・画像の表示などを見る側の立場を考えながら作成させる。 ・アピールポイントは効果的に表現させるよう生徒に工夫させる。 ・仮想空間の商店街で閲覧者の位置情報が明確に伝わるように工夫させる。
実践のまとめ 	・本授業実践における学習のまとめとして，作成した誌面（コンテンツ）に関して企画・取材・編集・発行の観点から振り返るため発表会を行う。	・これまでの学習において気がついたこと，考えたこと・工夫したことを振り返り，よかった点や悪かった点を洗い出させる。また，クラスメートや商店主からの意見・感想から，今後の活動に反映させるための知見を得る機会とさせる。

4　授業実践の調査概要

授業効果を検証するための手順としては，科目「課題研究」で開講している講座「パソコン演習」履修生徒を対象に，夏季休業中に行ったフィールドワークについて文部科学省の「情報活用能力調査」の検査項目を活用して事前・事後の段階で調査を行い，各項目の相関関係の分析を行った。

また，年度の最終授業において「１年間の授業実践を振り返って」とする自由記述を書かせ，テキストマイニングの手法によって分析し，生徒の意識変容を明らかにした。

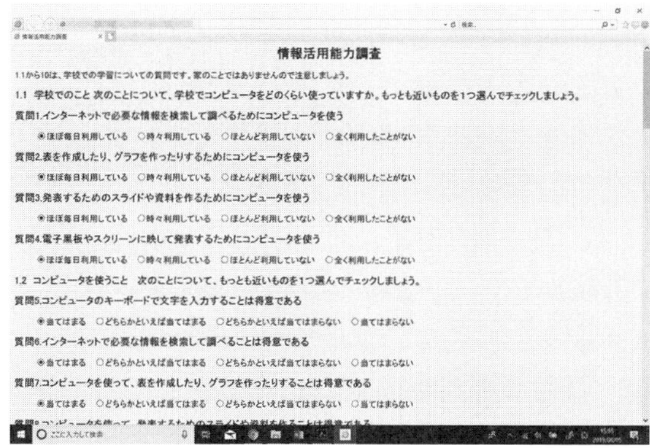

▲「情報活用能力調査」の入力画面

5　授業効果の分析

⑴　定量データの分析

情報活用能力調査フォームによる事後調査の回答数は40名であり，フィールドワークの事前・事後の両方を回答した39名を有効回答者とした。情報活用能力３観点８要素から38の項目を設定し，各項目について，「５.当てはまる」〜「１.使っていない」，「５.ほぼ毎日利用している」〜「１.全く利用したことがない」など５件法で回答を求めた。

その分析結果について，事前・事後調査で回収されたデータを２群に分け，情報活用能力調査尺度得点の平均値を算出した結果が，以下の表である。

事前調査群（変数１）	事後調査群（変数２）
3.06	3.17

この２つの平均値の差が統計的に意味のある差かどうか検定するため，t検定を行ったところ，事前と事後の平均値の間に有意差があるという結果になった。（$t=0.0402$，自由度$=38$，$p<0.05$）

また，事前・事後調査の相関分析については，以下の質問で有意差が認められた。

質問１「インターネットで必要な情報を検索して調べるためにコンピュータを使う」と，質問３「発表するためのスライドや資料を作るためにコンピュータを使う」

質問６「インターネットで必要な情報を検索して調べることは得意である」と，質問21「携帯電話やスマートフォンでフェイスブックやツイッターなどをする」

質問６「インターネットで必要な情報を検索して調べることは得意である」と，質問32「問題を見つけたときは，解決方法を考えたりして提案するようにしている」

これは，質問１が「コンピュータの調査時活用」，質問３が「コンピュータの発表時活用」，質問６が「コンピュータ・情報端末の利用に対する肯定感」，質問21が「コンピュータ・情報端末による情報発信の実践経験」，質問32がPBLの実践で最も大切な力である「問題解決能力」へとつながっていく可能性を示しているものであった。

本調査における事前・事後の調査結果の合計を100点換算した結果からは，60点台の低得点域の分布が減少し，高得点域の分布が増加していることが明らかになり，授業実践の効果がみられた（図表３－７－４）。

図表３－７－４　左：事前調査の分布（一部）　右：事後調査の分布（一部）

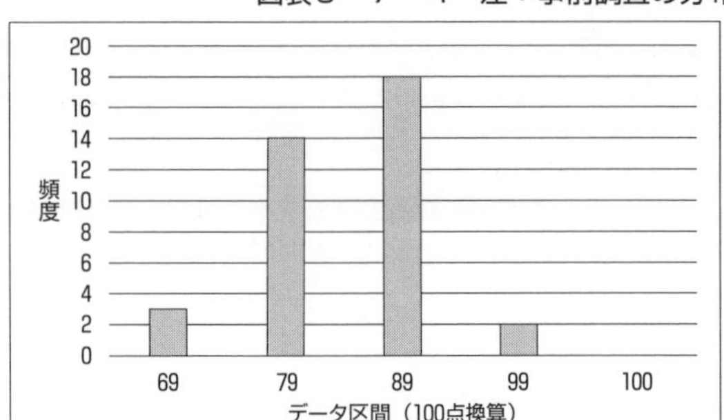

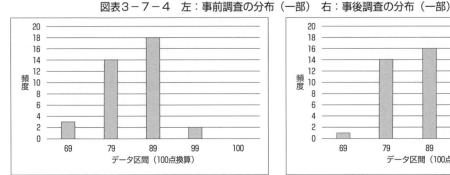

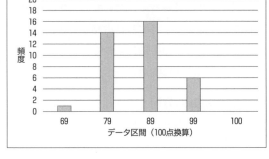

しかし，このデータ分析だけではフィールドワークに取り組んだ効果として情報活用能力が高まっているのか，構成主義型の授業実践に取り組んできた結果としての効果なのかについて断定できない面がある。そこで，年度の最終授業で参加生徒に対して行った自由記述によるテキストデータの分析から授業自体の教育効果の分析を試みた。

⑵　テキストマイニングによる分析

テキストマイニングとして，今回は文章を単語（名詞，動詞，形容詞等）に分類し，それぞれの単語から出現頻度や共起ネットワーク図を作成して相関関係を分析した。

このようなデータ件数が多い場合や，人間の処理能力を超える大量データを分析する場合でも，テキストマイニングではデータの信頼性を担保できるという大きな利点がある。

ここでは，テキストマイニングの手法を活用し，最終授業において参加生徒に実施した「１年間の授業実践を振り返って」の入力フォームを作成し，自由記述による回答を求め，入力されたテキストデータについて分析を行った。具体的には，システムから入力された自由記述をCSVファイルとして読み込み，生徒が記述した内容から単語を取り出し，出現回数をカウントした。

＜テキストマイニングによる調査の概要と結果＞

１．調査対象

2018（平成30）年度「パソコン演習」履修生徒40名（有効回答39名）

２．調査日時

2019（平成31）年１月25日（金）11：55

３．データ収集方法

調査システムを活用

授業参加生徒の自由記述データを収集

4．総抽出語数　4,560語

さらに，頻出数が少ない動詞・助詞・助動詞などの一般的な語を削除し，分析に使用する語として3,940語を抽出した。この中から頻出語として15語とその出現頻度を図表３－７－５に示した。

図表３－７－５　自由記述における頻出語

順位	語	頻度	順位	語	頻度
1	思う	230	9	わかる	47
2	できる	132	10	笑顔	45
3	取材	126	11	いく	41
4	写真	81	12	考える	40
5	質問	57	13	良い	40
6	聞く	56	14	話す	31
7	撮る	52	15	内容	29
8	評価	49			

このように頻出語の順位データから，「思う」「できる」など，生徒が授業実践をポジティブに捉えていることが明らかになった。さらに，頻出語同士の組み合わせが何回出現しているかをみれば，その関連の深さが判明することから，共起ネットワーク図※に表して分析した。

※
共起ネットワーク図
一文（句読点などで区切られた文）の中に，単語の組み合わせが同時に出現することを意味している。よって，共起回数とは，一緒に出現した単語の回数をカウントしたものである。このようにセットで出現する単語を線で結んだのが「共起ネットワーク図」である。

共起ネットワーク図では，出現回数が多い語ほど面積が広くなるので，図の中心には，最も大きな「思う」を含むグループが位置している。線と線で結ばれている語は関連性が強いことを示しており，「思う」と「できる」「取材」「わかる」などの関連性が強いことがわかる。

さらに「思う」を含むグループの周囲に小さなグループが形成されている。「神戸」—「場所」—「知る」や「いく」—「うまい」などのグループであり，これらはフィールドワークの活動後に出現した語である。つまり生徒がルーブリック評価表を閲覧したあとにフィールドワークに取り組み，自由記述した内容から生成されていることが重要なポイントであり，図上部の「考える」—「行動」や「神戸」—「場所」—「知る」，「うまい」—「いく」などは取材時の感想であることがわかる。

一方，共起ネットワーク図では，グループの位置は相互に関係がない。たとえば「情報」—「インターネット」は「思う」を含むグループの下に位置するが，必ずしも両者に関係があるとはいえない。「思う」と「インターネット」を結ぶ線がないことから，少なくとも直接的な関係を生徒は認めていないことがうかがえる。また，「考える」—「行動」もまた「思う」とは線で結ばれていないため，「思う」と「考える」は異なる概念として位置付けられていることがわかる。

なお，授業に関連する内容からは，「わかる」「やすい」といった記述がみられることから，生徒が授業に対しポジティブな評価をしていることがわかる。

図表３－７－６　共起ネットワーク図

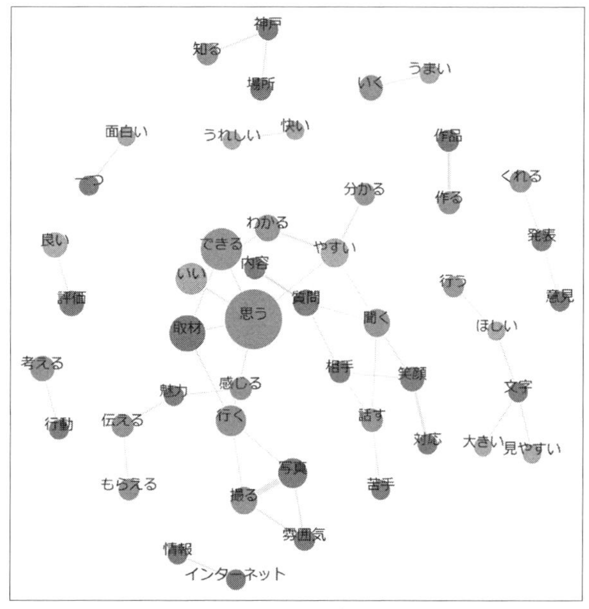

6　成果の課題

今回，構成主義型の授業として商店街活性化を目指した地域情報誌の作成に取り組む授業実践を行った。それぞれの情報収集にイントラネットを利用してCGI※によるフォームを作成して情報収集を行い，授業の感想を自由記述としてシステムに入力させてデータを回収するとともに，テキストマイニングの手法を活用して定性データの分析を行うことができた。

※
CGI
Common Gateway Interfaceの略で，ウェブページを閲覧する際，通常ブラウザでHTMLページを表示するが，この技術であれば掲示板やチャットといった動的ウェブコンテンツを動作させることが可能になる。本授業実践では，本校のイントラネット上で動作させた。

今後は，定量データの観点からも質問項目を設定し，単元ごとに検査を実施することで，どの単元の教育効果が高く，どのようなスキームが採用されていたのかといった定量データの質を高め，自由記述の定性データと比較分析するといった，詳細なデータ分析につなげていくことが課題である。

こうした商業教育が目指している能力育成が異校種や普通科高等学校の生徒にとって目標になり得ないことはない。普通科において商業教育を踏まえた取り組みが行われても，商業科での学びが必要のないものになることでもない。商業科で学ぶ基礎知識・専門知識は日本の産業界において必要とされるものであり，商業教育を共通教科・科目でも取り込んでいくようカリキュラム・マネジメントに取り組んでいくことも考えられる。

こうした考え方を学校現場に周知していき，「総合的な探究の時間」においても地域活性化をテーマに設定して，ビジネスの視点をもってソーシャルな活動に取り組んでいく授業実践を啓発していくことが今後の課題である。

7　おわりに

▲作成した地域情報誌『FULL BUL』

本授業実践での生徒に対する調査を通して，生徒が活動に対する自信を深め，地域情報誌の作成に対して楽しみながら取り組んでいることが明らかになった。また，グループでの活動を通して，他者を評価し，自らの活動に反映させていることが自由記述の内容から明らかになった。さらに，夏季休業中に取り組んだフィールドワークは，生徒の主体的に行動する意欲を喚起するきっかけになっていた。

このように，PBLに参加した生徒の評価・授業評価に取り組んだことで，授業全体を俯瞰し，授業実践を振り返って自己評価を行う機会を設定することができた。また，その観点や視点は導入当初は教員が主導して提供したしくみであるものの，生徒の情報活用能力に関連した目的意識の明確化が進み，主体的に取り組むというモチベーションが高まることが調査結果から示唆された。

このように「課題研究」の履習によって「総合的な探究の時間」の履習に代替することは，双方の科目における目標を達成する授業実践として成立していくことができると考える。

（延原　宏）

第８節　フューチャーセンターを利用した教育の取り組み【宮崎県立都城商業高等学校】

1　フューチャーセンターとは

人工知能は人間の職業を奪っていくだろうといわれている。このような予測不可能な変化の激しい時代には従来の論理的な思考だけでなく，感性を豊かに働かせ，主体的に自ら考え学んでいくことが重要である。そのような時代の中で，商業教育の新たな可能性として，本校では2015（平成27）年度よりフューチャーセンター（Future Center）を開設した。フューチャーセンターとは，多様な人たちが集まり複雑化したテーマ（課題）について「未来志向」「未来の価値の創造」といった視点から議論する「対話の場」のことを指す。大学や高等学校など日本の教育機関にも浸透しつつあり，正規科目で実施することも増えている。

本校では，フューチャーセンターでの取り組みを「課題研究」で行っている。「課題研究」では科目「マーケティング」の学習内容を活用し，地域の振興や地元の商品をマーケティングしていく力につなげようとしている。また，フューチャーセンターでは新学習指導要領の目標を踏まえた研究を行っている。「マーケティング」で学んだ基礎的・基本的な知識を有機的に結合させることによって，対話を通して他者と協働し社会における様々な場面で活用できる力や，新たな価値を創造し問題の発見や解決につながる学習活動に昇華させていきたい。

フューチャーセンターの開設は，地元大学の宮崎産業経営大学が文部科学省委託による2014（平成26）年度免許更新制高度化のための調査研究事業で，フューチャーセッション形式の対話型授業の協力校として参加したことがきっかけである。同調査研究の中で2014（平成26）年度から2015（平成27）年度にかけて，フューチャーセッション形式の対話型授業の学習効果の分析と検討を行った。学習効果を測るアンケート結果では，生徒は対話型授業を経験することで，知的好奇心，課題解決力，チームワークの高まりを実感していることがわかった。この研究協力と研究結果が１つの契機となり，現在のフューチャーセンターの取り組みが始まった。

2　フューチャーセンターの可能性を探る

本校のフューチャーセンターの取り組みは2016（平成28）年度からスタートしている。2016（平成28）年度は，高校生が主催するフューチャーセンターの可能性を探ることを目的に実施した。具体的なセッションを開催する前に，生徒向けのファシリテーション研修を行い，都城市役所，都城商工会議所，高齢者クラブ，大学生を主要なステークホルダーとして招き入れてセッションを開催した。初めてのフューチャーセンターとして，生徒達も戸惑いがあったが，様々な対話手法（ワールドカフェ等）を用いながらしっかりとファシリテートし，未来へ向けた創造力でプレゼンテーションを行った。

図表3－8－1　都城商業高校フューチャーセンターイメージ図

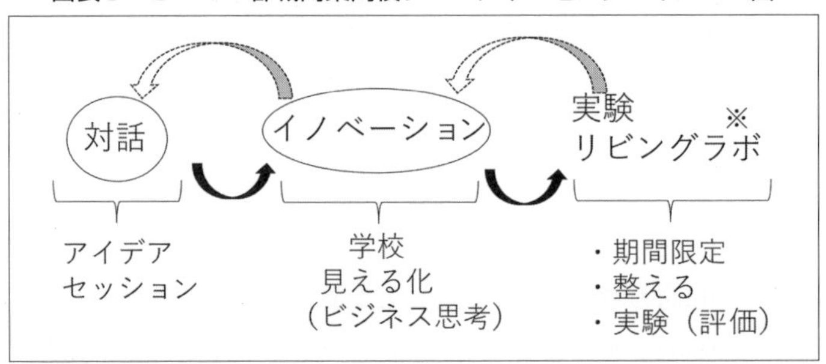

※
リビングラボ
　様々なテーマや課題について，そのテーマや課題の当事者である市民・ユーザーが主体となって，新しい知見や技術などの開発を共創するしくみをいう。

3　実践例

　都城商業高校フューチャーセンターでは，科目「マーケティング」で学習した事項の活用を図るために，隣接する宮崎県三股町の胡麻の認知度を高め，三股町長田地区の地域ブランドの向上を図るマーケティング活動を展開している。地域おこし協力隊の方々に行政との橋渡しをお願いするとともに，大学とも密接に連絡をとりあう体制をとって取り組んだ。

⑴　第１回フューチャーセッションの開催

　三股町に関してのフィールドワークや概要を学び，第１回フューチャーセッションを開催した。第１回セッションでは，三股町の特産物である「胡麻×民話」に関する地域マーケティングをテーマとして，ストーリーテリングを行い，生徒たちに三股町の発展に寄与するという理念の浸透を図った。次に三股町の胡麻について学んだ感想や試食してみて感じたこと，商品展開するにあたって気づいた点についてブレインストーミングを行った。また，地域マーケティングとしてフレームワーク（図表３－８－２）を用いて胡麻についての一般的なイメージを出し，そのイメージを反転，増幅することにより多面的に捉えるワークを行い，胡麻と民話を掛け合わせたプロトタイピングを実施した。生徒達は３班に分かれて，民話と胡麻を合わせた絵コンテを作成し，事前に読んできた民話の一場面に，「胡麻」がある風景をつくりだした。

図表3－8－2　地域活性化に向けてのフレームワーク

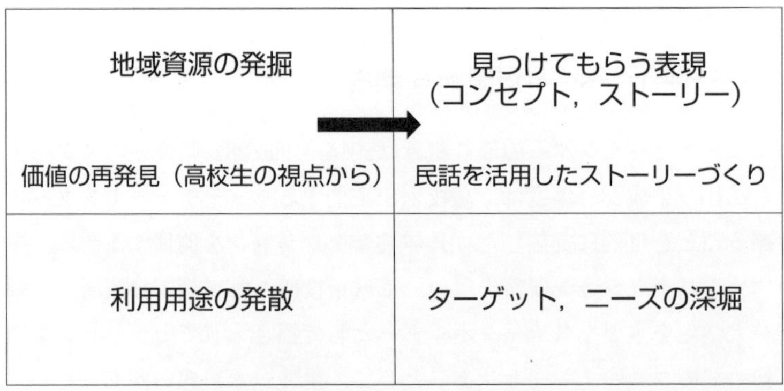

地域資源の発掘 価値の再発見（高校生の視点から）	見つけてもらう表現 （コンセプト，ストーリー） 民話を活用したストーリーづくり
利用用途の発散	ターゲット，ニーズの深堀

出典：「第１回フューチャーセッション」当日資料より作成。

(2)　第２回フューチャーセッションの開催

第２回セッションでは，絵コンテの作成からさらにストーリーを練り直す作業を繰り返した。マーケティングストーリーを構築する際には，「ターゲットとする顧客はストーリーのどこに共感するのか」「ストーリーのどこが商品にとって意味があるのか」といった視点を重視した。ストーリーを練り直す際は，６つの帽子の思考ツールを用いて多角的に対話を行い，場合によっては既存の視点から離れて新たな視点からストーリーを考え直すこともあった。このときストーリーが散発的になることを避けるため，一度に１つのことだけを考えていくように指導した。たとえば，論理的な話と情緒的な話を分けて，論理的な話に絞って展開することや，「情報」と「創造性」に分けて，客観的な「情報」のみの話に絞ってストーリーを展開することなどである。１つのことだけを考える代わりに，なるべく多面的な角度からアイデアの検証を行い，その結果，新たな着想を生徒たちは得たと思われる。

図表３－８－３　６つの帽子（対話の手法）

振り分け	役　　割	
白	事実（事実認識）	客観的に事実を受け入れる
赤	感情（直観）	直観的な判断
青	概観（全体整合）	全体を俯瞰する
緑	創造（創造的思考）	創造的思考
黄	楽観（プラス思考）	楽観的な意見（プラス思考）
黒	批判（リスク思考）	批判的な意見（クリティカル・シンキング）

(3)　ストーリーマーケティングの再検討

第２回セッションの結果を踏まえて，学校で再度検討し，イラスト制作ソフトウェアMediBang Paintを用いて物語の核となる部分をアニメーション化することにした。内容としては，細かい描写や設定にはこだわらずに，物語が顧客の印象に残り，商品の購買行動につながるものを意識した。

(4)　地域へのプレゼンテーション及び評価

ストーリーマーケティングで取り組んだ胡麻をPRするアニメーションについて，地域へのプレゼンテーションを行った。その後評価を行う方法として，NUFテストを行った。このテストは，新規性（New）・有用性（Useful）・実現可能性（Feasible）で優先順位付けする評価方法である。さらに対話型の評価方法として，生徒同士の相互評価と外部評価を合わせ点数化した。生徒や外部評価者が参加して，３つの班がそれぞれ違うグループの配置により，外部や現場からの声が聞けるよう工夫し，対話を行いながら評価することで，本取り組みの一貫性を意識させた。

▲アニメーション化の作業の様子と，作成したアニメーションイラスト

4　研究の成果と今後の課題

これまでの取り組みとその反省を生かした三股町での取り組みを振り返ると，地域を学びのフィールドとする活動は，地域と教員の信頼関係から始まることで，物事が順調に進んでいくことがわかった。できることとできないことが区分されたことで，意思疎通によって，生徒達に身に付けたい力，そのための資質・能力の情報を共有することの大切さを私自身も学べた。フューチャーセンターを活用して未来志向で対話を行い，授業で学んだマーケティングを取り入れることで，最終的にはビジネスに必要な思考を取り入れながら，地域の方々とともに課題を解決していく，商業高校生にしかできない関わり方ができたと考えている。

今日のビジネス教育では，多くの科目の知識・技能を積み重ねながら，それを発信し，さらに対話力を生かしながら自らの学びに向かい，新しい価値の創造に結びつけることが問われている。そのために対話型授業を実践し，どのように学習評価していくかが課題である。

5　おわりに

生徒達が課題を見つけ，解決して探究し，成果を表現するまでの過程を，学ぶ側が意識的・主体的かつ協働的に行う姿が大切になる。たとえば，インターンシップや販売実習等の体験学習，調査研究，教室でのグループディスカッション，ダイアログ，ディベート，グループワークなどの学習活動である。また，個々の生徒の心に秘めた「力」を引き出すために，指導する側の研修等を通して指導の質を高めることが大切な要素の１つである。従来の知識伝達型から一歩踏み出して教員自身が変わる姿が求められ，教員の授業に対する意識改革が必要となっている。

フューチャーセンターを活用し「マーケティング」の力を発揮させながら，時代の変化に対応してビジネスを展開する力，学びに向かう力を身に付けさせたい。

今回の実践事例や科目等を通じて，経営資源（ヒト・モノ・カネ・情報）が必要になり，指導の難しさを痛感する次第である。経営資源の有限性を克服するために参加者の方々も含め人的ネットワークをつくり，お互いに情報交換を行い，生徒達へ還元していきたいと考える。　（久保　良太郎）

[資　料]

1　生徒向けファシリテーション研修

フューチャーセンターを開催するまでの期間，宮崎産業経営大学より講師を迎え，生徒に向けたファシリテーション研修を行った。講義と演習の両方を行い，講義ではフューチャーセンターの役割，対話の意味，未来志向とデザイン思考，フューチャーセンターのプロセス，関係性づくりといったテーマを取り扱った。ファシリテーターの役割とファシリテーションされる参加者の役割を講義したあとに，実際にミニセッションを行った。このミニセッションは，アイデアを自由に広げて質より量を重視した「拡散」→それらのアイデアをさらに深めていく「創発」→アイデアを具体的なかたちにまとめていく「収束」という３段階の手順で行った。

図表３－８－４　30分セッションの設定ワーク

オープニングトーク（３分） なぜこのテーマにしたのかを参加者に伝える。	・取り組みたいテーマや，問いについて考える。
コアメソッド（16分） ブレインストーミング（６分） ドット投票（４分） プレゼンテーション（６分）	・ブレインストーミング＋ドット投票 ・アイデアを広げ優先順位を決める。
クロージングトーク（３分） 全体を通じて，どのようなアイデアが生まれたのかを整理する。	・全体の振り返りを行う。

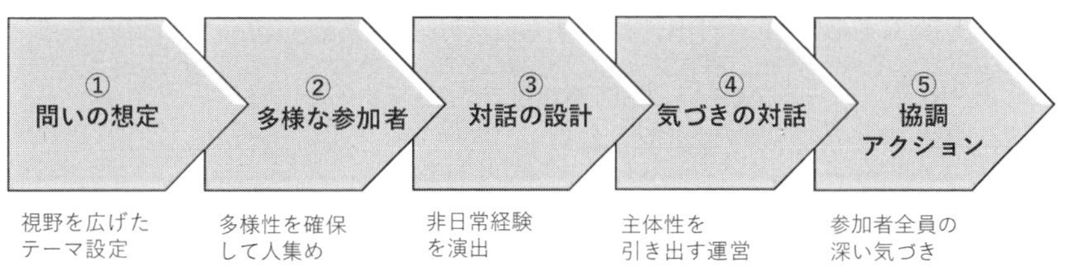

2　フューチャーセンターで用いた対話手法

対話手法①：OST（Open Space Technology）

参加者が関心をもっているテーマをすべて取りあげ，テーマごとに分かれて対話を行うことで，視野を広げたり，洞察を得たりするための手法。セッションにおける創発段階で活用される。

対話手法②：グラフィックハーベスティング

話し合いで得たアイデアを実際の行動につなげるために，話し合いの過程をグラフィック化する手法。

対話の手法③：ハイポイントインタビュー

ペアを組み，あるテーマに沿ってお互いをインタビューしながら，「ポジティブコア」と呼ばれる「強み・重視している価値観」などを発見する手法。

対話手法④：クイックプロトタイピング（24時間物語ゲーム）

アイデアを基にすばやくプロトタイプを作り，フィードバックを得て改善を図りながら理解を深め，新たな視点を得る手法。セッションにおける収束段階で活用される。

対話手法⑤：U理論

客観的な事実を思い込みなどを排除して観察し，思考を深めてから創造的な意思決定を行う思考方法をいう。過去の枠組みを取り払い，開かれた思考でアイデアを具体化することで，イノベーションの促進や，リーダーシップを向上させるのに役立つとされている。

対話手法⑥：６つの帽子

事実に基づいた中立的な視点や感情的な視点など，６つの視点から，アイデアに対して自分がどの視点で発言しているかを明らかにして対話を行う手法。様々な角度からアイデアを検証し，新たな着想を得る際に役立つ。

対話手法⑦：ワールドカフェ

リラックスした空間で自由に対話することで，参加者がテーマについてどのような思考をもっているのか，短時間で収集し共有することができる手法。セッションにおける創発段階で活用される。

対話手法⑧：フューチャーセッション

常に新たな問いを設定し，多様な人々を招き入れて創造的な対話を行うことで，新たな関係性とアイデアを生み出し，参加者が協調しながら実行することを促すための場をつくる手法。

コラム　世界に広がるフューチャーセンター

フューチャーセンターはスウェーデンで始まり欧州各国から日本や香港，台湾にも広がっている。野村（2012）によると，企業においても「モノの提供だけでは顧客に高い価値を提供できなくなってきており，最上流の課題の設定を企業の枠を超えて行えるようにならなければ生き残れない」という問題意識が根底にある。また，企業もコミュニティも「仲間が集まって対話をしているだけにとどまらない，開かれた関係性を次々と生み出していく場」を必要としている。開かれた場には，誰もが問題や課題を持ち込むことができ，多様な人を集めて複雑な問題を解決していくことができる。こうした場が必要であることを感覚的に理解している人たちが，自分だけのためではなく，全体のためにフューチャーセンターを開設したいと考え始めている。よりよい未来を創り出すために，人が集まり，言葉を交わし，ともに成長する場が社会には必要であり，予測不可能で不確実な未来に対して「未来の知的資本」である「人の成長」「アイデア創出」「人のつながり」をもって立ち向かわなければならない。フューチャーセンターは，未来の不確実性に立ち向かうための手段になる。

「課題研究」 フューチャーセンター班　活動ルーブリック　（日々）【短期】

評価観点	S（20）	A（15）	B（10）	C（５）
知識・技術	本日の話し合いで出た意見・情報等の記録が具体的に記述できている。具体的な教師の言葉やアドバイスなど板書以外のことが自分なりの言葉で整理されている。	本日の話し合いで出た意見・情報等の記録が記述できている。	本日の話し合いで出た意見・情報等の記録の記述が少しできている。	本日の話し合いで出た意見・情報等の記録がBより記述できていない。
思考・判断・表現	研究日誌裏面の記録が整理されている。さらにグラフィック等を用いてわかりやすく，本日の課題・問題点の記録が具体的に記述されている。	研究日誌裏面の記録が整理されている。本日の課題・問題点の記録が記述されている。	研究日誌裏面の記録があまり整理されていない。	研究日誌裏面の記録がBより整理されていない。
主体的に学習に取り組む態度	研究日誌の内容が具体的に記載されている。また，日誌の内容からリーダーシップを発揮している様子を読み取ることができる。	研究日誌の記録が記載されている。 提出状況はよい。	研究日誌の記録を行っているが，内容が薄い。 提出状況はよい。	研究日誌の記録をBより行っていない。
	自分自身を客観的な視点で振り返ることができる。さらに，論理的であり，今後の展望を述べることができる。	自分自身を客観的な視点で振り返ることができる。	自分自身を客観的な視点である程度振り返ることができる。	自分自身を客観的な視点で振り返ることが，Bよりできていない。

宮崎県立都城商業高等学校

「課題研究」 フューチャーセンター班　活動ルーブリック　（プロジェクトごと）【中期】

評価観点	S（20）	A（15）	B（10）	C（5）
主体的に学習に取り組む態度	言葉遣いが丁寧で素直さ・謙虚さが見受けられる。さらに損得を考えず他人のために一生懸命取り組もうとしている。	言葉遣いが丁寧で素直さ・謙虚さが見受けられる。さらに一生懸命取り組もうとしている。	言葉遣いが丁寧で素直さ・謙虚さが見受けられる。	言葉遣いの丁寧さや素直さのどちらかが欠けている。
	場の空気を読んで，思いやりをもって笑顔で積極的に誰よりも前に踏み出して行動できる。さらに，他者と協働してアイデアを創出することができ，リーダーシップも発揮できる。	場の空気を読んで，思いやりをもって笑顔で積極的に行動できる。さらに，他者と協働してアイデアを創出することができる。	場の空気を読んで，思いやりをもって笑顔で行動できる。	場の空気を読んで，思いやりをもって笑顔だが，あまり行動できない。
	地域の方々にいつでも笑顔で挨拶ができ，積極的に関わることができる。さらにコミュニケーションをとるきっかけづくりを意図的に行い，良好な関係を築こうとしている。	地域の方々にいつでも笑顔で挨拶ができ，積極的に関わろうとしている。	地域の方々にいつでも笑顔で挨拶ができる。	地域の方々に挨拶ができる。
	地方創生に積極的に取り組み，地域課題に対して企画提案を行い，課題がない。	地方創生に積極的に取り組み，地域課題に対して企画提案を行っている。	地方創生に取り組み，地域課題を見出して取り組もうとしている。	地域と協働しているが，プロジェクトが進まない。
思考・判断・表現	斬新な意見やビジネスアイデアを絞り出し，積極的に企画に取り組むことができる。	意見やビジネスアイデアを絞り出し，積極的に企画に取り組むことができる。	意見やビジネスアイデアを絞り出し，企画に取り組むことができる。	意見やビジネスアイデアを，あまり絞り出せず企画に取り組むことが見受けられない。
知識・技術	問いに対して多角的な視点で答えを記述しており，学習で得られた知識を活用できている。	問いに対して妥当な答えを記述しており，学習で得られた知識を活用できている。	問いに対して妥当な答えを記述しており，学習で得られた知識を少し活用している。	問いに対して妥当な答えを記述しているが，学習で得られた知識を活用できていない。

宮崎県立都城商業高等学校

「課題研究」 フューチャーセンター班　活動ルーブリック　（年間）【長期】担当教師共有用

評価観点	資質・能力	S	A	B	C
知識・技術	商業の各分野について実務に即して体系的・系統的に理解するとともに，相互に関連付けられた技術を身に付ける。	商業の各分野の学習で身に付けた知識と技術について，実務に即して深化・総合化を図り，課題の解決に生かすことができる。 さらに，グラフィックハーベスティングの技術も応用発展的に活用でき，多様な人々と情報を共有することができる。	商業の各分野の学習で身に付けた知識と技術について，実務に即して深化・総合化を図り，課題の解決に生かすことができる。	商業の各分野の学習で身に付けた知識と技術について，実務に即して深化・総合化を図り，課題の解決に生かすことができる。手法の取捨選択まではいかない。	商業の各分野の学習で身に付けた知識と技術について，実務に即して活用しようとしている。
思考・判断・表現	ビジネスに関する課題を発見し，ビジネスに携わる者として解決策を探求し，科学的な根拠に基づいて創造的に解決する力を養う。	地域に関する課題を発見するとともに，科学的な根拠に基づいて工夫してよりよく解決できる。 さらに，新たな価値をビジネス的な視点から創造し，問題の発見や解決につなげ発展向上することができる。	地域に関する課題を発見するとともに，科学的な根拠に基づいて工夫してよりよく解決し，考え判断し表現することができる。	地域に関する課題を発見するとともに，科学的な根拠に基づいて考えることができる。	地域に関する課題を発見し考えることができる。
主体的に学習に取り組む態度	課題を解決する力の向上を目指して自ら学び，ビジネスの創造と発展に自らの学習を調整しながら主体的かつ協働的に取り組む態度を養う。	商業の各分野で学んだ専門的な知識，技術などの深化・総合化など課題を解決する力の向上を目指して，ビジネスの創造と発展のために多様な人々と主体的かつ協働的に取り組もうとしている。 さらに，コーディネート力やファシリテーション力，対話の場をつくる能力を身に付けようとしている。	商業の各分野で学んだ専門的な知識，技術などの深化・総合化など課題を解決する力の向上を目指して，ビジネスの創造と発展のために多様な人々と主体的かつ協働的に取り組もうとしている。	商業の各分野で学んだ専門的な知識，技術などの深化・総合化など課題を解決する力の向上を目指して，ビジネスの創造と発展のために生徒同士で主体的かつ協働的に取り組もうとしている。	ビジネスの創造と発展に主体的かつ協働的に取り組もうとしている。
		目標を達成するための行動を，常に自分自身で見直して反省しながら，学び続け，次の行動につなげて取り組むことができる。	学習を振り返り，常に改善しようとする意識をもち，次の行動に繋げることができる。	目標に近づく方策を考え，自ら行動することができる。	向上するために，自分の目標と現実の差を見つめることができる。

宮崎県立都城商業高等学校

第9節　（株）GIFUSHOの運営や取り組み内容について【岐阜県立岐阜商業高等学校】

株式会社設立にあたって

・事業目的

会社の事業は，定款に書かれた「目的」に沿ってしか行うことができない。今始める事業だけでなく，これから実施したいと考えている事業は定款作成時に記載する必要がある。定款作成当初は，飲料品や食料品，日用雑貨品の販売しか考えていなかったが，これから10年後，20年後，(株) GIFUSHOが発展する中で「アプリやキャラクターの販売ができるのでは」，「インターネットを利用した情報提供サービスができるのでは」と将来に思いをはせて，大きく11の事業目的を定款に記載した。

・本店の所在地

産学連携協定を結んだカワボウ株式会社が運営するショッピングセンターマーサ21に本店の所在地を置いた。

高等学校における商業教育は，学校における机上での知識・技術の習得にとどまらず，生徒が社会に出てから活用できる知識や技術，思考力・判断力・表現力や態度を育成することから，「実学」としての商業教育の推進を図る。そのために，これまで以上に地域との連携・交流による実践的教育や外部人材を活用した授業を充実させ，実社会や職業との関わりを通して，高い職業意識や規範意識，コミュニケーション能力等に根ざした実践力と，経営管理能力を養成する。

【目指す生徒像】

①基礎的・基本的な知識・技術，社会人としての資質を確実に身に付けた上で，ビジネスの知識・技術を実際の経営活動における様々な場面で，主体的に活用する生徒。

②創造性豊かで斬新な発想を創出する能力と経営管理能力をもつ生徒。

③自ら学ぶ意欲，自主的に行動する力，課題発見力，課題解決力をもち，ビジネスを新たに創造する起業家精神をもった生徒。

④多様な文化や価値観を理解し，ビジネスの諸活動に外国語を活用できる能力をもつ生徒。

⑤将来，我が国もしくはグローバル社会でビジネスリーダーとして社会貢献するという高い志をもつ生徒。

1　会社設立の目的

（株）GIFUSHOは，同窓会やPTAの役員を会社役員とし，本校生徒・教員が模擬的に会社経営を行い，実践的・体験的実習を行う会社である。2014（平成26）～2016（平成28）年度に文部科学省SPHに指定されたことを受け，生徒が主体的，実践的にビジネスを行う場として設立した。会社の設立過程や経営活動に生徒が主体的に参画することは，実際の企業活動を実践的に学習する実践型ビジネス教育を行うことにつながり，商業に関する専門性の深化を図ることができる。また，地域における企業と協働でビジネス活動を実践することにより，実際のビジネス活動の厳しさ，具体的には，利益をあげる困難さ，消費者ニーズを的確に把握するマーケティングの実証性と検証の必要性，会社経費の重要性，コスト意識など，会社経営を肌で感じることができるとともに，日常の教科・科目で学習した知識・技術を総合的に活用することで学習意欲を高め，自ら学ぶ意欲を向上させる。さらには，将来の起業家育成にも資する。

会社においては，生徒による執行役員による「企画運営会」において会社の方針を企画・立案し，生徒代表により運営される「持株会」にて決定された各種事業（学習）プログラムを行う。この事業を通して，市場で利益を獲得できる商業の専門的スキル（ビジネス企画力，ソフトウェア開発力，商品開発力）を育成する。同時に，実践的なビジネスを通して，ビジネスに必要とされる人間力（課題発見力・課題解決能力，ビジネスを創造する力，コミュニケーション能力）を育成する。また，グローバルに対応した職業人を育成するために，海外ネットビジネスの実施や海外の連携校との交流を通して，実践的な外国語を活用する能力，実践的なコミュニケーション能力を育成する。さらに，デザイン工房では，デザインに関する基礎的な知識とグラフィックデザイン技法を習得するとともに，具体的な課題を設定し広告計画を立案して，広告の制作実習を行う。また，納税を通して，社会に貢献する態度を育成する。

２　会社組織の設定

企業経営等を体験的に学習するため，校内に以下のような模擬経営体制を設け，生徒はその組織で企業経営等について実践的な活動を行う。

会社の経営体制を設定する際には以下の点に留意した。

・全校生徒が（株）GIFUSHOの業務に携わる。

・全教職員が（株）GIFUSHOの活動の指導・助言に携わる。

また，課外において会社の活動が円滑に行われるように，「商業活動部」を新設し，すべての生徒が「商業活動部」に所属，すべての教員が「商業活動部」の顧問を務め，全校体制で（株）GIFUSHOの業務に取り組めるようにした。

○株主総会

生徒が株主であるため，全校集会等全校生徒が集まる場面を株主総会と設定し，会社業務の意思決定や，各事業部の業務報告を行う。決算株主総会に関する学習は，２月の課題研究発表会にあわせて実施している。

○持株会

持株会は株主の代表が集まって，意思決定を行う会義として位置付けられている。各HRから選出する会社運営委員，部活のキャプテン，各事業部長により構成され，業務報告，経営方針の検討等を行い，月１回定期的に開催する。

○企画経営会

最高経営会議として位置付けられており，設立初年度は，CEO（最高経営責任者）等の役員は，LOB部（Leader Of Business部）部長や部員が務めた。２年目以降は生徒会長のように生徒の立候補により選出している。

○一般事業部

会社の運営は事業部制を採っている。流通ビジネス科は「販売事業部」，情報処理科は「IT推進事業部」，会計システム科FA類型は「財務経理事業部」，MA類型は「学内販売事業部」，国際コミュニケーション科は「グローバル推進事業部」となる。主に３年生の科目「課題研究」や「総合実践」において活動を行う。また，それぞれの一般事業部は学科・類型ごとに１・２年生も所属し，各種業務内容の報告連絡会，業務引継が毎月１回設定されている。各一般事業部の指導・助言は「課題研究」・「総合実践」を担当する商業科の教員を中心に行うとともに，学科・類型のHRを担当する教員も指導・助言にあたる。

○LOB部

既存の物販を専門としていた「ベンチャーズ部」と調査・研究・発表を専門としていた「マーケティングリサーチ部」を統合し，「LOB部」とした。これまでの活動を総合的に行うとともに，株式会社設立に向けた取り組み，企業と連携した商品やサービスの開発，国内外の専門高校との連携，会社運営の中核を担う学習をすることを目的に設立されている。

図表3－9－1株式会社GIFUSHO　模擬経営体制

【株式会社 GIFUSHO　組織図】

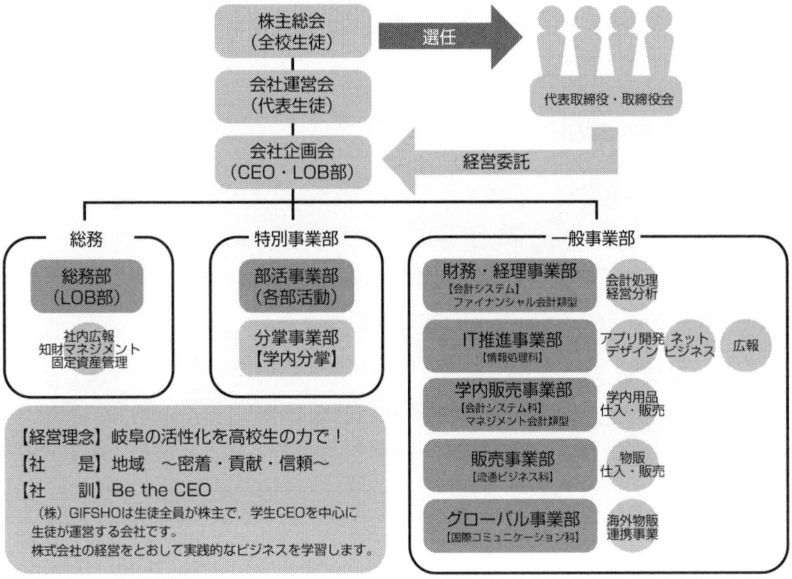

3　社是・経営理念

⑴　社是　「地域　～密着・貢献・信頼～」

今の県岐阜商があるのは，これまで支えてくださった地域の皆さんのおかげである。だからこそ，（株）GIFUSHOは地域密着型の会社を目指し，地域に貢献し，信頼される会社を目指そう。

経営理念　「岐阜の活性化を高校生の力で！」

高校生が出資者であり，経営者であるというほかの企業にはない強みを生かして，高校生にしかないアイデアと活力で，岐阜を盛り上げていこう。

⑵　全校体制の販売活動

本校に最も近い地域最大手の商業施設「マーサ21」と連携し，ショッピングセンター内の常設店舗スペースで3年生全員が販売実習を実施している。また，学校情報を発信するイベントの開催などを通して地域社会の発展に主体的に貢献する態度を養い，地域に根ざした産業人の育成を目指す。

⑶　販売事業部の活動

1・2年生のマーケティングで学習したことを生かし，（株）GIFUSHOの販売事業部の活動（販売商品の選定，仕入，価格交渉，販売促進活動，販売，検証等を各クラス2回）を通してマーケティングの基礎を身に付け，主体的に問題を解決する資質や能力を養い，豊かな人間性を育成するとともに，起業家精神，コミュニケーション能力等を伸長し，地域に根ざした産業人の育成を図る。

⑷　財務・経理事業部の活動

財務・経理事業部がすべての事業部の活動を財務・経理面で常に可視化し，取引先との金銭授受の漏れや不正が起こらないよう，いくつかのフローを試行し，改善を繰り返す。現在は，以下の「売上・入金処理フロー」「仕入・支出処理フロー」で会計処理を行っている。また，年度末には会計数値をもとにして財務分析・経営分析を行い，各事業部に指導・改善を行っている。

図表3－9－2　(株)GIFUSHO会計の流れ　売上・入金処理

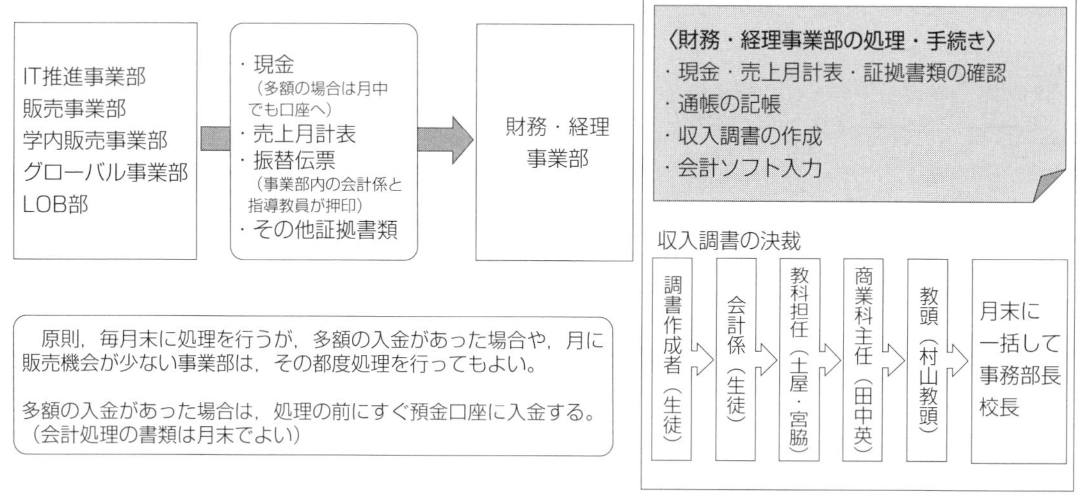

図表3－9－3　(株)GIFUSHO会計の流れ　仕入・支出処理

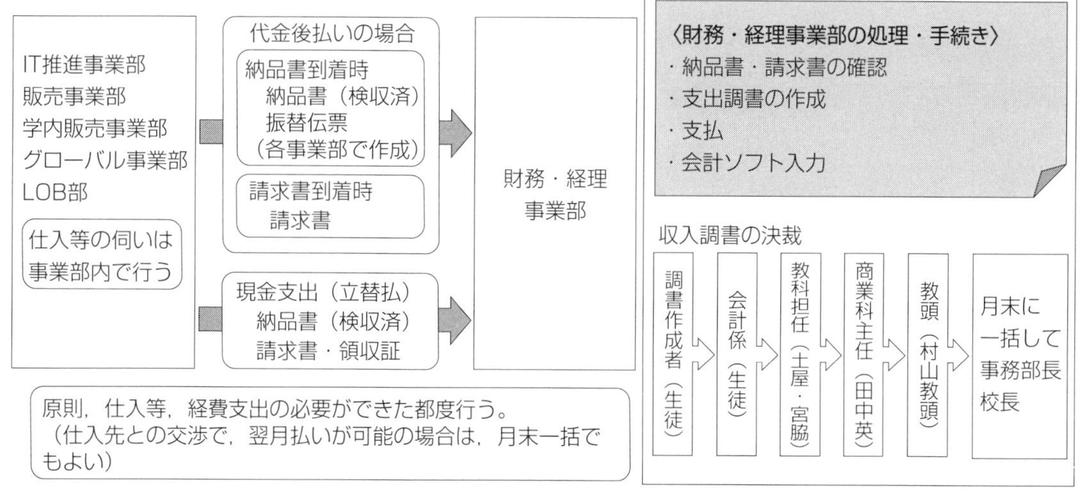

4　学習評価の工夫改善

図表３－９－４
H30販売活動による生徒の自己評価

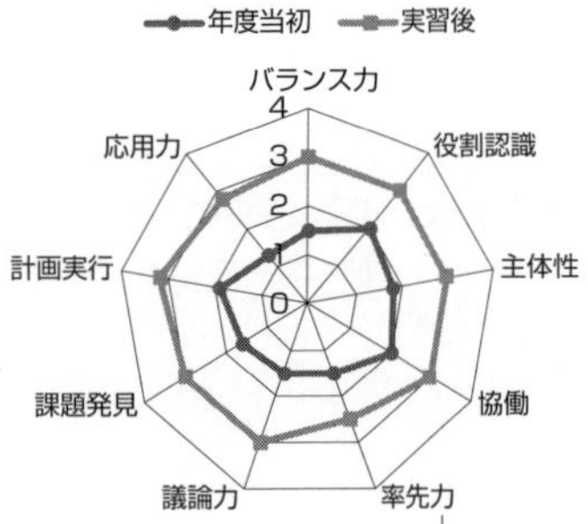

年度当初　実習後

バランス力
役割認識
主体性
協働
率先力
議論力
課題発見
計画実行
応用力

株式会社経営の活動を通して生徒の多様な能力評価を行うために，連携先である中央大学商学部から指導を受け，下記のように７分野31項目の評価項目を設定し，項目ごとにレベル０からレベル４で段階分けした評価基準を設けた。

評価にあたっては，各事業部において各種事業を行う際，その事業で身に付けたい能力を選び，生徒に説明する。その項目について事業実施前と実施後に自己評価，教員による評価，外部講師による評価を行い，事業実施による生徒の伸長を評価した。

①コミュニケーション力

他人の意見あるいは記述された文章を正しく理解した上で，それに対する自分の意見を明確に表現する。効果的な説明方法や手段を用いて，関係者を納得させる。

【項目】傾聴力・読解力・記述力・提案力・議論力

②問題解決力

課題を正しく理解して，解決策を立て実行する。その結果を検証し，計画の見直しや次の計画への反映を行う。

【項目】課題発見・課題分析・論理的思考・計画実行・検証

③知識獲得力

継続的に深く広く情報収集に努め，取捨選択した上で，知識やノウハウを習得し，関連付けて活用する。

【項目】学習・応用力・情報収集力

④組織的行動力

チーム，組織の目標を達成するために何をすべきか，複数の視点から多面的，客観的に捉え，適切な判断を下し，当事者意識をもって行動する。その際，他者とお互いの考えを尊重し，信頼関係を築いてそれを維持しつつ行動する。

【項目】バランス力・役割認識・主体性・協働・率先力

⑤創造力

知的好奇心を発揮して様々な専門内外のことに関心をもち，それらから着想を得て今までになかった新しいアイデアを発想する。その際，関連法令を遵守し，倫理観をもって社会に対して負っている責任を果たす。

【項目】発想する力・推論する力・感動する力・探求する意欲・倫理

⑥自己実現力

自らを高めるため，常に新しい目標を求め，その実現のために道筋を考え，努力する。その際，自己管理と改善のための工夫を怠らない。

【項目】目標設定・スケジュール管理・自己管理・ストレスコントロール・達成志向

⑦多様性創発力

多様性（文化・習慣・価値観等）に適切に対応しつつ，自らの存在感を高め，その協同から相乗効果を生み出すことで，新たな価値を得る。

【項目】自確力・融合力・協創力

（田中　英淳）

第10節　近江商人再生プロジェクト【滋賀県立八幡商業高等学校】

1　近江商人再生プロジェクトとは

本校は1886（明治19）年創立，2020（令和２）年度で134周年を迎えた伝統校であり，評論家の大宅壮一氏より「近江商人の士官学校」と評された。また，2017（平成29）年度から2019（令和元）年度まで，文部科学省のSPHの研究指定を受けた。設置学科は，商業科（１学年160名）・情報処理科（１学年40名）・国際経済科（１学年40名）の３学科で，３学年18クラスを有している。

本校では，2013（平成25）年度から近江商人再生プロジェクトを実施している。「天八商店」と称して，大型バスに商品を積み込んで，商品を売りつつ近江商人が歩いた道を一週間かけて辿るのである。2019（令和元）年度の実施で第７回を数えた近江商人再生プロジェクトは，以下の具体的な取り組みとねらいを掲げている。

【第７回近江商人再生プロジェクトの取り組みとねらい】

①夏季休業中を利用し，福井県，京都府，大阪府，三重県，山梨県，静岡県，愛知県等の本県（滋賀）と関係のある市町を訪問し，本県の特産物とともに近江商人の手法である「産物廻し」（訪問地での特産物を仕入れ，次の訪問地等で販売する）を体験する。

②本県の特産物とともに福井県・京都府・大阪府・三重県の特産物を仕入れ，販売することで，その収益金（利益）を震災復興等社会福祉支援に寄付し，「三方よし」の「世間よし」（社会貢献）につなげる。

③各訪問地の地元の人たちや地元の商業高校生，近江商人の末裔，本校卒業生との交流を通し，その地域の様子や経済状況を学ぶ。

2　第７回プロジェクトでの学び

第７回近江商人再生プロジェクトは，2019（令和元）年７月21日～27日の７日間にわたって実施した。参加者は，１年生15名，２年生８名の計23名で，２～３人を１グループとして８班編成とした。４月に新学期が始まると参加者を募集し，５月～７月には事前学習を毎週１回のペースで行った。さらに，NPO法人「三方よし研究所」の方を招聘し事前研修会を実施したり，販売の練習のために近江八幡市内での戸別訪問販売を行ったりした。

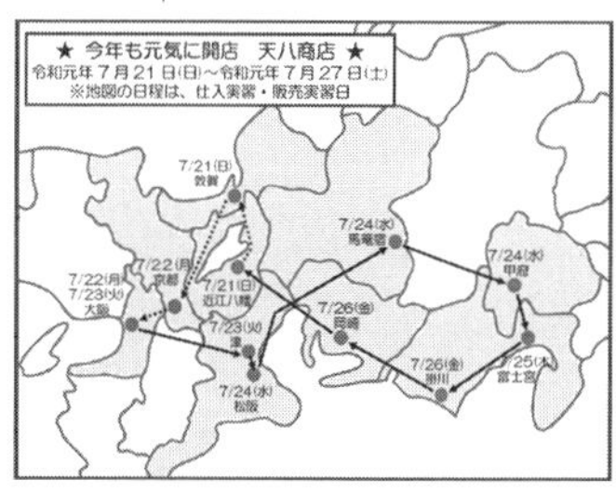

▲第７回の行程地図

７月に入ると県内での商品を仕入れるとともに，県外の企業にも電話をかけて仕入交渉を行った。どの商品を仕入れるかは各班で決めさせたが，同じ商品を仕入れる班が多くならないように調整した。仕入れ等のための資金は，同窓会である近江尚商会から一班10万円，計80万円を借用した。

近江商人再生プロジェクトの最大の特徴は，販売方法が戸別訪問販売という点である。これは，近江商人の行商を体験することが目的である。一軒一軒のお宅を訪問し販売して回るのだが，この戸別訪問販売での生徒の学びがとても大きく，目に見える成長につながっている。

第７回の場合，前述のとおり７月初めに本校所在地である近江八幡市内で事前の練習も兼ねて戸別訪問販売を行った。地元では「八幡商業高校」という名前は知れ渡っているので，地域の方々は快く玄関に出てきてくださる。しかし，他県で訪問販売を行うと，生徒は「八幡商業高校」という名前が通じないことを身をもって体験する。

１日目の福井県敦賀市でも２軒３軒続けて断られることは普通であり，数軒連続して断られることもあった。生徒は心が折れる体験をする。まさしく「売れない販売実習」であり，その中で生徒は強くなっていくのである。「もうイヤだ」と思うこともあるが，「もう１軒がんばろう」と班のメンバーで励まし合い，次のお宅を訪問する。連続して断られたあとに，どう話せば安心してもらえるかを考え誠心誠意対応し，商品が売れたときの喜びは格別のものがあり，自然と深々としたお礼のお辞儀になっている。このとき，商品説明や会話の内容に磨きをかけないと販売につながらない，と生徒たちは気づく。

▲学校交流会（上）とその後の販売実習の様子（下）

２日目の午前は京都府立京都すばる高校と，４日目午前中は三重県立松阪商業高校と１時間ほどの交流会をもち，両日ともその後一緒に戸別訪問販売を行った。本校の生徒は，地元である京都すばる高校や松阪商業高校の生徒が横にいてくれるだけで，お客様からの信用が大きく変わり，商品の売上に大きく影響するということを身をもって体験した。当然，２日目・４日目の売上は，１日目より大きく増加していた。生徒は，信用を築くことの難しさや，信用が一朝一夕では築けないことを理解してくれたと思っている。

２日目の午後には，大阪に移動して本校同窓会阪神支部の方々と交流の時間を設定し，学生時代の話や苦労話などを聴かせていただいた。もちろん，商品も販売した。

３日目の午前中は大阪で「ヤンマー株式会社尼崎工場」「株式会社高島屋大阪店」「西川株式会社大阪オフィス」の３か所に分かれて企業訪問した。それぞれの企業について説明を受け，工場や店舗を見学し，取扱商品についての説明も行われた。生徒は，近江商人が創業した商店が大きな企業となり，大阪の中心地で「三方よし」を実践していることに感動していた。

３日目の午後は，三重県津市へ移動して販売実習を実施した。お客様の中には隣近所の方に声をかけて人を呼んできてくれることもあり，「人が人を呼ぶ」というコミュニケーションのもつ力を目の当たりにした班もあった。

４日目午前の学校交流のあと，午後は木曽路馬籠宿に移動し，近江商人が通った中山道を実際に歩いてみた。近江商人は天秤棒を担いで登っていたのかと，生徒はその大変さを実感していた。

５日目は疲れや慣れからかミスが出始めたので，金銭管理や商品管理などの大切さを今一度確認をするために朝からミーティングをし，全員で円陣を組んで気合いを入れ直した。その後は山梨県近代人物館で，明治時代，大水害にあった山梨県に多額の造林費を寄付し，「塚本山」の名前の由来となった近江商人の塚本定右衛門について学習し，「世間よし」とはどういうことかを考えさせた。

５日目の午後は，静岡県富士宮市で販売実習を行った。本校所在地の近江八幡市と富士宮市は夫婦都市であり，富士宮市の方々は滋賀県や近江八幡市の商品についてよく知っている。販売実習は，富士宮市役所内での固定販売と，戸別訪問販売を行う行商に分かれて実施した。毎年の訪問を楽しみにして待ってくれている家庭があるなど，商売に関して「馴染みの顧客」の存在が大きいと感じられる地域であり，売上も一番多かった。なお，富士宮高校会議所※の生徒とも一緒に販売し，その後交流会を行った。

※
高校会議所
富士宮市内の高校生をメンバーに，地域における人材育成を目的とする組織である。

6日目の午前中は，静岡県掛川市で近江商人の末裔が経営されている「山中酒造合資会社」を訪問した。経営理念や商品開発のコツなどの話を聞いたあと，酒蔵の見学を行い，酒造りへの愛情やこだわりを感じ取っていた。近江商人の心や「三方よし」の精神を再認識した企業研修であった。

6日目午後の愛知県岡崎市での戸別訪問販売は最後ということもあり，1時間延長して3時間の実習を行った。事前の告知や宣伝もなかったため，なかなか応対してもらえなかったり，断られたりと苦戦した班もあったが，それでも粘り強く一軒一軒訪問し，生徒は他府県での販売実習を納得して終了した。

7日目は，台風の影響で午後の予定をすべてキャンセルし帰着式のみを行った。参加メンバーからは，「商売を甘く見ていた。商品が売れない体験をした」と1年男子生徒が反省し，「コミュニケーションの大切さがよくわかった」と1年女子生徒が，「昨年の社長に憧れて社長に立候補した。とても大きな自信になった。」と2年生が語った。どの生徒も自分が経験したことなので，実感がこもった力強い話ぶりであり，聞いていた引率教員も7日間でこんなに逞しくなるのかと感動した。なお，天八商店全体の売上金額は約74万円で，売上総利益は14万円であった。利益は，震災復興等社会福祉支援として寄付を行った。

なお，第7回では，1日目と2日目に電車を利用した。これは，経費を抑えるとともに，電車を利用しての実施が可能かどうかを検証するためである。

3　生徒の変容について

引率教員は，近江商人再生プロジェクトの7日間で，生徒が目を見張るほどに逞しくなり，大きく成長したことを実感する。帰着式では，生徒は自信に満ちた大きな声で堂々とプロジェクトに参加して学んだことや感じたことなどを発表した。発表している生徒が，一週間前の生徒と同一人物なのかと我が目を疑うときもある。それほどに逞しくなり，大きく成長するのが実感できた。そのことは，生徒が書いた感想文からもうかがえる。抜粋ではあるが，一部を以下に掲載する。

①人前で話すことや，大きな声を出すことが苦手な自分を変えたいと思い，参加しました。帰着式で一人ひとりが感想を話したとき，プロジェクトに参加する前の自分なら絶対緊張していたと思うのですが，緊張せずに話すことができました。小さいことかもしれませんが，私にとっては自分の苦手なところを克服する，自分を変える大きな成長になったと思います。

②ずっと私は，三方よしの「世間よし」とは具体的に何か知りたかったのですが，先生が「決まっているものじゃなくて自ら考えるもの」「どんなものでも世間よしになり得る」と言われたのを聞いて納得することができました。一週間

の行商が始まるまでは「売れればいいんじゃない？」とも思っていましたが，そうではないと身をもってわかりました。本当にとてもよい経験ができて，素晴しい財産になっています。一週間考えて実行して楽しかったです。

③この7日間で商人の大変さや苦労を知り，「三方よし」を実現する難しさ，商売をする楽しさなど，とても学ぶことが多く，充実した一週間になりました。この一週間はよいこと，悪いこと，失敗や成功，自分の成長，全部ひっくるめ思い出に残る最高の時間になりました。

学習中　続けて書きましょう

⑨6月29日土曜（エアレジ登録）
八幡での販売実習で扱う商品の情報をエアレジに登録した。タブレットの操作をスムーズに出来るように慣れたい。また，熊本の商品について説明出来るように調べたい。

⑩7月5日金曜（販売実習）
販売実習をした。「八商さん？」や「今回は何の商品を売ってるの？」など，お客様から興味を示してくださり，とても嬉しかった。少し自信もついたので，県外でも積極的に頑張りたい。

⑪7月12日金曜（研修会）
1日目と3日目で行う学習会について説明をうけた。私の班は松阪市について調べることになったので，詳しく調べたいです。

⑫7月19日金曜（出発式など）
出発式をした。色々な先生がたや企業の方，そして家族の支えのおかげでこのプロジェクトを行うことが出来ていることを忘れず，一週間頑張りたいです。

実習中　7月21日～27日

7月21日日曜（敦賀）
初めて他県での販売実習を行いましたが，留守のお家が多く，苦戦しました。でも，商品に興味を持って買ってくださった方もいたので，自信を持って頑張りたいです。

7月22日月曜（京都，尚商会阪神支部）
初めて県外の高校の方と交流会と販売実習を行いました。すぐ仲良くなれて，行商もスムーズに行えたので，満足度が高かったです。卒業生の方のお話も聞けたのでよかったです。

7月23日火曜（企業研修，津）
企業研修では高島屋に行って，お話を聞いたあとに，社員食堂や監理室に入らせてもらった。津での販売実習では，時間が短かったけど，しっかり説明できたのでよかった。

7月24日水曜（松阪，馬籠宿）
松阪商業高校の生徒さんと交流した。仲良くなれた上に，協力して商品を売ることができたのでよかったです。今日はお客様とコミュニケーションをとれたので満足感がありました。

7月25日木曜（富士宮）
富士宮ではたくさんのお客様に商品を買って頂くことができ，とても楽しく販売を行うことができました。また，富士宮高校会議所の方ともたくさん交流が出来，充実した一日になりました。

7月26日金曜（岡崎）
プロジェクトでも初めて訪れた街で，ほとんど交流のない地域だったので，なかなか商品を売ることが出来ませんでしたが，一つ一つ説明をきちんとできたのでよかったです。

実習後
今回のプロジェクトを通して，社会（世間）のためになる「世間よし」につながる行動はできましたか。いろんな面から考えてみましょう。
一週間を通して，「この人のために，今なにをするべきか」を判断する能力が少し身についたと思います。商品を買って頂いた方だけではなく，すれ違った方や，断わられてしまった方にもしっかりとあいさつやお礼をし，その人の立場に立って物事を判断したり，考えたりすることができました。これから生活していくなかで，今回身についたことや考えたこと，体験したことすべてが役に立っていくと思うので忘れずに実践していきたいです。
また，この一週間で自分を変えられたので，個人的には目標を達成できたのですごく嬉しかったです。ここで得たものをもっと成長させていきたいです。

▲1枚ポートフォリオ

第1回から第7回までの参加生徒は，延べ200名程になる。それぞれの生徒が有意義な体験や学習をし，大きく成長してくれたと思っている。

なお，第6回から「1枚ポートフォリオ」を導入し活動日ごとに記録を取らせることで，自分がどのように変容したかを可視化するとともに，不十分なところを改善するには何をすべきかを考えさせた。この「1枚ポートフォリオ」も生徒の成長に寄与していると考えている。

4　お客様による外部評価

滋賀県立八幡商業高等学校
近江商人再生プロジェクト　お客様アンケート
今後にいかしたいと思いますのでご協力をお願いします

Webでも解答していただけます

Q1．購入された地域をお答えください。
ア．敦賀市　イ．京都・大阪　ウ．津市
エ．松阪市　オ．富士宮市　カ．岡崎市　キ．近江八幡市

Q2．購入された商品をお答えください。
（　　　　　　　　　　　　　　）

Q3．販売員（生徒）の表情や態度や言葉づかいはいかがでしたか。
ア．たいへん良い　イ．良い　ウ．やや悪い　エ．悪い

Q4．販売員の熱意は感じられましたか。
ア．たいへん感じた　イ．感じた
ウ．あまり感じなかった　エ．まったく感じなかった

Q5．販売員の商品の取り扱いや説明はいかがでしたか。
ア．たいへん良い　イ．良い　ウ．やや悪い　エ．悪い

Q6．今回の購入に関する満足度をお答えください。
ア．たいへん満足　イ．満足　ウ．やや不満　エ．不満

Q7．お気づきの点やコメントがあればお書きください。

切手をはらずに，このままポストに投函してください。

▲お客様アンケートハガキ

生徒が訪問販売したお客様の評価や意見を知りたいと，第5回から「お客様アンケート」を導入し，商品を購入したお客様にアンケートハガキを手渡し，アンケートに記入後，投函してもらっている。お客様のニーズがどのあたりにあるのかを知ることができるとともに，販売した生徒に対する外部評価でもある。励ましのコメントはもちろんのこと，辛口のコメントや，販売時の生徒とお客様の様子がよくわかる内容のコメントなどもあった。生徒たちはその内容に一喜一憂していたが，総じてお客様がどのような思いをもって商品を購入したのかということについて改めて気づいたようである。さらに，商品の販売がお客様の幸せに貢献する社会的な行為であるから，正直な商売をしなければという思いが生徒の中に芽生えた。こうした気づきや思いが，高いコンプライアンス意識やCSR意識につながっていくと考えている。

以下に，お客様のコメントのいくつかをあげておく。

・高校生のプロジェクトということで，熱意は感じられましたが，販売の難しさを知ったのではないかと。おつりの管理をもう少し考えた方がよいかなと思いました。

・雨の中，家の前で立っている高校生達の姿が健気で，１点でも買ってあげたい思いになりました。説明は下手クソ，でもOK！
・向島秀蓮小中学校の会議室を使用して，笑顔で職員室販売を行ってくれました。PRする意欲が伝わり，とても好感がもてました。これからもガンバレ！
・滋賀県出身です。訪問販売があることチラシで見て楽しみに待っていました。赤こんにゃく…とても懐かしいです。訪問販売とても緊張されていました。初々しくいい感じでした。
・商業マネジメントとしては幼稚さも感じるが，郷土愛と学生らしいフレッシュさは感じられた。卒業までにさらに研鑽を重ね，偉大な商業マンとなられることを望みます。お菓子は独特の味で美味しかった。

なお，Ｑ３とＱ５の集計結果は以下のようになった。

図表３－10－１　第７回近江商人再生プロジェクト　アンケート結果

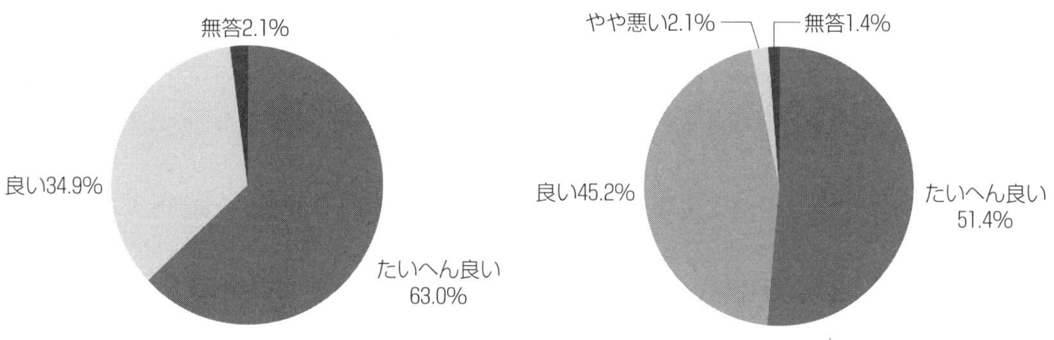

5　教員側のPDCAサイクル

次の表は，第１回～第７回までの訪問先と交流校の一覧である。

	訪問先	交流校
第１回	石巻市，仙台市，会津若松市，東京都，富士宮市	
第２回	会津若松市，弘前市，盛岡市，陸前高田市，東京都，富士宮市	弘前実業高
第３回	佐野市，宇都宮市，仙台市，盛岡市，釜石市，米沢市，東京都，富士宮市	盛岡商業高
第４回	小松市，金沢市，長岡市，前橋市，桐生市，秩父市，東京都，富士宮市	長岡商業高，前橋商業高
第５回	金沢市，長野市，桐生市，伊勢崎市，東京都，富士宮市	長野商業高，桐生商業高
第６回	高岡市，新潟市，会津若松市，小山市，栃木市，東京都，富士宮市	新潟商業高，若松商業高
第７回	敦賀市，京都市，大阪市，津市，松阪市，甲府市，富士宮市，掛川市，岡崎市	京都すばる高，松阪商業高

第１回の取り組みの中で「過度の班別競争」という状況になったので，第２回に教員側の判断で班別競争を抑えるように「天八商店全体」で各班協力して取り組むことにした。他班の商品も協力して販売しようという指示を出したが，その結果，自分の班が仕入れた商品説明でさえ覚束ないところに，ほかの班の商品説明を求めることになり，まともな説明がほとんどできない状況になった。それ以後，教員側はこの失敗を念頭に毎年改善を行っている。POP広告や商品

説明書の作成ならびに商品管理簿や現金出納帳への記帳，値札の貼付作業のほかに，手持ちの商品の種類を幅広くするために他班扱いの商品を仕入れたり，逆に他班への販売を行ったりなどの改善策を考えた。失敗のおかげで教員側も様々な工夫や対応をして成長できたと思っている。毎回何かしらの課題が出てくるので，その都度，反省・考察し，改善している。

6　プロジェクトの活動を振り返って

以下のように，行商には，生徒を生き生きとさせるものがあるようである。

①行商を行うことは，地域の方とのふれ合いの機会でもある。販売の仕方が悪いと叱られることもあれば，滋賀県に住んでいたと話の輪が広がったりする。行商は，人と人との温かいふれ合いの場でもある。

②学校を休みがちな生徒が，近江商人再生プロジェクトの放課後の事前学習会を，一回も休まずに出席し笑顔で活動していた。

③プロジェクト１日目の売上が最下位で「心が何回も折れた」と言っていた班が，次の日には売上トップになって「販売のコツがわかった」と顔を輝かせていた。

④近江商人再生プロジェクトに参加したいので入学したという生徒がいる。

また，近江商人再生プロジェクトの活動は，生徒たちの倫理面での変化を促す活動でもある。今までの自分中心の日常から，買い手や世間を思う日々を過ごすのである。すなわち「三方よし」の学習を通して，「どのような商品をほしがっているのか」「どのように説明すれば買い手にわかってもらえるのか」「買い手に誠意を伝えるためにはどうすればよいか」など，買い手のことを思うという深い学びにつなげている。さらに，世間についても思いを致している。「私たちの活動が，社会を豊かにするのだろうか」「笑顔を届けられるだろうか」など，世間のことが気になるのである。利己的な傾向の生徒たちが，買い手や世間などの「利他」を考えるようになっていく。ある意味，非常にすばらしい商業道徳の時間ではないだろうかと思っている。（田村　光宏）

コラム　近江商人とは

本家は近江国（現在の滋賀県）に置いて，京都・大坂・江戸などの大都市圏や，関東一円さらには東北・九州地方にまで行商した商人であり，遠く離れた土地の珍しい商品を供給したり，持ち込んだ原材料でその土地の産業振興を図ったりするなど，「産物廻し」と呼ばれる商売を展開した。自国を離れ他国で商売を行う近江商人にとって，自分の利益を優先するのではなく，商売相手やその土地の人々を思う行動や考え方が必要であり，近江商人の共通の理念として「三方よし（売り手よし，買い手よし，世間よし）」を行動規範とした。なお，この「三方よし」は，日本のCSRの源流と位置付けられている。また，近江商人の流れを汲む企業として，伊藤忠商事株式会社や丸紅株式会社，株式会社高島屋などがある。

※「三方よし」という言葉は近江商人の家訓には見られず，戦後の研究者がわかりやすく標語化したものである。

第11節　魅力的で持続可能な学校と地域をつくる【岡山県立津山商業高等学校】

1　津山商業高校における地域連携活動の取り組み

津山商業高校は2021（令和３）年に創立100周年を迎える美作地域の単独商業高校であり，地域と密着したビジネス教育を行う専門高校としての役割を担っている。今後も地域から愛され，信頼と期待をされる学校として，校是である「自彊※」をキーワードに自ら進んで地域の活動に積極的に参加し，地域の発展に寄与できる人材，自治的能力を育成するための活動に取り組んでいる。

※
自彊（じきょう）
津山商業高校の校是。出典は「易経」で，変わらぬ四季の運行に模して，努力してやまず，常に反省・学習することをいう。

本校の地域連携活動のビジョンとして，「魅力的で持続可能な学校と地域をつくる」を掲げており，私たちが根ざす津山地域での暮らしにある幸せや豊かさが長く続くことに，教育分野から貢献することを目指している。これを実現するために，生徒に付けさせたい力を次のように示して活動している。

地域活性化の各種イベントでの支援活動
・奈義町菜の花祭り（４月）
・津山さくらまつり（４月）
・牛魔王選手権大会（５月）
・津山城もみじまつり（11月）
・鏡野町夢広場味覚彩（５月，11月）
・夏のボランティア活動

(1)　地域連携活動を通じ，道徳性や社会性を養い，モラルやマナーなどを自主的に考え，地域社会の一員としての自覚と人としての在り方生き方を考え，行動する力（地域社会の構成員としての自覚）（自己有用感・自己肯定感）。
(2)　地域連携活動を通じ，生まれ育った地域の伝統と文化に触れることにより，郷土を愛し，公共の精神を尊び，地域の発展と環境の保全に努める力（郷土を愛する力）。
(3)　地域連携活動を通じた，様々な地域社会の人々とのコミュニケーションに関わる力（コミュニケーション力）。
(4)　地域連携活動を通じ，地域の社会的課題を見つけ，自ら学び，自ら考え，主体的に判断し，行動し，よりよく問題を解決する力（地域課題解決能力）。

図表３－11－１　校内での推進体制

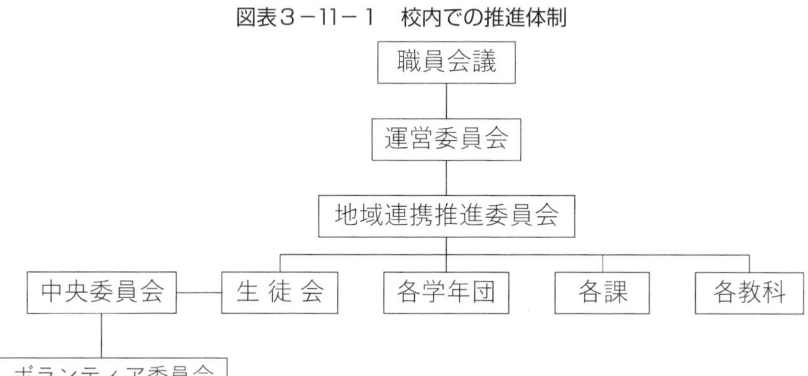

2　特別活動の実践例

(1)　津商モールの取り組み

本校は，地域の企業が求める知識・技術・ビジネスマナー・起業家精神教育などを学習し，地域経済の活性化に寄与するビジネスリーダーを育成することを目標として，全校販売実習「津商モール※」を11月下旬に実施している。初回から本校体育館を主会場に開催してきたが，駐車場問題の解消・新たな客層の開拓に加え，地域をフィールドに学ぶ機会が得られる教育的効果を期待して，中心市街地での開催へ変更した。

※
津商モール
全校生徒による販売実習で，2009（平成21）年より実施している。初年度は一部の生徒のみの活動であったが，徐々に活動を広げ，2019（令和元）年は地元商店街を主会場に開催し，好評を得た。
津山商工会議所青年部が主催するキッズビジネスタウン津山には1年生が協力している。

▲津商モール開催時の商店街の様子

▲「広報津山」2020年2月号

①取り組みの目的

日々の学習で身に付けた資質・能力を，全校販売実習を通して発揮するとともに，地域の現状を肌に感じる中で，商業の見方・考え方を深め，中心市街地の活性化に向けた探究活動を行うことを目的としている。

②開催後の反響

来場者からは「商店街に昔の土曜夜市のような賑わいが戻ったよう」「来年も商店街でしてほしい」といった言葉をいただいた。その反響は市役所などにもあったようで，生徒の活躍の様子が津山市報「広報津山2月号」の表紙を飾ることとなった。「“津商モール”という行事は聞いてはいたが，文化祭のようなものだと思い，卒業生ではない者にとって学校は入りづらかった」といった意見もいただき，昨年度までの広報活動が不十分である気づきもあった。

③検証

空店舗の目立つ商店街に移したことで，新たな視点で過去の「津商モール」の再検証を行うとともに，中心市街地・地域の現状と課題を目の当たりにすることができた。さらにその現状に対して，AR（拡張現実）※を用いた既存店舗の認知度アップや抽選会の共同開催など，「新たな客層を中心市街地に」という高校生らしい視点からの提案も行うことができた。

※※
AR（拡張現実）
ARアプリを用いて商店を取材し，紹介する広報活動を行った。折り込み広告に印刷したQRコードを読み取ることで，商店街を利用したことのない人にもPRすることで，集客につなげようとした。

9割以上の生徒が中心市街地での開催を「意識した」ことは，現状を見てからの試行錯誤にほかならず，「津商モール」というステージで高校生らしいアイデアを立案・実行する場になった。

さらに，今までふれ合うことのなかった商店街の方々，地域の方々などと幅広く関わり，その中で課題をジブンゴトとして捉え，自分たちにできることを実践した経験は，郷土への愛着として醸成されたのではないかと考える。

3　「ランゲージカフェ」（つーちゃん※カフェ）の取り組み

校内に「ランゲージカフェ」をオープンし，積極的に地域の外国人や異世代の方と交流し，コミュニケーション力・プレゼンテーション力や国際感覚を身に付けることを目的に，次のＡ～Ｃの内容を実施している。

Ａ　地域の方と交流し，地元の魅力を知る！

Ｂ　外国人と交流し，異文化を知る！

Ｃ　コミュニケーション力を鍛える！

異世代間交流や多様な職種の人々との異文化交流，表現力向上のためのワークショップを実施して，「英語を使う機会の提供」だけに終わらないコミュニケーション力育成の場となっている。

また，長期休業中には校内に地元在住の外国人を招き，NPO法人津山国際交流の会，国際協力機構（JICA）などと連携して，海外訪問団（アジア・アフリカなど）を受け入れている。また，テレビ会議システムを利用して，岡山商科大学の「中国文化交流講座」を継続実施し，国際感覚を身に付けている。

期待する成果及びほかへの波及効果としては，国際的な視野と国際感覚を身に付け，また地域に根ざし地域経済に貢献する活動を通して，地域や世界に本校の取り組みを発信することがあげられる。

また，自信に満ち溢れ，積極性・コミュニケーション力を備えた人材を育成することを目的に色々な国の人とふれ合うことで，日本の価値を再認識し，国際感覚豊かな人材を育成することができた。なにより，地域の方とふれ合う機会を多く設定することで，異世代間でのコミュニケーションがとれる豊かな人間性の育成を図ることができた。

※
つーちゃん
津商モールを開始する際に，当時の生徒の発案によりデザインされたキャラクター。以後校内の行事等に利用されている。

▲とっとり・おかやま新橋館（東京都港区）で行った津山地域の観光PR

▲外国人留学生と街並み保存地区の散策

▲観光名所・衆楽園（旧津山藩別邸庭園）の観光案内の様子

4　美作の国つやま検定の取り組み

地域を取り巻く環境が大きく変化している中で，個性豊かで活力に満ちた地域づくりを，地域の人々が自らの創意工夫で実現することが求められている。

本校では商業クラブという活動の中で，実際的・体験的な活動を実践し，地域の活性化に生かしていける取り組みを行っている。活動のコンセプトは，「連携」「郷土愛」「観光」「情報発信」であり，これらをもとに「津山スピリッツの発信基地」を目指して活動している。

▲「美作の国つやま検定」研修会開催の様子

▲作成した「美作の国つやま検定」公式パンフレット

これまでに美作の国つやま検定をスタートさせ，検定公式テキストを編集，発刊した。検定の実施にあたっては，多くの方の協力を得ながら，生徒が取材し，作問している。また，テキストを編集する中で，すばらしい津山の魅力を数多く見いだすことができ，ますます津山を誇れるようになった。

5　そのほかの活動

(1)　ボランティア活動

▲ボランティア活動の様子

ボランティア委員からは，「ボランティアを通じて自分の将来の夢を見つけることができ，地域の現状を知ることもできました。初めて体験する活動は多くの刺激と知識を与えてくれました。他人に言われてからではなく，自ら活動を行うことで，得られるものも違ってくると思います。自彊の精神で頑張ります。」という感想があり，地域の構成員としての自覚が芽生えている。

(2)　孫心弁当

▲孫心弁当

津山市内城北地区在住の一人暮らしの高齢者の方に，生徒が心を込めて手作りした弁当を届ける「孫心弁当の取り組み」を行っている（主催は津山市社会福祉協議会）。活動を実施する中で，生徒たちは商業高校での学びと社会とのつながりを実感できていた。

高齢者のための献立を試行錯誤しながら作成することで，地域の課題を自身のこととして捉え，創造する力と実践する力を身に付け，地域の人々との交流につながっている。（片岡　和昌）

2019（令和元）年度，本校では「第13回キャリア教育優良教育委員会，学校及びPTA団体等文部科学大臣表彰」（写真左），「第９回キャリア教育推進連携表彰奨励賞」（写真右）の２つの全国表彰を受賞することができた。

これらは，本校が「特別活動を中核とした体系的なキャリア教育」と「地域と連携したキャリア教育」を充実させ推進してきたためである。生徒たちがこれを誇りに思い，さらなる飛躍を遂げてくれることを期待している。

第４章　社会とつながる商業教育

第１節　商業教育の意義

高等学校における商業教育は，単に学問を学ぶわけではない。検定試験に合格できる人材を育成しているわけでも，検定試験に合格する技術を習得させているわけでもない。実学の視点に立って，ビジネスで役に立つ知識や技術，思考力・判断力・表現力や態度などを身に付けさせ，ビジネスで活躍できる人材を育成するためのものである。

１　商業教育の基本的な理念

商業教育の本質は冒頭で述べられているとおりだが，これは「高等学校学習指導要領（平成30年告示）解説商業編」で示されている「ビジネス基礎」の解説にあるとおり，商業教育とは，商業科に属する科目や他の教科も含めたあらゆる教育活動において，ビジネスで活躍する人材を育成する教育と捉えることができる。

２　社会の変化に対応する商業教育

狩猟社会から農耕社会，工業社会を経て現代の情報社会へと，生産手段と社会構造の飛躍的な変化を経て，社会は発展してきた。そして，次の大きな変革として「Society 5.0」※が訪れようとしている。ビッグデータを解析する人工知能（AI）や，Internet of Things（IoT），ロボティクス等の先端技術が高度化し，あらゆる産業や社会生活に取り入れられることによって，社会のあり方そのものが「非連続的」といえるほど劇的に変化していく。

社会の変化は加速度を増しながら，より複雑で予測困難なものとなり，あらゆる職業・生き方の人間に影響を及ぼすものとなってきた。

このような時代だからこそ，人間ならではの感性を働かせて，変化を前向きに受け止めつつ社会や人生をより豊かにしていくことが大切である。

商業教育は，これまでもビジネス社会と密接に関係しながら，社会全体の変化に適応してきた。なにより，豊かな人間性の育成を掲げ，望ましい人間関係の形成や社会生活上のルールの習得など，社会性や倫理観の育成を実践してきている。

商業高校で学んだ知識・技術等は，あらゆるビジネスや大学で活用でき，多様な進路の実現を可能としてくれる。予測できない変化に対しては，受動的な対応ではなく主体的に関わり合うことが求められ，それにより個性や適性を見いだし，自らの可能性を広げていくことができる。そして最終的にはよりよい社会と幸福な人生の創り手となる力を身に付けていく。

※
Society 5.0
内閣府「第５期科学技術基本計画」で初めて提唱された，「サイバー空間（仮想空間）とフィジカル空間（現実空間）を高度に融合させたシステムにより，経済発展と社会的課題の解決を両立する，人間中心の社会（Society）」（内閣府「Society5.0」より）をいう。

3　生きる力と商業教育

「生きる力」※の理念を具体化すると，次の3点になる。

①社会的・職業的に自立した人間として，我が国や郷土が育んできた伝統や文化に立脚した広い視野をもつ。さらに理想を実現しようとする高い志や意欲をもって主体的に学びに向かい，その過程で必要な情報を判断し，自ら知識を深めて個性や能力を伸ばし，人生を切り拓いていくこと。

②対話や議論を通じて，根拠を示しながら自分の考えを伝えるとともに，他者の考えを理解することで，より自分の考えを深める。また，他者への思いやりをもって多様な人々と協働し，集団としての考えを発展させること。

③変化の激しい社会の中でも，感性を豊かに働かせながら，よりよい人生や社会のあり方を考えて，新たな価値を創造していくとともに，問題を発見し，試行錯誤しながら解決につなげられること。

商業教育においても，ビジネスを通して社会に貢献し，よりよい社会の構築を目指すことが求められている。自らの人生を切り拓くため主体的に学び，他者とコミュニケーションを図りながら，リーダーシップを発揮してビジネスや地域の課題解決に向けて取り組む態度を育むことが必要である。

※
生きる力
文部科学省（2010）では，「知・徳・体のバランスのとれた力」と定義しており，「基礎的な知識・技能を習得し，それらを活用して，自ら考え，判断し，表現することにより，さまざまな問題に積極的に対応し，解決する力」，「自らを律しつつ，他人とともに協調し，他人を思いやる心や感動する心などの豊かな人間性」，「たくましく生きるための健康や体力」などがあげられている。もともとは1996（平成8）年の中央教育審議会答申で示された。

4　商業教育の必要性

①教科商業科としての専門教育の必要性

商業教育の理念は，ビジネスで役に立つ知識や技術，思考力・判断力・表現力や態度を身に付けさせることである。これは，知識はもちろん，望ましい人間関係の育成や社会に通用する常識とマナーやモラルを身に付けた，社会で活躍できる人材の育成につながる。それが商業教育は「人づくり」であるといわれるゆえんといえる。

②キャリア教育・職業教育としての必要性

商業教育はビジネスに必要な知識の取得だけでなく，社会的・職業的自立に向けて必要な基盤となる能力を培ってきた。商業教育を形成する各教科や特別活動，資格取得等を通じて，職業観・勤労観を育むことができる。

③生活に密着した教育としての必要性

商業教育で身に付けたビジネスに関する知識や技術を活用することは，産業を支え，発展させることになる。一人ひとりが，経済的にも精神的にも豊かな生活を営める社会を築くことこそ，商業教育が担う重要な役割であり，そこに商業教育の存在価値がある。

（笠木　秀樹）

第2節　商業教育の変遷

近代的商業教育は，1884（明治17）年の「商業学校通則」の発布が起点とされ，我が国の商業教育制度の組織化が整備され，「商業学校」や「商業」という言葉が使われ始めた。ここでは，商業教育の変遷について，特に戦後の学習指導要領改訂の中で，教科商業科の目標がどう変化していったかを基にたどってみたい。

1　明治期から1948（昭和23）年までの商業教育

⑴　明治時代

1872（明治５）年の「学制」公布では，中学校を「小学ヲ経タル生徒ニ普通ノ学科ヲ教ヘル所」として下等と上等にわけ，下等中学の教科の１つとして記簿法（簿記），上等中学の教科として記簿法および経済学が掲げられていた。これらの教科は，普通の学科の教育的範疇に属しているものとして，社会生活をおくる上で必須の科目だったと考えられる。

1873（明治６）年には追加規定として実業学校が認められ，農業学校・職工学校（工業学校）・商業学校が定められた。

商業教育に関しては，1874（明治７）年に大蔵省銀行課が銀行実務の講習を目的として銀行学局※を創設した。また，貿易を行うために必要な知識・技術を教授する機関として，1875（明治８）年，渋沢栄一によって東京に商法講習所（一橋大学の前身）が設立されたのを発端として，各地に商法講習所・商業講習所が設置された。※※現在もその伝統と流れを受け継いでいる大学や高校があるものの，当時の商業学校は人員も不足しており，実質が伴ったのは1884（明治17）年以降である。

1884（明治17）年には「商業学校通則」が制定され，実業教育の骨子が文部省（現：文部科学省）主導で固められた。これにより，農業・工業・商業の実業学校の内容に関する統一が図られ，第一種商業学校（修業年限２年）と第二種商業学校（修業年限３年）の２種の学校が示された。

その後，1899（明治32）年に公布された「実業学校令」に基づき，農業・工業・商業・商船・実業補習の５種類の学校が指定された。中等教育段階における商業教育を行う学校として，商業学校規程により，第一種・第二種は廃止され，次のような内容の甲種・乙種に変更された。

甲種商業学校	修身，読書，習字，作文，数学，地理，歴史，外国語，経済，法規，簿記，商品，商事要項，商業実践，体操，その他
乙種商業学校	修身，読書，習字，作文，算術，地理．簿記，商事要項，体操，その他

この商業学校規程は，中等教育機関としての商業学校を位置付け，専門教育の基本が定められたことに意義があり，通学する生徒の数が著しく増えた。

⑵　大正時代

大正時代になると教育改革の世界的な流れの中，我が国でも改革が進み，1917（大正６）年「臨時教育会議管制」が公布され，臨時教育会議が成立，教育制度

※
銀行学局
16～20歳の男子を対象にし，経済や簿記を習得させた。この当時，イギリスからA.A.Shandが外国人教員として招聘され，授業はすべて英語で行われた。現在も会計学において「シャンド式銀行簿記」として扱われている。

※※
1878（明治11）年に神戸商業講習所（兵庫県立神戸商業高校の前身）と三菱商業学校が設立され，1880（同13）年には岡山商法講習所，大阪商業講習所（大阪市立大学，大阪市立天王寺商業高校の前身），1882（同15）年には横浜商法学校（横浜市立横浜商業高校の前身），1883（同16）年には，新潟商業学校（新潟県立新潟商業高校の前身）が設立されている。

※
1918（大正7）年「高等諸学校創設及拡張計画」が帝国議会で可決し，1919（同8）年から6年計画で進められた。1920（同9）年に東京高等商業学校を改組して東京商科大学が設置され，高等学校では1919（同8）年に新潟・松本・山口・松山の官立4校の設置を契機に，1923（同12）年までに17校が新設された。

についての審議が始まった。ここでの答申を受け，1918（大正7）年に「大学令」，「高等学校令（第二次）」が公布され，小学校から大学までの学校制度が確立し，中等・高等教育機関の増設・拡充が進められた※。1920（大正9）年には「実業学校令」が改正され，さらに1921（大正10）年，商業学校規程が全面的に改正され，甲種・乙種の区別が廃止された。また，勤労青年のための夜間商業学校や女子商業学校が認可された。1924（大正13）年，実業学校及び実科高等女学校卒業者に「中学校卒業者と同等以上の学力を持つものと認める」という文部省告示が出され，専門学校入学の資格が認められた。

経済の発展による産業界からの人材需要は根強く，商業学校の志望者も増加傾向にあった。

⑶　昭和時代

昭和初期は世界大恐慌，そして太平洋戦争と統制経済の時代を迎え，商業教育は制度の変更を余儀なくされ，一時的に厳しい統制を受けた。

1940（昭和15）年には実業学校から上級学校への進学に制限が設けられたことで，商業学校から大学，高等専門学校への進学も1割に制限され，志望者の激減を招いた。さらに，1943（昭和18）年には「中等学校令」が公布され，修業年限が原則4年と定められた。入学資格は修業年限4年の場合は国民学校初等科修了者，修業年限2年または3年の場合は国民学校高等科修了者とした。また，中学校規程，高等女学校規程，実業学校規程が制定され，中学校・高等女学校・実業学校を中等学校として統一化した。

1943（昭和18）年10月，「教育ニ関スル戦時非常措置方策」が発布され，理工系や教員養成系を除く学生の徴兵猶予が撤廃された。さらに，1944（昭和19）年から男子商業学校は，工業学校・農業学校・女子商業学校のいずれかに転換，または整理縮小することが定められ，官立高等商業学校も多くが工業専門学校等へ転換させられた。1945（昭和20）年に「決戦教育措置要綱」が閣議決定され，同年4月1日から1946（昭和21）年3月31日まで，国民学校初等科以外の生徒や学生は，すべて勤労動員の対象となり，授業の停止が規定されるなど，我が国の教育は終戦を迎えるまで困難な状況に置かれた。

コラム　現代に通じる商人精神

我が国の江戸時代における実業に関する教育は，農業は農家の長男世襲により維持された農業生産体制，工業は職工による職人徒弟制度，そして商業は寺子屋や丁稚制度の中で行われていた。寺子屋では，習字，読書，作文，修身，算盤等の，いわゆる，読み・書き・そろばんという，生きていくために必要な知識や生活の知恵が教えられ，商家における丁稚制度は，企業内における商業教育的意義をもっていた。どちらも，「商人精神」を育む上で大きな役割を果たしてきたといえる。また，当時の家訓や家法は，商売をさらに盛り立て存続するために，次世代に向けて伝承すべき商売の工夫の集大成を記したものが多いとされている。近江商人の「三方よし」の原典といわれる中村治兵衛家の家訓などは，現在でいうところのコンプライアンスやCSRにも通ずるものである。

2　学習指導要領（試案）から1989（平成元）年改訂まで

⑴　新制高等学校における商業教育

戦後，復興を目指した我が国は，連合国軍最高司令官総司令部（GHQ）の指揮のもとに改革が進められた※。1946（昭和21）年５月，文部省は「新教育指針」を発表し，新しい教育の理念として①人間性・人格・個性の尊重，②民主主義の徹底をあげた。また，日本国憲法が掲げる平和国家，文化国家の建設は教育を通して行うとし，この理念に基づいて，教育基本法，学校教育法が翌1947（昭和22）年に公布された。この学校教育法では，新しい高等学校を後期中等教育機関と位置付け，第41条で「中学校における教育の基礎の上に，心身の発達に応じて，高等普通教育及び専門教育を施すことを目的」として，商業高等学校をこの専門教育機関として位置付けた。

これを踏まえ，民間情報教育局（CIE）の指導のもと，新制高等学校には，「小学区制」，「男女共学制」，「総合制」が取り込まれた。

「総合制」は，原則としてすべての高校で普通教育と職業専門教育を行う制度であるが，この方針は，①職業科担当教員の不足，②実験施設・設備の不備，③職業教育軽視の風潮など，職業科への入学希望者が減少し，商業教育にとってもマイナス要因となった。この後，1949（昭和24）年６月に，教育刷新審議会が「職業教育振興方策」を提言し，11月には，職業教育及び職業指導委員会が職業教育に重点を置く単独校の設置や職業教育の使命を明確にするとした「高等学校総合問題に関する決議」を行った。

続いて1951（昭和26）年には，産業教育の振興を図ることを目的として「産業教育振興法」が制定・公布された。この法律は，①産業教育の総合計画の樹立，産業教育の内容と方法の改善，②施設・設備の充実，教員の養成，産業界との協力の促進，③教員の資格・定員・待遇などが定められた。この法律の制定により，産業教育に関する重要事項を審議する機関として「産業教育審議会」が国と各都道府県に設置され，必要な施設・設備の充実が国庫補助の対象となった。この一連の動きから戦後商業教育の基盤が整備された。※※

⑵　1950（昭和25）年　学習指導要領商業科編（試案）

商業科目としては戦後最初の学習指導要領であり，単位制，選択制が採用された。戦前から商業教育において重視されていた貿易に関する科目のほか，事務を中心とした実務的な科目構成となっている。

必履修単位数：38単位以上（外国語を10単位まで含めることができる）※※※
　※1951（昭和26）年の指導要領では30単位以上に変更

商業科目：14科目

文書実務，珠算および商業計算，タイプライティング，速記，統計調査，貿易実務，商業実践，商業経済，金融，経営，商品，簿記会計，法規，商業外国語

高等学校の商業教育の「一般目標」として，次の５項目が示された。

※
現在の学制（６・３・３・４制）と小学校，中学校，高等学校，大学の単線型とした。

※※
1953（昭和28）年には商業教員の不足に対して，中央産業教育審議会において計画的な商業教員養成の建議が行われ，小樽商科大学・和歌山大学・山口大学に商業教員養成課程が設けられた。

●改訂のキーワード
複雑な経済機構，経済生活の向上，基礎的な職業的資質，社会の幸福と発展，外国貿易の振興

※※※
全国商業高等学校長協会・公益財団法人全国商業高等学校協会（2014）による。

①商業が，経済生活において，どのような機能を果しているかについて理解する。
②商業に関する基礎的な知識・技能を習得して，経済生活を合理的に営むために役だてる。
③商業を自己の職業とする者にとって必要な，知識・技能を身につけ，商業を合理的・能率的に運営する能力を養う。
④正しい，好ましい経営の態度・習慣を養い，国民の経済生活の向上に貢献するように努める心構えを養う。
⑤商業経済社会の新しい状態に適応したり，さらに，いっそう発展した研究をしたりするために必要な基礎を養い，将来の進展に役だつ能力を身につける。

●改訂のキーワード
経済社会の発展，国民経済における商業の地位

⑶　1956（昭和31）年改訂　学習指導要領商業科編

1950（昭和25）年の試案の改訂版であり，教育課程の基準としての性格が明確化された。商業科目が類型によって分類されたことで，生徒の個性や進路に応じた弾力的な教育が可能となった。また，「商業一般」，「商事」などが新設され，マーケティング的な視点が導入された。

必履修単位数：30単位以上（外国語を10単位まで含めることができる）
商業科目数：20科目（14科目から増加）
科目群：商業経済関係科目群，簿記会計関係科目群，実務関係科目群，
　　　　総合実践関係科目群

商業科の目標は，基本的には従前のものを踏襲した。

①商業が経済生活においてどのような機能を果しているかを理解させる。
②商業に関する基礎的な知識・技能を習得させ，経済生活を合理的に営む態度・習慣を養う。
③商業に従事する者に必要な知識・技能を習得させ，商業活動を合理的・能率的に営む能力を養う。
④経営についての正しい心構えを養い，国民の経済生活の向上に貢献するように努める態度を養う。
⑤経済社会の進展に適応し，さらに進んだ研究をするために必要な基礎的能力を養い，将来の発展に役だてる。

また，この改訂では商業教育の性格が示された。その1つとして，「⑵　商業教育の取り扱う範囲は売買業に限定されるものではないことはもちろんであるが，さらに第3次産業の分野のみにとどまるものでもない。すなわち，第1次産業や第2次産業における経営・管理・事務の面も商業教育の取り扱う範囲に属するし，公務などの分野においてもこの教育の範囲に属する面が多い。」ことがあげられ，「言いかえれば商業教育は人間生活におけるすべての経営・管理・事務の面を取り扱う教育である。」と示された。

⑷　1960（昭和35）年改訂　学習指導要領

●改訂のキーワード
科学技術の進展，経済の発展，国民所得の増加

この改訂によって学習指導要領が各編方式から一本化され，文部省の告示となって，法的拘束力をもつことが示された。また，必履修単位数が増加し，商業科の教育課程について新たな類型が明示された。

必履修単位数：35単位以上（40単位以上が望ましい。外国語を10単位まで含めることができる）

商業科目数：20科目

類型例：A　商業経済を重点とした総務型
B　簿記会計を重点とした経理型
C　販売を重点とした販売型または営業型
D　文書事務を重点とした文書事務型
E　女子の特性に応じた女子事務型

教科商業科の目標は次のとおりである。新たに経営管理に関わる知識と技術の習得が盛り込まれるとともに，広く各種産業に関わる従事者の養成を目指すことが示された。

①商業ならびに経営管理や事務についての知識と技術を習得させ，これらの活動を合理的，能率的に営む能力を養う。
②経済生活における商業の機能や，産業における経営管理の重要性を理解させ，国民経済の発展に寄与しようとする態度を養う。
③各種の商業ならびに経営管理や事務に従事する者としての望ましい心構えを養い，常に研究を重ねて進歩向上を図る態度を養う。
④一般の経済生活を合理的，能率的に営む能力と態度とを養う。

⑸　1970（昭和45）年改訂　学習指導要領

●改訂のキーワード
進学率の上昇，能力・適性・進路等の多様化，科学技術の高度の発達，経済・社会・文化の進展

教育内容の一層の向上を図り，時代の進展に対応した内容を導入した。理科教育及び産業教育審議会の答申により，専門教育の強化と商業教育の多様化が示されたことを受けて，情報処理関係科目が新設された。

必履修単位数：35単位以上（外国語を10単位まで含めることができる）

商業科目数：36科目（20科目から再編整理）

商業に関する学科：商業科，経理科，事務科，情報処理科，秘書科，営業科，貿易科（7学科）

教科商業科の目標は従前のものから表現の修正・内容の整理とともに，「創意を働かせて」という趣旨が加えられた。

①商事活動，事務および経営管理に関する知識と技術を習得させ，これらの活動を合理的，能率的に行なう能力と態度を養う。
②経済社会における商業の機能や産業における経営の重要性を理解させ，国民経済の発展に寄与する態度を養う。
③商事活動，事務および経営管理について常に研究を重ね，創意を働かせて，進歩向上を図る態度を養う。

④日常の経済生活を合理的，能率的に営む能力と態度を養う。

※
当時は，売買業を狭義の商業（基幹商業）とし，金融・運送業・倉庫業・保険業などを補助商業とする見解と，社会的な経済活動全体を広義の商業とする見解とがあった。

「商業」についての概念※は，試案から広義的な意味をもっていたが，1956（昭和31）年改訂では，「人間生活におけるすべての経営・管理・事務の面」として，さらに広義に捉えられている。次の1960（同35）年改訂では，「各種の商業ならびに経営管理や事務」，1970（同45）年では「商事活動，事務および経営管理」として，単なる商業（売買業）や第３次産業に限定しない，全産業横断的な，より広い意味で捉えられていると考えられる。

ここで，教科，科目及び学科の関係を整理すると，「第２章　各教科」に「第11節　商業」が置かれ，「第11節　商業」の中に「第１款　目標」が定められている。そして「第２款　各科目」でそれぞれの科目の目標・内容・指導計画の作成と内容の取り扱いが定められている。「第３款　各科目にわたる指導計画の作成と内容の取り扱い」では，学科の目標や類型のねらいを達成するために，必要な科目を重点的に選択し，相互の関連を考慮して指導計画を作成する旨が規定されている。

今回の改訂では，次のように商業に関する学科が細分化され，その目標が示された。

①商　業　科　広く産業における商事活動，事務および経営管理に関する知識と技術を習得させ，これらの業務に従事する者を養成する。

②経　理　科　簿記会計および財務に関する知識と技術を習得させ，経理に関する事務に従事する者を養成する。

③事　務　科　事務およびその管理に関する知識と技術を習得させ，各種の事務に従事する者を養成する。

④情報処理科　事務および電子計算機の利用に関する知識と技術を習得させ，情報処理に関する事務に従事する者を養成する。

⑤秘　書　科　秘書として必要な文書事務，応接などに関する知識と技術を習得させ，秘書の職務またはこれに類する事務に従事する者を養成する。

⑥営　業　科　販売を中心として，広く商事活動に関する知識と技術を習得させ，売買に関する業務に従事する者を養成する。

⑦貿　易　科　外国との商取引およびその業務処理に関する知識と技術を習得させ，貿易に関する業務に従事する者を養成する。

●改訂のキーワード
生徒の進路意識の成熟の遅れ，急速な科学技術の進歩

⑹　1978（昭和53）年改訂　学習指導要領

ゆとりある充実した学習生活の実現を目指し，各教科等の目標・内容を中核的事項に絞り，学習負担の適正化を行った。この改訂では，実験・実習等の実際的・体験的な学習を重視することが示された。

必履修単位数：30単位を下らないこと（外国語を10単位まで含めることができる）

商業科目数：18科目（36科目から再編整理）

基礎的な科目として，「商業経済Ｉ」「簿記会計Ｉ」「計算事務」「情報処理Ｉ」の４科目が示された。

科目群：商業経済科目群，簿記会計科目群，事務科目群，情報処理科目群

商業に関する学科：商業科，経理科，事務科，情報処理科，営業科（7学科から5学科へ再編）

この改訂から教科商業科の目標が一文で表現されるようになり，基礎・基本を重視した教育への転換が図られた。

> 商業の各分野に関する基礎的・基本的な知識と技術を習得させ，国民経済における商業の意義や役割を理解させるとともに，商業の諸活動を合理的，実践的に行う能力と態度を育て，経済社会の形成者として望ましい資質を養う。

(7)　1989（平成元）年改訂　学習指導要領

社会の変化に自ら対応できる心豊かな人間の育成という方針のもと，科目に「課題研究」が新設された。これは，基礎的・基本的な学習で身に付けた知識・技術を深化，統合化させて，問題解決能力や自発的，創造的な学習態度を養うものである。また，情報化，知識集約化の進展や経済のソフト化・サービス化，国際化の展開に対応した科目の新設や改善が行われた。

●改訂のキーワード
情報化，国際化，価値観の多様化，核家族化，高齢化，技術革新の進展，サービス経済化

必履修単位数：30単位を下らないこと（外国語を10単位まで含めることができる）

商業科目数：21科目（18科目から再編整理）

科目群：商業経済科目群（流通経済分野・国際経済分野），簿記会計科目群（簿記会計分野），情報処理科目群（情報処理分野），総合学習科目群

商業に関する学科：商業科，流通経済科，国際経済科，会計科，情報処理科

教科商業科の目標として，従前から改訂された「経営活動」「主体的」「経済社会の発展に寄与」という文言から，企業の経営活動に参加する生徒の育成といった面が明確になった。※

※
ここでは「国民経済」という文言が削除されたことからも，より安定した労働者の確保という側面が強調されていることがうかがえる。

> 商業の各分野に関する基礎的・基本的な知識と技術を習得させ，商業の意義や役割を理解させるとともに，経営活動を主体的，合理的に行い，経済社会の発展に寄与する能力と態度を育てる。

3　商業教育からビジネス教育へ

(1)　1999（平成11）年改訂　学習指導要領

基礎・基本を確実に身に付けさせ，自ら学び，自ら考える力などの「生きる力」を育成するために，教育内容を厳選し，「総合的な学習の時間」が新設された。また，職業高校を「専門高校」と改め，今改訂から標準的な学科は示されないようになった。

●改訂のキーワード
産業構造・就業構造の変化，科学技術の高度化，少子高齢化，経済の国際化・情報化・サービス化，市場の国際化，オフィスの情報化，サービス産業の拡大

必履修単位数：25単位を下らないこと（外国語を5単位まで含めることができる）

原則履修科目：「ビジネス基礎」，「課題研究」

「情報処理」の履修をもって，教科情報科に属する科目の履修に代替できる。また，「総合的な学習の時間」を「課題研究」の代替科目，あるいは「課

題研究」を「総合的な学習の時間」の代替科目とすることができる（いずれの場合も要件あり）。

商業科目数：17科目（21科目から再編整理）

分野：流通ビジネス科目群，国際経済科目群，簿記会計科目群，経営情報科目群，総合学習科目群

商業に関する学科：学科名を示さず，それぞれの高等学校が適切に編成することとした。

教科商業科の目標については，商業教育の対象を幅広くビジネス，商品の生産・流通・消費に関わる経済的諸活動の総称として捉え，従来の商業教育ではなくビジネス教育として，心構えや理念にまで踏み込み，次のように改訂した。

> 商業の各分野に関する基礎的・基本的な知識と技術を習得させ，ビジネスに対する望ましい心構えや理念を身に付けさせるとともに，ビジネスの諸活動を主体的，合理的に行い，経済社会の発展に寄与する能力と態度を育てる。

●改訂のキーワード
経済のサービス化・グローバル化，ICTの急速な進展，知識基盤社会の到来

⑵　2009（平成21）年改訂　学習指導要領

「生きる力」の育成という理念を継承し，基本的な知識・技能の習得や思考力・判断力・表現力等をバランスよく育成することが求められ，授業時数の増加，指導内容の充実が示された。また，「課題研究」については思考力，判断力，表現力などの育成や言語活動の充実を図る観点から，成果を発表する機会を設けることが示された。

必履修単位数：25単位を下らないこと（外国語を5単位まで含めることができる）

原則履修科目：「ビジネス基礎」，「課題研究」

「情報処理」の履修をもって，教科情報科に属する科目の履修に代替できる。また，「総合的な学習の時間」を「課題研究」の代替科目，あるいは「課題研究」を「総合的な学習の時間」の代替科目とすることができる（いずれの場合も要件あり）。

商業科目数：20科目（17科目から再編整理）

分野：マーケティング分野，ビジネス経済分野，会計分野，ビジネス情報分野の4分野。また，「ビジネス基礎」，「課題研究」，「総合実践」，「ビジネス実務」が分野共通科目とされた。

教科商業科の目標は，職業人としての倫理観や遵法精神，起業家精神などを身に付けることを強調した内容に改訂された。

> 商業の各分野に関する基礎的・基本的な知識と技術を習得させ，ビジネスの意義や役割について理解させるとともに，ビジネスの諸活動を主体的，合理的に，かつ倫理観をもって行い，経済社会の発展を図る創造的な能力と実践的な態度を育てる。

●改訂のキーワード
生産年齢人口の減少，グローバル化の進展，Society5.0，少子高齢化，予測困難な時代

⑶　2018（平成30）年改訂　学習指導要領

「何を学ぶか」だけではなく「何ができるようになるか」「どのように学ぶか」へ教科の目標や内容の育成を目指す資質・能力を明確に示した。

必履修単位数：25単位を下らないこと（外国語を5単位まで含めることができる）

原則履修科目：「ビジネス基礎」,「課題研究」

「情報処理」の履修をもって,「情報Ⅰ」の履修に代替することが考えられる旨が示された。また,「総合的な探究の時間」を「課題研究」の代替科目,あるいは「課題研究」を「総合的な探究の時間」の代替科目とすることができる（いずれの場合も要件あり）。

商業科目数：従前と同様に20科目で構成しているが,科目の新設,整理統合,分離が行われた。

分野：マーケティング分野,マネジメント分野,会計分野,ビジネス情報分野の4分野。また,「ビジネス基礎」,「ビジネス・コミュニケーション」を基礎的科目として,「課題研究」,「総合実践」を総合的科目として,分野共通の科目とした。

教科商業科の目標については,次のとおり改訂された。

> 商業の見方・考え方を働かせ,実践的・体験的な学習活動を行うことなどを通して,ビジネスを通じ,地域産業をはじめ経済社会の健全で持続的な発展を担う職業人として必要な資質・能力を次のとおり育成することを目指す。
>
> (1)　商業の各分野について体系的・系統的に理解するとともに,関連する技術を身に付けるようにする。
>
> (2)　ビジネスに関する課題を発見し,職業人に求められる倫理観を踏まえ合理的かつ創造的に解決する力を養う。
>
> (3)　職業人として必要な豊かな人間性を育み,よりよい社会の構築を目指して自ら学び,ビジネスの創造と発展に主体的かつ協働的に取り組む態度を養う。

（笠木　秀樹）

図表4－2－1　商業科目の変遷

	1950（昭和25）年 試案	1956（昭和31）年 改訂	1960（昭和35）年 改訂	1970（昭和45）年 改訂	1978（昭和53）年 改訂	
必履修単位数	38単位以上※（外国語10単位）	30単位以上（外国語10単位）	35単位以上（外国語10単位）	35単位以上（外国語10単位）	35単位以上（外国語10単位）	
	商業経済	商業一般	商業一般	商業一般	商業経済Ⅰ	
					マーケティング	
					商業経済Ⅱ	
	商品	商品	商品	（商品）	（商品）	
	法規	商業法規	商業法規	商業法規	商業法規	
		経済	経済	経済		
	経営	経営	経営	経営		
					貿易英語	
					商業デザイン	
	簿記会計	商業簿記	商業簿記	簿記会計Ⅰ	簿記会計Ⅰ	
				簿記会計Ⅱ	簿記会計Ⅱ	
		会計	会計	簿記会計Ⅲ		
		工業簿記	工業簿記	工業簿記	工業簿記	
		銀行簿記	銀行簿記	銀行簿記		
				機械会計		
				税務会計	税務会計	
				経理実践		
	金融					
	文書実務	文書実務	文書実務	事務	文書事務	
				事務機械		
				事務管理		
	珠算および商業計算	計算実務	計算実務	計算実務	計算事務	
	統計調査	統計調査	統計実務	統計実務		
				電子計算機一般		情報処理Ⅰ
				プログラミングⅠ		情報処理Ⅱ
				プログラミングⅡ		
				経営数学		経営数学
	タイプライティング	和文タイプライティング	和文タイプライティング	和文タイプライティング	タイプライティング	
		英文タイプライティング	英文タイプライティング	英文タイプライティング		
	速記	速記	速記	速記		
				秘書実務		
				事務実践		
		商事	商事	商事		
				売買実務		
				市場調査		
				広告		
				商品		
		商業美術	商業美術	商業美術	（商業デザイン）	
	商業外国語	商業英語	商業英語	商業英語	（貿易英語）	
				商業英会話		
	貿易実務	貿易実務	貿易実務	貿易実務		
	商業実践	商業実践	商業実践	商業実践	総合実践	

※1951（昭和26）年では30単位以上

1989（平成元）年改訂 30単位以上 （外国語10単位）	1999（平成11）年改訂 25単位以上 （外国語５単位）	2009（平成21年）年改訂 25単位以上 （外国語５単位）	2018（平成30）年改訂 25単位以上 （外国語５単位）
	ビジネス基礎	ビジネス基礎	ビジネス基礎
商業経済			
流通経済			
マーケティング	マーケティング	マーケティング	マーケティング
経営			観光ビジネス
商品	商品と流通	商品開発	商品開発と流通
計算事務	商業技術	広告と販売促進	
商業法規	経済活動と法	経済活動と法	ビジネス法規
		ビジネス経済	グローバル経済
国際経済	国際ビジネス	ビジネス経済応用	ビジネス・マネジメント
英語実務	英語実務		
商業デザイン			
簿記	簿記	簿記	簿記
会計	会計	財務会計Ⅰ	財務会計Ⅰ
		財務会計Ⅱ	財務会計Ⅱ
工業簿記	原価計算	原価計算	原価計算
		管理会計	管理会計
税務会計	会計実務		
文書処理	文書デザイン	電子商取引	ネットワーク活用
情報処理	情報処理	情報処理	情報処理
プログラミング	プログラミング	プログラミング	プログラミング
経営情報	ビジネス情報	ビジネス情報	ソフトウェア活用
情報管理		ビジネス情報管理	ネットワーク管理
（商業デザイン）			
（英語実務）	（英語実務）	ビジネス実務	ビジネス・コミュニケーション
総合実践	総合実践	総合実践	総合実践
課題研究	課題研究	課題研究	課題研究

□は科目群

第3節　商業教育におけるキャリア教育

1　商業教育におけるキャリア教育の推進

キャリア教育の推進は，1999（平成11）年の中央教育審議会（以下，中教審という）答申「初等中等教育と高等教育との接続の改善について」において，キャリア教育を「小学校段階から発達段階に応じて実施する必要がある」と提唱したことからはじまり，その動きは急速に広まった。本節では，商業教育においてキャリア教育をいかに進めるべきかを考える。

1　職業指導・進路指導，そしてキャリア教育

ここでは，学校における職業指導からキャリア教育が推進されるようになった経緯について簡潔にまとめる。

職業指導は，入澤宗壽が，『現今の教育』(1915) において "vocational guidance"※を翻訳して紹介したのが我が国では最初とされている。その後，1927（昭和２）年の文部省訓令で職業指導という用語が学校教育で使われるようになった。義務教育終了と同時に就職する生徒が大半な時代において，学校教育に求められた役割の１つとして，学校から社会への移行の支援があり，それが職業指導であった。1947（昭和22）年の学習指導要領職業指導編（試案）では「職業指導は個人が職業を選択し，その準備をし，進歩するのを援助する過程である。」とし，『中学校・高等学校職業指導の手引』(1949) によれば，職業指導は，「個人が生計を得て自己および社会のために最も有用に生活をするために，個人に職業訓練を与えた上に，その天賦の才能を発見し，活用することを援助する過程である。」としている。その後，社会状況の変化とともに高校進学率が増加し，学校には進学や就職の指導を行うことが求められていった。

※
vocational guidance
Frank Parsons（1854～1908）が著書『Choosing a Vocation』(1909) において提唱した。

職業指導に代わり，進路指導という用語が使用されるようになったのが，中教審答申「科学技術教育の振興方策について」(1957) である。その後，文部省『進路指導の手引（中学校学級担任編）』(1961) において，進路指導とは，「生徒の個人資料，進路情報，啓発的経験および相談を通じて，生徒みずから，将来の進路の選択，計画をし，就職または進学して，さらにその後の生活によりよく適応し，進歩する能力を伸長するように，教師が組織的，継続的に援助する過程である。」とした。1970年代になると，高度経済成長を通じて高校進学率は９割を超え※※，大学進学率も３割を超えるとともに，終身雇用などの日本的雇用システムが崩壊しはじめ，若年の就業をめぐる状況も変化する。また，進路指導は多分に出口指導に陥り，各発達段階におけるキャリアの達成を支援する系統的な指導・援助といった意識や観点が希薄という課題が認識されてきた。

※※
文部科学省「学校基本調査」によると，高校進学率は高度経済成長期に上昇を続け，1974（昭和49）年に９割を超え，ほぼ横ばいで漸増という傾向に転じた。2019（令和元）年度は95.8％となっている。

こうした状況の中で，中教審答申「初等中等教育と高等教育との接続の改善について」(1999) において，キャリア教育とは，「望ましい職業観・勤労観及び職業に関する知識や技能を身に付けさせるとともに，自己の個性を理解し，主体的に進路を選択する能力・態度を育てる教育」であると示された。ここで新しく加わった「職業観・勤労観」という概念は，それまでの進路指導とキャリア教育との違いを明確にした。また，キャリア教育の推進に関して，生徒一人ひとりの職業観・勤労観を育てるために，各発達段階において４領域８能力を浸透させることが提言された。しかし，この頃，フリーターやニート※などの若年者の労働問題が深刻化していたことから，学校から社会への移行という卒業後の職業生活を視野に入れた接続のあり方の検討が迫られていた。

そのような状況を背景として，キャリア教育の推進に関する総合的調査研究協力者会議の最終報告（2004）において，キャリアとは「個々人が生涯にわたって遂行する様々な立場や役割の連鎖及びその過程における自己と働くこととの関係付けや価値付けの累積」とした。さらに，中教審答申「今後の学校におけるキャリア教育・職業教育の在り方について」（2011）は，キャリアとは「人が，生涯の中で様々な役割を果たす過程で，自らの役割の価値や自分と役割との関係を見いだしていく連なりや積み重ね」であり，キャリア教育とは，「一人一人の社会的・職業的自立に向け，必要な基盤となる能力や態度を育てることを通して，キャリア発達を促す教育」とした。また，小学校段階から発達段階に応じたキャリア教育の推進が求められるようになり，基礎的・汎用的能力が提示された。これは，４領域８能力を継承し，各界で提唱された様々な能力との整合性を図りつつ，社会的・職業的自立に向けて必要な基盤となる能力である。その能力育成のためには，生徒一人ひとりが自らの学習状況やキャリア形成を見通したり，振り返ったりできることが重要として，小学校から高等学校までの特別活動をはじめとしたキャリア教育に関わる活動について，学びのプロセスを記述し振り返ることができるポートフォリオ的な教材を作成し，活用することが効果的ではないかとの提案がなされた。その後，導入に向けた調査研究協力者会議が置かれ，教材の内容などについて検討し，「キャリア・パスポート」として2020（令和２）年度から導入された。

※
フリーター，ニート
厚生労働省では，1991（平成３）年「労働経済の分析」において，フリーターを年齢が15～34歳，就業者については雇用形態がアルバイト・パートで，男性は継続就業年数が１～５年未満，女性は未婚で仕事を主にしている者。現在無職の場合はアルバイト・パートの仕事を希望する者と定義している。
また，ニートについては15～34歳で，非労働力人口のうち家事も通学もしていない者と厚生労働省では定義されている。

図表４-３-１　４領域８能力から基礎的・汎用的能力へ

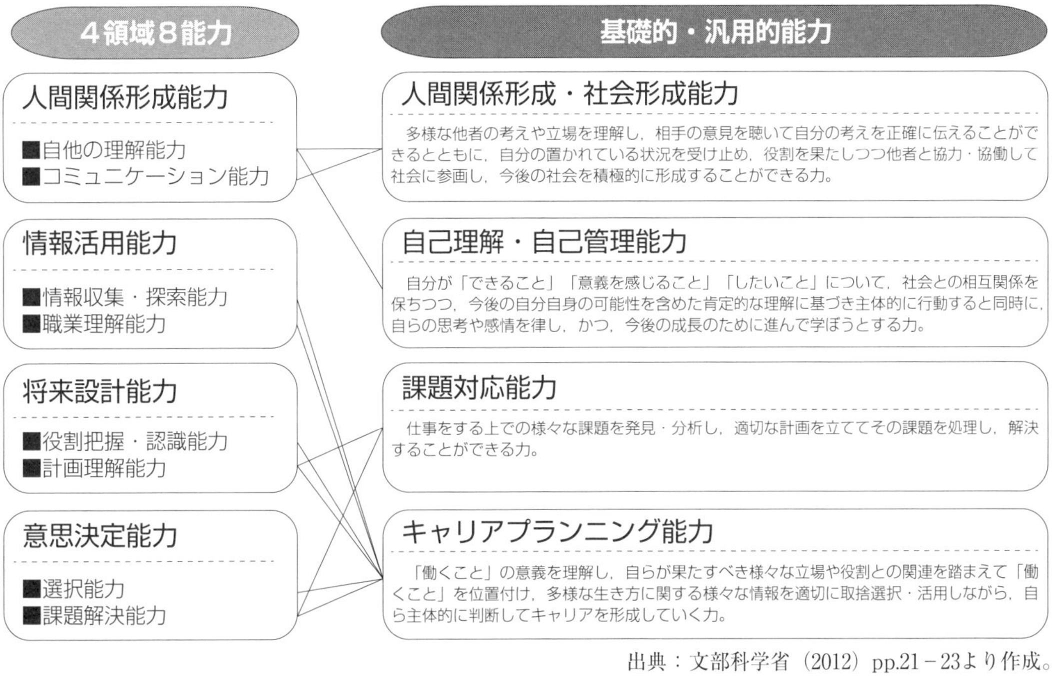

４領域８能力	基礎的・汎用的能力
人間関係形成能力 ■自他の理解能力 ■コミュニケーション能力	人間関係形成・社会形成能力 多様な他者の考えや立場を理解し，相手の意見を聴いて自分の考えを正確に伝えることができるとともに，自分の置かれている状況を受け止め，役割を果たしつつ他者と協力・協働して社会に参画し，今後の社会を積極的に形成することができる力。
情報活用能力 ■情報収集・探索能力 ■職業理解能力	自己理解・自己管理能力 自分が「できること」「意義を感じること」「したいこと」について，社会との相互関係を保ちつつ，今後の自分自身の可能性を含めた肯定的な理解に基づき主体的に行動すると同時に，自らの思考や感情を律し，かつ，今後の成長のために進んで学ぼうとする力。
将来設計能力 ■役割把握・認識能力 ■計画理解能力	課題対応能力 仕事をする上での様々な課題を発見・分析し，適切な計画を立ててその課題を処理し，解決することができる力。
意思決定能力 ■選択能力 ■課題解決能力	キャリアプランニング能力 「働くこと」の意義を理解し，自らが果たすべき様々な立場や役割との関連を踏まえて「働くこと」を位置付け，多様な生き方に関する様々な情報を適切に取捨選択・活用しながら，自ら主体的に判断してキャリアを形成していく力。

出典：文部科学省（2012）pp.21－23より作成。

2　商業教育とキャリア教育

学習指導要領における商業科の目標及び各科目の目標に示されている「育成したい能力・態度」が，まさにキャリア教育の目指す能力と一致しており，普通科高校等におけるキャリア教育と比較しても，商業教育は優位に立っているといえる。しかし，「商業教育」＝「キャリア教育」ではなく，「職業教育」※＝「キャリア教育」でもない。学校教育におけるキャリア教育が，その独自の視点で教育活動を再点検することで，教育活動を改善する指導であるとするならば，教育活動全体に通底する指導という意味で，「学校教育」≒「キャリア教育」といえる。

※
職業教育
中教審答申（2011）では，「一定又は特定の職業に従事するために必要な知識，技能，能力や態度を育てる教育」と定義している。

また，第２期教育振興基本計画（2013）では「子ども・若者の発達の段階に応じて学校の教育活動全体を通じた指導を進めるとともに，地域におけるキャリア教育支援のための協議会の設置促進等を通じ，職場体験活動・インターンシップ等の体験活動や外部人材の活用など地域・社会や産業界等と連携・協働した取組を推進する。」（13－１社会的・職業的自立に向け必要な能力を育成するキャリア教育の推進）として，具体的な方策を定めている。「教育活動全体を通じた指導」の明示と「職場体験活動・インターンシップ等の体験活動」を「地域・社会や産業界等と連携・協働した取組を推進」という点に，「商業教育」≒「キャリア教育」という位置付けをみることができる。

こうした取り組みは，学習指導要領「各科目にわたる指導計画の作成と内容の取扱い」において，地域や産業界等との連携・交流として明記されている。また，従来，商業教育は教科を通したキャリア教育を推進し，インターンシップなど，地域・社会や産業界等と連携・協働した取り組みを実施してきた。このことについて藤田（2015）は，「日々の科目を通した学習やインターンシップ等の体験活動，あるいは，資格取得に向けた日々の努力は，キャリア教育の重要な『宝』である。」と述べている。その上で，「商業科におけるこれらの豊かな取組が持つキャリア教育としての価値は，十分には認識されてこなかった。」とし，さらに「指導に当たる教師も，当事者である生徒本人も，商業科での学びそのものが，社会的・職業的自立に向けて必要な基盤となる能力を確実に培ってきたことを再認識すべきである。」と指摘している。

今後の商業教育には，「社会的・職業的自立」に向けて，より一層共通教科や特別活動と連携を図りながら，教育活動全体を通じた指導を進めていくことが求められる。このことを踏まえて，次項では，商業高校におけるキャリア教育の実践例と，高大連携について取りあげる。　（笠木　秀樹）

2　北海道商業教育の取り組みについて

北海道教育委員会（以下，道教委という）では，「自立」と「共生」の２つの理念を柱とし，「ふるさとを想い，グローバルな視野で共に生きる力の育成」と「学校・家庭・地域・行政の連携による人口減少に対応するための教育環境の形成」の２つを重点に「北海道教育推進計画（2018～2022年度）」を策定し，これからの時代に求められる資質・能力の育成や，本道の地域特性等を踏まえた特色ある高校づくりに向け，様々な施策を推進している。

今日の社会においては，科学技術やグローバル化の急速な進展に伴い，産業構造が大きく変化するとともに，専門的な技術が高度化している。そのため，専門的な知識・技術の定着を図ることはもとより，多様な課題に対応できる課題解決能力を身に付けた人材の育成が求められている。このことを踏まえ，本道では，グローバル化や産業構造の変化等に対応できる人材を育成するため，高等学校の職業学科における教育の目標を社会と共有するとともに，専門的な知識・技術の高度化に対応し，課題解決能力を育成する産業教育を社会と連携しながら推進している。

1　特色ある北海道商業教育の取り組み

本道では，2020（令和２）年度現在，商業に関する学科設置校（以下，商業科）は32校（単独校13校，総合校19校）あり，各学校では地域の状況に応じた特色ある商業教育を展開している。2020（令和２）年３月高等学校卒業者において，商業科を卒業した就職者総数のうち98.1％が道内に就職しており，商業科での学びを通し，地元に貢献するための資質・能力を身に付けている。

各学校は地域と協働して，地域課題の解決を通じた探究的な学習活動を進めるとともに，地域の産業界と連携した職業教育の充実を推進して，特色をもち魅力溢れる高校づくりを進めている。たとえば，北海道札幌東商業高等学校では，地デジ文字放送による店舗紹介のコンテンツの制作や，地元の商業施設のウェブページを制作・公開している。また，北海道下川商業高等学校では，地元の小麦を使用したオリジナルうどんの商品開発を行うとともに，下川町の協力のもと，札幌市において販売実習会を開催している。

さらに，北海道函館商業高等学校では，航空会社と連携して機内食メニューを共同開発した「ごろっと！ほっこり！スープカレー」が採用され，期間限定で機内食として提供された。そのほかの商業科においても，海外での見学旅行などを通し，現地の学校と国際交流を行うことにより，国際感覚を身に付ける教育を展開する学校や，地域産業の担い手づくりに力を入れ，「観光一般」や「地場産業概論」などの学校設定科目を開設し，地域経済を深く理解する教育を展開している。

▲北海道函館商業高等学校の「ごろっと！ほっこり！スープカレー」

ここでは，研究実践の取り組みにおいて，特に成果を収めた２校を紹介する。

①北海道釧路商業高等学校の取り組み

釧路市は，北海道の東部に位置し，阿寒摩周，釧路湿原の２つの国立公園を保有するなど，雄大な自然に恵まれている。また，漁業，酪農業，製紙工業，観光業を基幹産業として，北海道東部の中核拠点都市として発展した。北海道釧路商業高等学校（以下，釧路商業という）は，流通経済科，国際ビジネス科，会計科，情報処理科の4学科を設置し，地域におけるビジネス教育の中心的な役割を担っている。

釧路商業は，2015（平成27）年度からの3年間において，道教委「専門高校Progressiveプロジェクト推進事業」に取り組んだ。各研究指定校は，高校卒業後，即戦力となる専門性の高い知識・技能の習得や，地域の産業特性を生かす実践的な能力の育成に向け，大学，試験研究機関，企業等と連携した先進的な実践研究を行うとともに，特色あるカリキュラムに関する研究を行っている。釧路商業では，「将来のスペシャリストの育成に必要な専門性の育成」及び「将来の地域産業を担う人材の育成」を研究の目的として活動を行っている。研究概要としては，携帯情報端末用コンテンツを開発し，地域をPRするとともに，体験的な学習活動を通して，生徒が観光資源について理解を深められるような授業実践をしている。

▲外国人観光客への「おもてなし」高校生ボランティア活動の様子

具体的には，科目「プログラミング」の学習を通して，HTML，CSS及びJavaScriptの技術を習得し，携帯情報端末の機能を活用した釧路観光ウェブマップや釧路防災マップなど，地域に関係するコンテンツを開発している。コンテンツ開発に携わった生徒は，開発工程において地域の観光資源について意見交換を行うなど，主体性をもち，地域と連携した課題解決に向けて取り組んだ。また，釧路港に寄港するクルーズ船の外国人観光客に向けた「おもてなし」高校生ボランティアなどの体験的な学習活動にも力を入れた。

②北海道苫小牧総合経済高等学校の取り組み

苫小牧市はフェリーポートがあることや，空の玄関口である新千歳空港が近いことから，道内外の人流，物流を結ぶアクセス拠点としての役割を担っており，紙パルプ，石油精製，自動車など多くの工場や施設がある工業地帯である。北海道苫小牧総合経済高等学校（以下，苫総経という）は，国際化，高度情報化，サービス経済化が進展する社会に対応するため，地域経済を担う社会人の育成を目指して，情報処理科，流通経済科，国際経済科の3学科を設置している。また，国際理解教育の一環として，台湾を修学旅行先としており，現地高級中学※と教育交流提携を調印し交流を行っている。

※
高級中学
日本における普通科高等学校に相当する。

苫総経では2016（平成28）年からの2年間，国立教育政策研究所「教育課程研究指定校事業」を受け，主に商業に関する知識，技術を活用して課題を解決するための思考力・判断力・表現力等の育成を重視した学習指導と，他者と協働するケーススタディやディベートなどの言語活動を取り入れた学習指導の実践研究に取り組んだ。研究概要としては，教科商業科のビジネス情報分野に関する科目群において，基本的な知識や技術等を習得させ，情報を適切に処理する力を身に付けるとともに，情報を活用した業務の効率化を提案し推進する力を育成するため，

▲ペア学習の様子

科目「情報処理」及び「プログラミング」において，自ら課題を解決するための思考力・判断力・表現力等の育成を重視した他者と協働するディベートやケースメソッド等の手法を活用した授業を実施した。

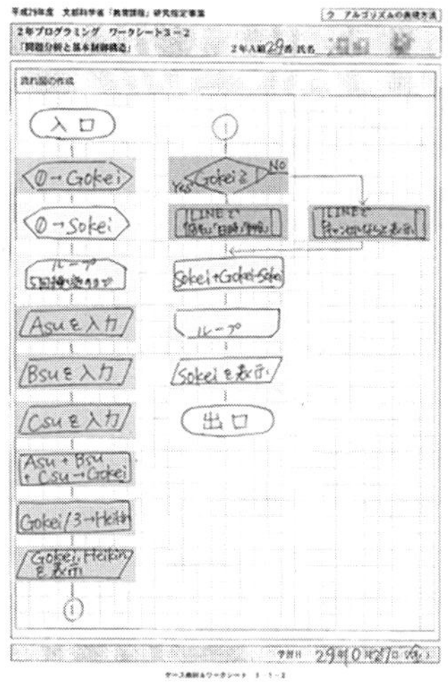

▲ふせんを活用した流れ図の演習

研究の視点は4つある。1つ目は，科目「情報処理」の内容「(3) ビジネス情報の処理と分析」において，知識構成型ジグソー法のほか，ディベートやケースソッドの手法を活用して，情報に関する主体的な学びを促すとともに，ビジネスに関する有用な情報を提供できる力の育成に関する視点。

2つ目は，科目「プログラミング」の内容「(2) プログラミングの基礎」において，ケースメソッドの手法を活用して，ビジネスの場面におけるプログラムの役割について理解させ，コンピュータを合理的に活用できる力の育成に関する視点。

3つ目は，科目「情報処理」及び「プログラミング」の共通の取り組みにおいて，各科目で育成すべき人材像を明確化するため，単元ごとに「何ができるようになるのか」と，そのために育成すべき資質・能力を設定し，「何を学ぶか」「どのように学ぶか」「何が身に付いたか」など，学習内容の枠組みを1枚にまとめた単元ベースの学習指導計画の作成に関する視点。

図表4－3－2　単元ベースの学習指導計画

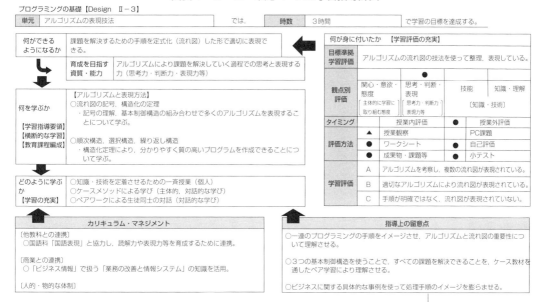

プログラミングの基礎【Design　Ⅱ－3】

単元	アルゴリズムの表現技法	では，	時数	3時間	で学習の目標を達成する。

何ができるようになるか	課題を解決するための手順を定式化（流れ図）した形で適切に表現できる。
育成を目指す資質・能力	アルゴリズムにより課題を解決していく過程での思考と表現する力（思考力・判断力・表現力等）
何を学ぶか 【学習指導要領】 【横断的な学習】 【教育課程編成】	【アルゴリズムと表現方法】 ○流れ図の記号，構造化の定理 ・記号の理解，基本制御構造の組み合わせで多くのアルゴリズムを表現することについて学ぶ。 ○順次構造，選択構造，繰り返し構造 ・構造化定理により，分かりやすく質の高いプログラムを作成できることについて学ぶ。
どのように学ぶか 【学習の充実】	○知識・技術を定着させるための一斉授業（個人） ○ケースメソッドによる学び（主体的，対話的な学び） ○ペアワークによる生徒同士の対話（対話的な学び）

何が身に付いたか　【学習評価の充実】				
目標準拠学習評価	アルゴリズムの流れ図の技法を使って整理，表現している。			
観点別評価		●		
	関心・意欲・態度 〔主体的に学習に取り組む態度〕	思考・判断・表現 〔思考力・判断力・表現力等〕	技能 〔知識・技術〕	知識・理解
タイミング		授業内評価	●	授業外評価
評価方法	▲	授業観察		PC課題
	●	ワークシート	●	自己評価
	●	成果物・課題等	●	小テスト
学習評価	A	アルゴリズムを考察し，複数の流れ図が表現されている。		
	B	適切なアルゴリズムにより流れ図が表現されている。		
	C	手順が明確ではなく，流れ図が表現されていない。		

カリキュラム・マネジメント

〔他教科との連携〕
○国語科「国語表現」と協力し，読解力や表現力等を育成するために連携。

〔商業との連携〕
○「ビジネス情報」で扱う「業務の改善と情報システム」の知識を活用。

〔人的・物的な体制〕

指導上の留意点

○一連のプログラミングの手順をイメージさせ，アルゴリズムと流れ図の重要性について理解させる。

○3つの基本制御構造を使うことで，すべての課題を解決できることを，ケース教材を通したペア学習により理解させる。

○ビジネスに関する具体的な事例を使って処理手順のイメージを膨らませる。

4つ目は，評価方法の工夫改善において，学習評価では，単元ベースの学習指導計画を作成するなど，単元や題材を通じたまとまりの中で育成する力を具体化し，評価の観点を明確化するとともに，カリキュラム・マネジメントの内容を記載することにより，他教科や商業科内の他科目とのつながりを可視化できるようにする視点。

こうした授業改善の取り組みによって，生徒が課題に対して主体的に考察するなど，より授業への関心を高めて，積極的に取り組む姿勢がみられるようになるとともに，講義中心の一斉授業の場合においても，知識を深めながら様々な考え方や解決方法に触れ，積極的に発言する場面が多くなった。

※
高等学校OPENプロジェクト
　プロジェクト名の「OPEN」とは，Outgoingness（社会に開かれた教育課程により），Planning the career（自らの将来を設計し），Encouragement（学校や地域の活性化を図り），Neighborhood（地域や企業等と協働した取り組み）という意味である。

2　道教委の取り組み－高等学校OPENプロジェクト－

道教委「高等学校OPENプロジェクト」※では，2018（平成30）年度からの3年間，北海道の基幹産業を支える人材や，地域を守り支えていく人材を育成するため，地域の自治体や企業，産業界などの関係機関等と協働し，生徒が地域社会の一員としての意識をもちながら，地域の課題を解決するためのテーマを設定し，地域とともに解決を図る実践研究を行っている。研究指定校の決定については，プロポーザル審査を通して，15校が選定された。各学校で発足した「地域みらい連携会議」の構成員がコーディネーター役となり，学校と市町村などの行政機関，企業，地域と連携・協働することにより，高校生が当事者意識をもちながら，人口減少，労働力不足，環境保全など，地域の課題をテーマとして解決に向けた取り組みを実践している。商業科においては，研究実践を教育課程に位置付け，多くの生徒が当事者意識をもって研究を行うことにより，地域産業の持続的な発展を担う職業人の育成を目指している。

図表4－3－3　高等高校OPENプロジェクトの概要

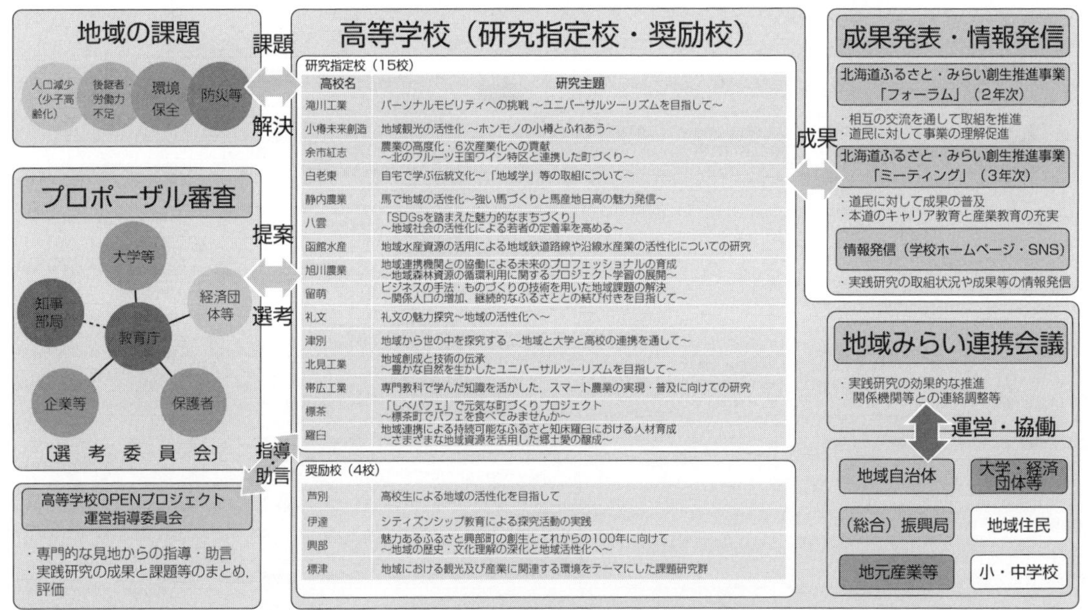

①　北海道小樽未来創造高等学校の取り組み

小樽市は札幌市から約40kmの距離にあり，「観光都市・小樽」として有名な街である。北海道小樽未来創造高等学校は，2018（平成30）年4月に商業科，工業科の総合校として新設された。商業科では，地元企業から即戦力として求められる人材の育成及び，生まれ育った街への愛着心の育成を目的に研究を行っている。特に外国人観光客とのコミュニケーションを含めた「ホスピタリティ」の習得と，イベント等の企画力・運営力の育成，地元に貢献できる資質・能力の向上を図っている。

▲ホスピタリティ習得を目的とした観光案内実習の様子

小樽市の訪日観光客数は年間約317万人（2018年度小樽市調べ）であり，特にアジア圏を中心とした観光客が多い。

そのため，観光客を迎える地元商店街をはじめとする市内企業等において，外国語によるコミュニケーションを図ることができる人材や商品開発，販売促進など専門的な知識・技術を習得した人材の確保・育成を必要としている。そこで，科目「ビジネス基礎」において，ICT機器を活用したコミュニケーションの知識及び技術の習得や，ケースメソッドを取り入れた言語能力の育成に力を入れている。例年，「利尻屋みのや　小樽歴史館」において「お茶会」を開催しており，筝の演奏や茶のお点前を披露するなど，訪日外国人観光客に対し日本文化に親しんでもらう活動を行っている。参加した生徒には，普段の授業で身に付けた外国語を活用できる機会となっており，外国人とコミュニケーションを取ることにより，英語，中国語などの語学を身に付けようと，意欲的に学習に取り組む態度を育成している。また，学校設定科目である「観光一般」の授業では，「おたる案内人検定」などに取り組むことで，小樽市の歴史的価値を理解し，観光ガイドの実践に生かしている。

②　北海道八雲高等学校の取り組み

八雲町は道南・渡島管内に位置し，東は内浦湾，西は日本海の２つの海に面した農業・漁業の町である。八雲町は少子高齢化，人口減少をはじめとした地域課題を抱えており，北海道八雲高等学校の実践研究では高校生が地域の調査を行い，情報収集，整理・分析することにより，産業振興などの観点から課題解決を模索し，町への提言を行うことを目的としている。具体的な活動としては，「SDGsを踏まえた魅力的な町づくり」をテーマに大学生と合同でフィールドワークやワークショップを行うとともに，八雲町の中高生に実施している意識調査アンケートを取りまとめ，八雲町の課題及び若者の将来に対する期待を整理し，町づくりに対する意見をまとめている。

また，八雲高校の総合ビジネス科の生徒が，八雲町が運営する「まちづくり会社」における「ふるさと納税」に係る業務を担当している。主な活動として，ふるさと納税の返礼品の商品開発を行っており，先駆けて外部講師からビジネスを学ぶ「商人塾」を開催した。商人塾では，はじめに商品開発における「ネーミング」，「キャッチコピー」制作の方法についての講義を受け，商品販売を行うターゲットや，商品が顧客に使用されるシーンを考えることの大切さについて学んだ。次に，八雲高校で開発している商品のネーミングなどのアイデアを生徒間で出し合うなど，ワークショップを行った。町内の企業の協力で完成した商品は，八雲町産の牛乳やいちごを使用したタピオカドリンク「ホワイトベリーバブル」，八雲町の根昆布やホタテを粉末にした「海鮮ふりかけ」などである。今後は，科目「総合実践」において八雲町の魅力を発信できるよう，開発した返礼品の魅力を納税者に伝える力などを学び，高校３年間でビジネスマインドを育成することとしている。

3　おわりに

2018（平成30）年3月に告示された高等学校学習指導要領では，生徒が知識を相互に関連付けてより深く理解したり，情報を精査して考えを形成したり，問題を見いだして解決策を考えたりすることなどを重視した学習の充実を図るため，授業改善が求められている。各学校において定める目標及び内容については，実生活や実社会で生きて働く資質・能力を育成するため，地域や社会との関わりを重視することとなっている。

こうしたことを踏まえ，道教委では，2020（令和2）年1月に「探究的な学習活動の実践事例集」をまとめた。これは「高等学校OPENプロジェクト」の実践をはじめ，持続可能な社会の実現や，国際社会に関わる課題，地域や学校の特色に応じた課題などに取り組んでいる学校の事例を取りまとめ，各学校が本事例集を参考に，地域課題探究型のキャリア教育を推進していくことができるようにしたものである。

今後においても，地域を担う人材の育成には，専門高校を含む地域全体で，それぞれの役割を果たしていくことが必要であり，産業界や大学等と接点をもつ社会に開かれた教育環境の構築を推進していく。　　　　　（岩館　良伸）

3　高大連携，7年間で実学を究める～ほんまもんのビジネスを学ぶ～

少子化に伴う生徒数の減少に加え，大学・短大進学率の高まりに伴い，卒業後の就職を基本とする従来の商業高校のスタイルでは生徒の確保が難しく，大きな変革を迫られることとなった。そのため大阪市の商業高校では，教育の質の向上を図るべく現場レベルでの研究組織としての「大阪市ビジネス教育推進委員会」を活用し，教員自らの手で教育の質の変革への挑戦を推進した。一方で大阪市教育委員会事務局は，少子化に伴う高等学校の整理・統合の中で，大学と連携した真に「ビジネスのスペシャリスト」を育成できうる学校を標榜し，「大阪ビジネスフロンティア高等学校」を設立し，全国初の「グローバルビジネス科」を立ち上げた。

この大きな2つの流れを基に連携大学との協力関係のもと，「ほんまもんのビジネスが学べる」教育環境が整備された。設立当初の取り組みを通じて，商業高校改革の1つの方向性を示したい。

1　問題提起～今，何が問題なのか？

大学に進学する商業高校生が増加してきている。しかし進学後の問題として，商業高校卒業生の専門性は大学で継承されず，普通科卒業生の簿記・会計力などの習得を待った上で，商業の学びを再開させられる。一方，商業高校卒業生は，大学の一般教養，とりわけ英語の授業についていくための努力を余儀なくされ，商業科目を学び続ける余裕がなくなり，結果，専門性の高いはずの簿記・会計の学びへの意欲が減退していく。職業高校である商業高校にとって就職後に真に実力が発揮できるよう，ビジネスの変化に対応した教育プログラムを推進していくことは当然のこととして，進学を選択する生徒の増加にも商業高校としての対応で相応の工夫が必要なのではないか，また大学では商業高校卒業生の専門性をより先鋭化して，より高い学びにつなげられないか。この想いを形にした学校，大阪ビジネスフロンティア高等学校（以下，OBFという）を例に，商業教育の1つのスタイルを報告する。

現状認識と課題

進学を前提とすると

・大学は既にユニバーサル・アクセスの時代

　学校基本調査結果（確定値）によると，2019（令和元）年度大学・短大進学率は過去最高の58.1％で，商業高校もこれを強く意識する必要性に迫られている。

・仕事の質の変化

　従来新人を育てるための簡易な仕事は外部委託や派遣，パート，そして機械化に移行し，即戦力人材のみを採用する傾向にある（＝会社で育てることを前提としない）。また，新人社員に任せる仕事も単純作業から高度化の傾向にあり，商業高校でも単純事務の担い手ではなく，マネジメントもできる即戦力人材の育成をより一層意識すべきである。

商業高校内では

・検定合格至上主義の傾向で実学を実感できない。

　体験型授業で，社会と学びのつながりを実感させる必要がある。また，商業の専門性を担保しつつ，大学につなげ，さらに専門性を高めるしくみが必要である。

・ビジネス社会で求められる能力としてのコミュニケーション能力，とりわけ英語力が不十分なため，その強化が急務である。

進学先大学では

・進学後の大学がもつ商業高校への先入観や，変化する商業教育への理解不足がある。大学に入っても普通科高校卒業生と同じスタートラインで，専門性が生かせない。資格によって単位減免などはあるものの，その間，普通科出身学生の成長を何もせず待つうちに，学ぶ意欲の減退が起こる。

⇒連携授業などを通じて，生徒に触れ，商業教育の質の高さを理解してもらう必要がある。

⇒大学入学後，商業高校卒業生の専門性を先鋭化し，より実践的なビジネススペシャリスト育成のため，商業高校入学から大学卒業までの7年間を見越したシステムをつくり，普通科卒業生では到達できない高い実践力を持つ社会人として送り出すしくみを構築していく必要がある。

2　大阪ビジネスフロンティア高等学校（OBF）という解決策

①社会が求める知識・技術（国際言語でもある3分野）

・数字への感性（簿記・会計）

・IT技術（Word・Excel・PowerPoint・Access，Web関連技術）

・コミュニケーション力（特にプレゼンテーション能力と英語力）

②ところで，大阪ビジネスフロンティア高等学校（OBF）って？

7 Steps
高大連携7年間を見通したプログラムで
「ほんまもんのビジネス」を学ぶ
Step4～7　大学1～4年生
高度な専門知識を学び
ビジネスのプロフェッショナルになる
Step3　高校3年生
進路に応じた選択科目で
一人ひとりの「夢」の実現に近づく
Step1・Step2　高校1～2年生
文章を読み取る力
表現する力を身に付ける
「英語」「情報」「会計」の力で
大学進学の扉を開く！
大阪ビジネスフロンティア高等学校は，
おもに商学部や外国語系学部への進学を
目的とする高校です

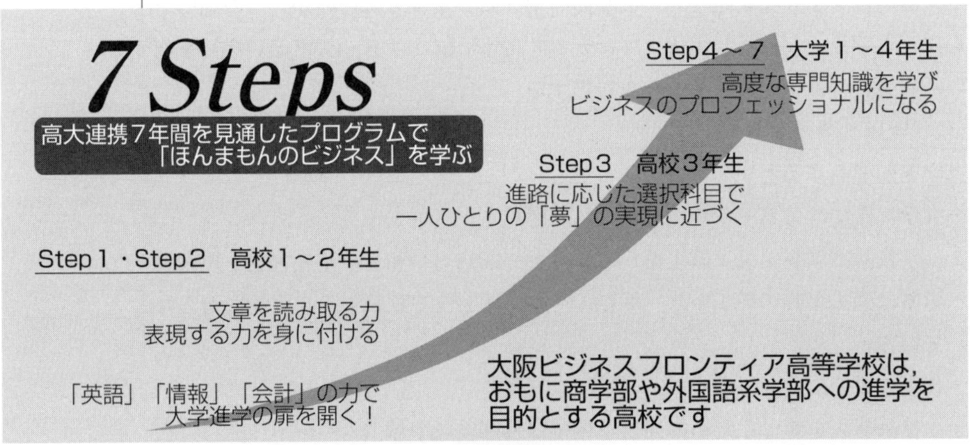

▲OBFの高大連携7年間のイメージ

学科はグローバルビジネス科を設置している。大学・産業界と連携した7年間のプログラムで「ほんまもんのビジネス」を学ぶことを目的としている。

OBFの7年一貫教育は，大きく3つの段階から成り立っている。まず，STEP 1～2では，言語力の育成と資格取得を目指す。STEP 3では進路別学習を，STEP 4～7では，連携大学において，OBFでの学習を生かした特別プログラムを実施している。

③カリキュラムの特徴

簿記の楽しさ，実学としての優位性を理解させる授業，必要な資格に絞った指導を中心としている。また，探求型の授業を通じて，簿記や情報への興味関心を高め，知識を知恵に変える能力を養う。

さらには，ビジネス世界で確実に必要とされる英語力についても，英語科を持つ普通科高校と同等程度（選択科目も含む）の授業時間数を確保し，産業界が求めるコミュニケーション能力の核となる英語力を身に付けさせるようにした。

そして，大学との接続科目となるビジネス基礎（ビジネス・アイ），ビジネスマネジメントでは，教科書を連携している大学の先生方に作成していただき，各学年週3時間取り組むことにより，経営リテラシーを身に付け，大学につながる商業基礎の習得を行う。

同時に，連携大学に準備頂いた連携している授業を展開することにより，大学進学後の学びを想起させ，進学後の学習意欲向上を図ると同時に，より先鋭化された学生の輩出の一助となす。

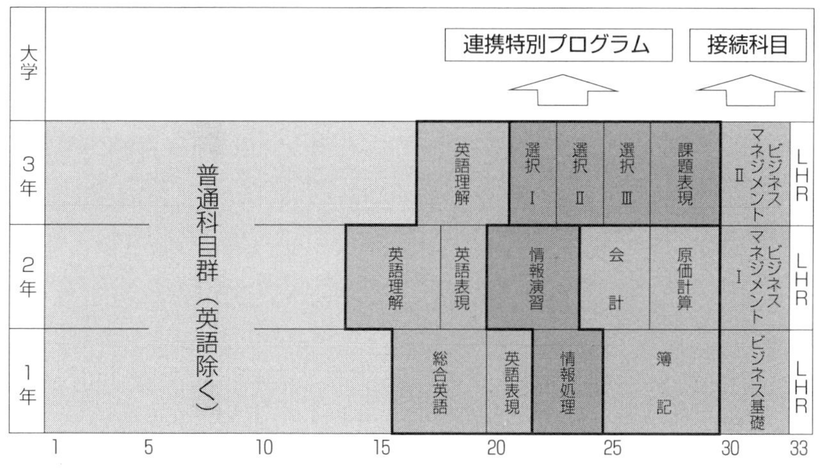

◀ OBFの教育課程表の概要

④具体的な取り組み（設立当初）

従来の商業高校生は，検定のスモールステップを登ることで，達成感を得るとともに，職業技術や専門性について自分のできる範囲を明確に意識し，自己有用感を形成してきた。検定が学び続ける意欲を維持するという役割を果たしてきたのである。しかしながら，「資格取得のための傾向と対策」的学習が中心となることで，理論的な理解が不十分になっている。多くの検定種目を取得すること，即ち受検そのものが目的となり，学ぶエネルギーが分散してしまっている。資格の取りやすい種目に傾斜して，進路実現のために必要な種目について重点的に取り組めていない。まずは，ビジネスの勉強に興味や関心をもたせ学習意欲を育てる必要があると考え改革した実践的な教育に取り組んでいる。

ア　宿泊オリエンテーション

「社会人基礎力の最初の一歩」を身に付けることをテーマに実施。

目的：快適な学校生活を過ごすための，ルール・マナーを確立する。

　　：新しい仲間同士の理解を深め，輪を広げる。

合宿では「ビジネスチャレンジ講座～夢の文具を企画しよう」と題し，チームでの商品企画・発表・順位決定の簡単なビジネスチャレンジを実施。荒唐無稽なアイデアを出す中で「人の意見を否定しないで議論を進める」ことを条件とし，高校での3年間を通して，会話の中で肯定的，共感的発言を義務付ける。それにより，「ポジティブな発想と，協調性・チームで働く力」が着実に身に付くと同時に，積極的な姿勢が育まれる。

イ　キャリア教育

目的：社会人基礎力を身に付ける。

前身の大阪市立市岡商業高校から引き継ぎ，2009（平成21）年度から行ってきた高校・企業連携による実践型職業教育の取り組み。学外の企業・組織と協働しながら学ぶことで，実社会・実生活とつながっていることを実感させ，考え抜く力，イメージ，アイデアを具現化するための行動力，チームで協力する力などを育成する。

(ア)　産学連携授業

・1年生での取り組み

「めざせ文具の星！～ユニバーサルデザインで売上No. 1をめざそう～」と題して6日間のプログラムで産学連携教室を実施。

・2年生での取り組み

あずさ監査法人及びNPO法人JAEと連携して「良い会社・悪い会社を見抜け！」という題で生徒たちにとって身近な企業の財務諸表を分析する中で，簿記・会計の授業がいかに実践的な学びであるかを体感してもらう。四半期決算を読み解きながら次期の四半期決算を予測する活動の中では，企業のエポックの確認，株価の推移をトレースするために日々，日本経済新聞から情報を取り出すなどの作業もあり，会計をより身近なものとして捉える授業設計になっている。

・夏季特別講座「経営コンサルタント実践」（桃山学院大学との連携授業）

本校生徒と桃山学院大学学生・留学生でチームをつくり，提携している企業を対象に企業分析を一週間にわたり実施し，最終日に当該企業の経営層にコンサルティング内容の発表を行う。授業で学んだ様々なマーケティング調査を実践し，実際に店頭や企業内部に入り込んだリサーチを通じて，「考える力」や「コミュニケーション能力」を醸成する。

・BATIC（国際会計検定）への挑戦（土曜みらい塾の中で実施）

これも，連携大学である桃山学院大学の協力で開催。4月から7月の毎週土曜日，各々2～3時間講義形式で東京商工会議所主催の「BATIC（国際会計検定）」について学び，7月末の検定に挑戦する。

国際社会にこれから飛び出す商業高校生の強みを会計の世界で生かすための取り組みで，この学びに興味をもった生徒たちは桃山学院大学に進み，米国公認会計士（USCPA）に挑戦する。数歩先を走り始めた生徒たちの専門性がより高まるしくみである。

・「キャンプキャンパス」（京都産業大学との連携授業）

本校生徒と京都産業大学生が研修センターでともに生活しながら，大学の連携授業を受講する。大学で実施しているPBL（課題解決型授業）の準備授業として，課題発見型授業を学ぶ。

このほか，京都産業大学とは，探求型授業で発揮される生徒の能力の評価方法についても，文部科学省事業「多様な学習成果の評価手法に関する調査研究」を活用して研究を進めた。知識ではなく「知恵」や「努力」をいかに公平に評価するのか，高校と大学が協力して研究することで，相互の理解がさらに促進された。

(イ)　高大接続授業（グローバルビジネス科としての取り組み）

高大接続科目は1年生の「ビジネス基礎」，2年生の「ビジネスマネジメントI」，3年生の「ビジネスマネジメントII」の3科目9単位となっている。関西大学元副学長，商学部の廣瀬名誉教授がグローバルビジネスの担い手を育てるため，特にOBFの生徒のために執筆された世界水準のビジネス教育テキスト『ビジネス・アイ』を使用している。

授業では，将来，経営のプロになるために，経営リテラシー（経済学，経営学，法学などの基礎や，企業と社会を正しく見る眼）を学ぶ。ビジネスに関する具体的な事例を取りあげ，探究型学習を通して「考える力」を育むことにより，大学でのより高度な学問研究につなげる。（なお，『ビジネス・アイ』に続く２，３年生用の教科書『ビジネス・マネジメント』は先の廣瀬名誉教授のほか連携している大学の多くの先生方の執筆による）。

・ビジネス基礎講座・大学連携授業

廣瀬名誉教授をはじめ，各連携大学から多くの教授を講師に迎え，講演会を実施。『ビジネス・マネジメント』執筆の大学教授から学ぶことで，進学後のイメージも膨らむようにした。

・連携大学における高校・大学接続授業

OBF設立前から連携を始めている関西大学，京都産業大学， 関西外国語大学，桃山学院大学とは，特別入学制度を活用し，専門性を高める連携大学ごとの高大接続教育プログラムやゼミナールによる人材育成プログラムを用意していただいている。

これにより，商業高校生が普通科出身の学生に先んじて専門課程の学びに取り組むことができ，先鋭化，専門性の高い人材の育成につながっている。

大学との連携プログラムは，下記のようなものがある。

関西大学 商学部	「ALSP（会計連携特別プログラム）」，「BLSP（ビジネスリーダー特別プログラム）」等により，専門性の高い教育システムで接続。
桃山学院大学 経営学部	国際会計コースでは，本校で実施している国際会計検定講座の受講者を，マーケティングコースでは，経営コンサルティング体験講座の受講者を受け入れている。
京都産業大学 経営学部	OBF生徒対象の課題発見型授業の実施。

・「グローバルビジネス教育研究所」（G-BEL）の設立

連携大学の教授陣を中心に，商業高校と大学の連続した７年間の学びをいかに構築するか，これからの国際社会で活躍できる若者を高校と大学で連携して育てるしくみについて考える継続的な研究機関として，高校内に研究所を設立して，研究を続けている。

(ウ)　国際交流・グローバル教育（使える英語力の育成）

「日本の若者は，英語を話す際にThink,Think,Think，そして最後には何も話さずに会話から取り残される。もっと，Speakingから始める教育をしないと…」米国総領事の言葉である。OBFではそれを踏まえ，使える英語力の醸成を図るべく，積極的な「活用する場面の提供」に力を入れている。国際ビジネス社会に通用する教育や言語力の育成を図るため，週３日７時限授業（週あたり33時限の授業）で時数を確保し，英語における少人数編成授業など，きめ細やかな指導を行っている。加えて，海外姉妹校や連携大学の協力による語学研修などの国際交流や国際理解教育の充実を図っている。

・海外ビジネス研修

グアム島で実施。いわゆる語学研修ではなく，実際にビジネスの現場を体験することでグローバルビジネスの本質の理解を促進する。米国総領事館・グアム大学の全面的な協力で実施可能となった。

・姉妹校との交換短期留学

オーストラリアにある２つの姉妹校と連携し，夏季休業期間に約２週間のホームステイによる留学を実施している。

・「イングリッシュビジネスプランコンテスト（EBC）」

夏休み直前から年明けまでの断続的な研修を経て，ビジネスプランを考え，英語で発表する大会を開催している。ゲスト講師や審査員には生徒たちがワクワク，ドキドキするような方，たとえば，米国領事，在日米国商工会議所メンバー，国際機関日本アセアンセンターの管理職，株式会社博報堂マーケティング部門部長，大学教授，TOEIC満点常時獲得のカリスマ講師などにお願いしている。テーマは，「大阪を世界に売り出せ」，「アジア向け新規事業を考えよう」，「アメリカンドリームをつかめ・米国で起業しよう」など。

以上，OBFが2012（平成24）年度開設した当初の取り組みを中心に，高大接続した７年間の学びの実践について記載した。その後，連携大学も拡大し，大学のゼミ参加などもさらに積極的に取り組まれており，当然相当な進化を遂げているが，設立当初に上記のようなしくみが構築できていれば，商業高校の学びそのものがベースとなっているだけにいずれの商業高校でも実施は可能と考える。

大学側にとっても，専門性の高い，先鋭的な，そして学ぶ意欲の高い学生の確保が可能となり，より高いレベルでの高等教育が可能になる。積極的な関わりを求めたい。

（井上　省三）

第5章　新しい発見と豊かな発想

第1節　主体的・対話的で深い学び

今日，知識基盤社会の到来によって，単に知識を暗記するだけではなく，幅広い知識とそれをどのように活用していくか，主体的に考える力をもって，生涯にわたって学び続ける「生きる力」を育成することが求められるようになってきた。さらに，予測困難な未来社会を自立的に生きることができるように，「蓄積された知識を礎としながら，膨大な情報から何が重要かを主体的に判断し，自ら問いを立ててその解決を目指し，他者と協働しながら新たな価値を生み出していく」※ための資質・能力を育成することが求められている。

※
2015（平成27）年8月26日「教育課程企画特別部会論点整理」より。

これらの資質・能力は，受動的な教育の揚では育成することができない。これまでのような知識の伝達・注入を中心とした授業からの転換が必要となる。学ぶことと社会とのつながりをより意識した教育のプロセスを通じて，基礎的な知識･技術を習得する。そして，実社会や実生活の中でそれらを活用しながら，自ら課題を発見し，その解決に向けて主体的･協働的に探究し，学びの成果等を表現し，さらに実践に生かしていく。つまり，主体的・対話的で深い学び（いわゆるアクティブ・ラーニング）への必要性が増してきたのである。

ただ，主体的・対話的で深い学びは，指導法を一定の型にこだわったり，教育の質を改善するための取り組みや，単に授業の方法や技術の改善に終始したりするものではない。生徒の頭の中が，真に「アクティブ」に働いているかである。

このとき，アクティブ・ラーニングの次の３つの視点から，授業改善に取り組みたい。

1　主体的・対話的で深い学びとは

①主体的な学び

ビジネスを通じ，地域産業をはじめ経済社会の健全で持続的な発展を担う職業人として必要な資質・能力を育成するため，見通しをもって実験・実習などを行う。その中で様々な成功と失敗を体験し，その振り返りを通して自己の学びや変容を自覚し，キャリア形成を見据え，学ぶ意欲を高めることが主体的な学びにつながる。

主体的な学びの実現とは，生徒が学ぶことに興味や関心をもち，自己のキャリア形成の方向性と関連付けながら，見通しをもって粘り強く取り組み，自己の学習活動を振り返って次につなげる状態をいう。

②対話的な学び

産業界関係者等との対話，生徒同士の討論などは，自らの考えを広げ深める対話的な学びにつながる。

対話的な学びの実現とは，他者との協働，教職員や地域の人との対話，先哲の考え方を手がかりに考えること等を通じて，自己の考えを広げ深めるプロセスができていることをいう。

③深い学び

企業活動に関する事象を企業の社会的責任に着目して捉え，ビジネスの展開と関連付ける等，商業の見方・考え方を働かせ，自らの考えを広げ深める。その上で様々な知識，技術などを活用してビジネスに関する具体的な課題の解決策を考案する学習活動やサービスの創造等を目指すことで，深い学びにつなげていくことができる。深い学びを実現する上では，課題の解決を図る学習や実践を行う「課題研究」の果たす役割が大きい。

深い学びの実現とは，こうした習得・活用・探究という学びのプロセスの中で，教科商業科の特質に応じた見方・考え方を働かせながら，知識を相互に関連付けてより深く理解したり，情報を精査して考えを形成したり，問題を見いだして解決策を考えたり，思いや考えを基に創造したりすることをいう。

これら3つの視点は，学びの過程では一体として実現され，それぞれ相互に影響し合う。学びの本質の重要な点を異なる側面から捉えたものであり，授業改善の視点としては，それぞれ固有の視点であることに留意が必要である。また，相互のバランスに配慮しながら学びの状況を把握し改善していくことも求められる。

図表5－1－1に，アクティブな学びを創るとされる多様な技法を示す。

図表5－1－1アクティブな学びを創るための多様な技法

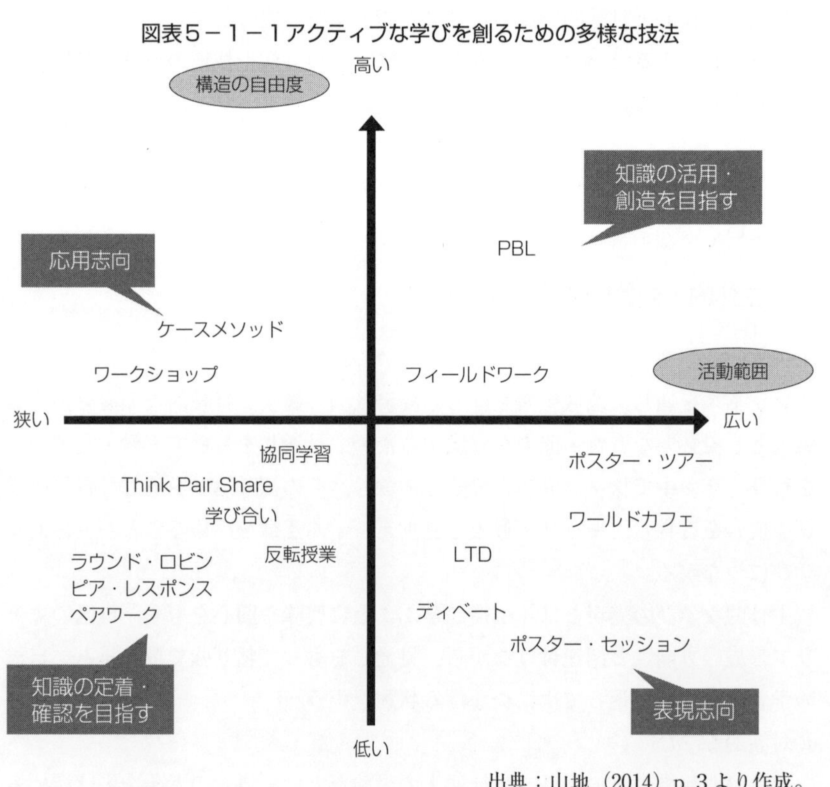

出典：山地（2014）p.3より作成。

2　アクティブな学びを創る

学習の目標と内容及び方法は相互に関連すべきであって，学習指導はそれら３者が統一的に把握されるところに成立する。目標を達成するためには，それに適切な内容と方法の選定が重要な要件となる。つまり，何を（内容），どのように学ぶ（方法）のかが，目標を達成する上で教師にとって重要となる。

ここでは，多様なグループワークの方法について，どのように学ぶか（実施方法），何ができるようになるか（特徴に示す），効果的な学びの技法を示していく。

⑴　ペアワーク

生徒同士で二人一組のペアをつくり，主体的に学習させる技法をいう。

［実施方法］

①二人で組になる。

②ペア同士で特定の話題について議論や会話を行う。

［特徴］

①公式や用語などの学習事項を確認し合うことで，対等な双方向のコミュニケーションができるので，学力アップに役立つ。

②生徒のコミュニケーション能力を育てることができる。

ペア・リーディング

①２種類の文献を用意し，ペアを組ませた学習者に配布する。

②学習者は分担して文献を読んだあと，その内容を要約して相手に伝え，学習する。読書力，要約力，説明力を身に付けさせることができるが，仲の良い友人同士では，真剣に取り組まない可能性があるので，組み合わせに配慮する必要がある。

⑵　Think-Pair-Share

最初に各個人で考え，その後それぞれの考えについてペアで話し合い，その結果を全体で共有することによって，理解を深め，表現力を磨く技法である。

［実施方法］

①クラス全体に１つの問題や課題を出す。

②個別に回答を考える。

③ペアを組んで意見を交換し，議論する。それぞれの考えの根拠を明確にし，意見の統合を目指す。

④２つから３つのペアで１つのグループとなり，ペアで話し合った内容を共有する。

［特徴］

①個人，ペア，クラス全体と場面に応じた学びをすることができる。

②思考力や表現力を高めることができる。

⑶　ラウンド・ロビン

簡易的なブレインストーミングで，４人～６人のグループで順番にアイデアや意見を述べていくことで，課題の発見や表現力の向上などにつなげていく技法である。

［実施方法］

①クラス全体に１つの問題や課題を出す。

②グループをつくり，時間制限や何周するかなど詳細を決める。また，出されたアイデアに対し，その場で質問や評価をしないことを確認しておく。

③順番に，簡潔にアイデアを出していく。

［特徴］

①質問や評価を挟まないことで，新しい考えを次々に生み出していくことができる。

②全員に順番がまわるため，普段は消極的な生徒の考えも聴くことができる。

③他者の意見を聴くことで，思考力や表現力を高めることができる。

(4)　ピア・レスポンス

ペアまたはグループでそれぞれが書いた文章表現について，意見や感想，改善すべき箇所を述べ，推敲を重ねていく技法をいう。

［実施方法］

①ペアまたはグループをつくり，それぞれのレポートやプレゼンテーションなどの概要を各自で確認する。

②一人が発表者となって自分のレポートやプレゼンテーションの概要を説明し，他方は聞き手となる。

③聞き手は発表者の内容を適宜確認し，意見や感想，改善すべき点を伝える。

④役割を交代して②～③を繰り返す。

⑤聞き手による意見や感想，改善すべき点を参考にして，各自がレポートやプレゼンテーションを修正する。

［特徴］

①書く・話すと読む・聞くという双方の立場を体験することができる。

②相手にわかりやすく伝えようとするため表現力が高められ，他者の意見・批判を受けることで改善する力を強化できる。

コラム　学びの3ステップモデル

Think-Pair-Shareを「学び」で再構築し，学習要素と学習法を組み合わせた技法をいう。

［実施方法］

①講義を行い，課題または問いを出し，個別に取り組ませる。

②ペアを組んで互いに考えた回答を伝え合い議論し，意見を併せて1つの見解にすることを試みる。

③全体で，それぞれ②で話し合った内容を紹介し，最後は個別で考えを再構築させる。

［特徴］

①学習規範を確立し話し合う環境をつくり，協働して学習する集団づくりを目指すことができる。

②学習スキルなどを教え，それをどう生かすかを考え実践させるので論理的に考えることができる。

③3つのポイントにまとめる能力が身に付く。

④50分の授業時間内で，状況に即して各時間配分を調整しながら実践できる。また，どのような科目にも対応できる。

図表5－1－2　学びの3ステップモデルの概要

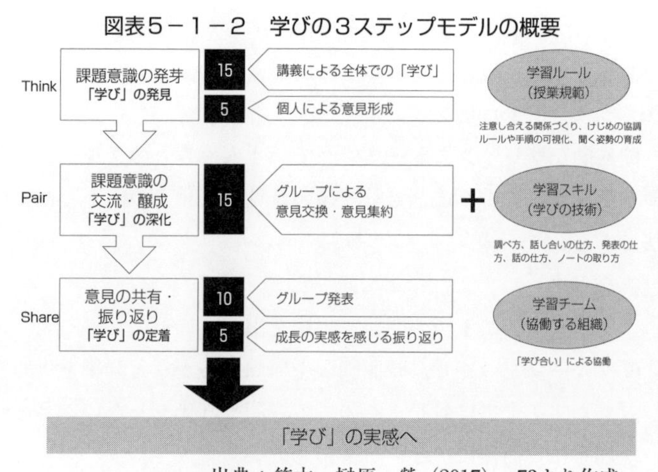

出典：笠木・榊原・榮（2017）p.73より作成。

⑸　協同学習

グループの学習目的を達成するために，生徒が自分と他者の学習を最大限に高めるために協同して学習する技法をいう。

［実施方法］

①教師がクラス全体に話し合いの課題を与える。(課題明示)

②与えられた課題について自分の意見を考える。(個人思考)

③ペアを組んで，一人ずつ自分の意見を同じ時間を使って述べ，話し合って課題に対するペアとしての意見をまとめる。(集団思考)

④必要に応じてクラス全体で意見を交換する。(まとめ)

［特徴］

①学習仲間とともに切磋琢磨しながら，真剣に学び合うことができる。

②「協同の精神」をもつことができる。

⑹　学び合い

生徒同士で教え合いながら，自発的に学習していく技法をいう。

［実施方法］

①講義内容について語り，目標を提示する。達成すべき本時の課題について，生徒自身で評価ができるよう，基準は明確にする。

②生徒主体で課題を解かせ合い，集団としてのゴール達成を目指す。

③黒板の「未達成」欄に全員のネームプレートを貼る。

④達成した人から「達成」欄にネームプレートを移す。

⑤学び合いの終了時刻を明記して守らせる。

⑥何人が課題を達成できていないか，本時の学び方はどうだったか，次回以降どのようにすれば全員達成に近づけるか，振り返りを行う。

［特徴］

協力して学び合うことで，全員が課題を達成することができる。

⑺　LTD (Learning Through Discussion)

課題文を深く読み解くことを目標とした，話し合いによる技法をいう。

［実施方法］

ステップ１：予習（個人）

①全体像の把握：課題文を読み，内容を把握する。

②言葉の理解：課題文の中でわからない言葉の意味を調べる。

③主張の理解：著者の主張を把握し，自分の言葉でまとめる。

④話題の理解：③の主張を支持する事例や根拠をいくつか見つける。

⑤他の知識との関連付け：ニュースや書籍などから得た情報を基に，課題文との類似点や相違点，疑問点をまとめる。

⑥自己との関連付け：課題文に関連する自身の経験や考えをまとめる。

⑦課題文の評価：課題文の優れた点や改善点をまとめる。

⑧リハーサル：質問を想定して回答の準備をする。

ステップ２：授業（グループ）

①雰囲気づくり：グループで一緒に学ぶ意識を共有し，予習状況も確認する。

②言葉の理解：新たな発見があった言葉の紹介や，わからなかった言葉の意

味を質問する。

③主張の理解：著者の主張は何かグループで話し合い，相違点を考える。

④話題の理解：話題を選択し議論する。

⑤他の知識との関連付け：予習でまとめたものをグループで共有し議論する。

⑥自己との関連付け：予習でまとめたものをグループで共有し議論する。

⑦課題文の評価：課題文の優れた部分や改善点について議論する。

⑧振り返り：議論について評価する。

［特徴］

チームワークを高めながら，テーマについて理解や評価を深めることができる。また，批判的な思考力や自己学習能力を育成できる。

⑻　ワールドカフェ

創造的なアイデアを生み出すために考案された話し合いの技法をいう。一般的には，参加者がリラックスして話し合いが行えるよう，コーヒーや軽食などを用意して，名前のとおりカフェのような空間を提供して行う。

［実施方法］

①カフェスタイルのテーブルに４人で座る。

②20分～30分の会話を３ラウンド行い，各ラウンドでメンバーを入れ替えながら，話し合いを続ける。

③アイデアはふせんに書き，テーブルの上にある模造紙に貼りつける。

［特徴］

カフェのようにリラックスした空間でオープンに会話することで，自由にコミュニケーションができ，知識の獲得や創造的な考えが生まれやすい。

⑼　フィールドワーク

現地に出向き，体験・発見を通して課題解決方法を探っていく技法をいう。

［実施方法］

①個人またはグループでテーマについて仮説を立て，教師から調査方法のレクチャーや動機付けを受ける。

②現場に出向き，グループで対象について観察，調査，分析をする。

③課題や解決方法を話し合う。

［特徴］

①問題発見・課題解決的な能力を高めることができる。

②幅広く教育に活用できる。

⑽　PBL（Project Based Learning）

生徒の主体的な学習が中心の授業で，個人またはグループでプロジェクト※を遂行しながら学習する技法をいう

※
プロジェクト
　自主的研究と総合的活動を必要とする研究課題をいう。

［実施方法］

①個人またはグループをつくり，課題を提示する。

②生徒が主体になってグループで討論を行う（教師の発言は10％以下が原則）。

③授業時間外の自己学習をすすめ，学習記録を作成する。生徒の学習意欲を高めるために，学習の定着度を確認する。

④自己学習の成果を踏まえて，再度グループで討論を行う（必要に応じて③

と④を繰り返す)。

⑤成果が発表できるように準備する。

⑥成果の発表を行い，活動を振り返る。

［特徴］

①知識の必要性，応用性，有用性を理解できる。

②知識を総合化して理論化することができる。

⑾　反転授業（Flipped Classroom）

従来の学校での授業と，自宅での学習を反転させた技法をいう。従来は授業で行われていた知識や理論の学習を予習として自宅で行い，学校の授業ではグループワークなどで発展的な演習を行う。つまり反転授業では自宅で知識や理論のインプットを行い，授業ではそのアウトプットを行うことになる。

［実施方法］

①生徒は予習として家庭で短い授業の映像を閲覧した上で授業に参加する（映像等では教師は講師としての役割)。

②授業中は練習問題を解いたり，生徒同士で討論や発表をしたりする（教師はコーチ，助言者として生徒の学習を促進する役割)。

［特徴］

①主体的に学習する態度を身に付けることができる。

②タブレット端末やデジタル教材，インターネット環境など情報通信技術を利用して行うほか，紙ベースでも行うことができる。

⑿　ワークショップ※

生徒をグループ分けし，自発的にアイデアや意見を出す参加・体験型の技法をいう。

［実施方法］

①島型形式などに机を配置し，名札，ふせん，模造紙，ペン，時計等を準備する。

②テーマを1つ与え，それについてグループ内で意見を出し合いながら，最終的な結論を出す。原則として意見は否定しない。

③結論を発表し，ワークショップ全体の合意を得る。

［特徴］

①リラックスした雰囲気で，複数人とコミュニケーションをとりながら学習するため，色々な意見を出し合うことができる。

②グループメンバー全員でベクトルを合わせ，参画意識を持って戦略を理解することで，責任感をもたせることができる。

③全員が納得して合意形成をするのに有効である。

⒀　ポスター・セッション

学習した課題や成果を1枚の模造紙にわかりやすくまとめたもの（ポスター）を作成し，対面でその内容を伝える技法をいう。

［実施方法］

①課題や成果を個人やグループで1枚のポスターにまとめる。

②発表者はポスターの前で待機する。残りの生徒は発表を聞いてまわる。

※
できるだけリラックスして参加できる場所，ホワイトボードや，全員が情報を共有できるパソコン，プロジェクタやスクリーンなどがあるとよい。
また，ワークショップのような共同作業では，場を仕切ってうまくまとめるファシリテータの役割がとても重要となる。

③聞き手の生徒が集まった時点で（または設定した時間となったら），ポスターを使いながらプレゼンテーション及び質疑応答をする。説明は3分以内を目安にまとめるとよい。

④残りの生徒は発表を聞いてまわり，必要であれば採点を行う。

［特徴］

①課題や成果を相手にわかりやすく伝えるポスターを作成することで，表現力を身に付けることができる。

②発表者と聞き手の距離が近く，活発なコミュニケーションが生まれる。

⒁　ポスター・ツアー

課題によるポスターの作成に加えて，ジグソー法的なグループの再編成を行い，ポスターの内容を共有する技法をいう。

［実施方法］

①グループをつくり，課題を各グループに割りふって，ポスターを作成する。

②各グループから一人ずつ出るかたちでツアーグループに再編成する。

③すべてのポスターを順番にツアーグループでまわり，自分の作成したポスターの内容について説明する。

［特徴］

①全員にプレゼンテーションの機会があるため，自ずとポスター作成に身が入り，理解して作成しなければいけないという責任感が生まれる。

②グループごとに取り組む課題が異なるため，ほかのグループのポスターの説明を聞くことで，効率よく新たな知識を得ることができる。

（笠木　秀樹）

第2節　ディベート

1　ディベートとは

⑴　ディベートを利用した学び

ディベートとは，一定のルールの中で，ある課題やテーマについて肯定側と否定側に分かれて論理的に議論を交わし，その内容だけに基づいてジャッジが判定を行うという技法である。学校で実施するディベートでは単なる勝ち負けにこだわらず，生徒一人ひとりに肯定側または否定側の意見を考えさせ，発表（交流）させることによって，他者（または自分）へ気づきを与え，学びを深めることができる。

⑵　目標

自ら発見した課題について必要な情報を収集し，その情報を適切に判断して取捨選択し，自分の考えを論理立てて構築して，自らの意見を伝える力（コミュニケーション力）を身に付ける。

主体的な学習に取り組む姿勢と課題を発見する力，課題を解決する力を身に付けさせる。また，他者の意見を聴く※ことによって他者（または自分）に気づきを与えて学びを深めるとともに，批判的な思考力も身に付けさせる。

※
ただ単に「きく」場合は「聞く」を用いる。一方，注意深く，あるいは進んで耳を傾ける場合には「聴く」を用いる。

(3)　授業実践

神奈川県立厚木商業高等学校では，2008（平成20）年度から授業にディベートを取り入れている。従前どおりのチョークアンドトークでの授業スタイルでは，これから社会で必要とされるコミュニケーション力，課題を発見する力，課題を解決する力などを身に付けることが難しいと考えたからである。

目標に示したとおり，コミュニケーション力を身に付けさせるためには，普段の授業から，自分の考えをまとめて人前で話す訓練が必要である。授業の中では，教員側から思考を深めるための発問をよく行った。どの場面でどのような問いかけを行うのか。その問いは考えさせる原点にもなってくる。1回の授業で少なくとも一人1回以上の発言をさせた。1学期にはこのような授業を毎回行うことによって，ディベートを行う土台（基礎）づくりを行っていくことが重要である。そして，2学期に入り実際のディベートの準備を行う。まず，ディベートとは何か。ディベートの技法を用いて生徒に「どのような能力をつけさせたいのか」「何を学ぶのか」を理解させていく。

はじめに，ディベートの「テーマ」または「議題」を考えさせた。授業では「経済活動と法」の中で実施したため，生徒にとっての身近な法律（ルール）ということで，「本校に校則は必要か否か」というテーマとした。

生徒の視野を広げるため，現時点で生徒に「校則は必要か否か」についてアンケートを実施した。校則が必要だと答えた生徒は「否定側へ」，校則が必要ではないと答えた生徒は「肯定側へ」配置した。本人が思っているものとは反対側に配置するにはねらいがあった。「なぜ校則を守らなければならないのか」「なぜ校則は必要なのか」をグループで話し合い，ディベートを実施することによって，肯定側と否定側の生徒がお互いに相手の気持ちに気づき，双方の理解につながった。日頃から校則で指導を受けていた生徒はこの授業を契機に反応が少しずつ変化してきて，その後は指導を受ける生徒がいなくなった。

ディベートの結果は「やはり校則は必要だということになった」が，ここでのポイントとして，次の4つを意識して授業を行った。

①自らの考えとは反対の立場で考えさせる。

②自分の考えを発表させる。

③人の意見を聴くことによって，他者（または自分）に気づきを与える。

④気づきによって，理解を深めさせる。

特に④については，振り返りをさせることで，より理解を深めさせることにつながるので重要である。

2　ディベートの進め方

①1クラスを38名とした場合，19名ずつAとBの2グループに分ける。

②AとBをそれぞれ，肯定側6名，否定側6名，ジャッジ7名に分ける。
ジャッジは，必ず奇数となるようにする。

③AとBにそれぞれ異なるテーマを与える。

④テーマについて，図書館やインターネットなどを利用しながら，それぞれ調べ学習を行う。

⑤調べ学習は3時間程度行う。（肯定側，否定側，ジャッジ）
テーマについて詳しく調べ，根拠となる資料を集め，メリット，デメリットをあげて，自分たちで主張する立論，予想される反論に対する答えを準備する。
⑥その後，肯定側は立論，想定質疑，反駁の準備を1，2時間程度行う。
肯定側立論とは…テーマを支持する提案を行う。テーマを支持する提案の理由を説明する。
否定側尋問とは…肯定側の立論を聴いて要点をまとめ，わからなかったことやわかったことについて質問する。
否定側立論とは…テーマを支持しない理由を説明する。
肯定側尋問とは…否定側に自分たちのミスを認めさせるような質問を行う。
否定側反駁とは…否定側の立場で，相手の主張に対して反論し，自分の主張を守る
肯定側反駁とは…肯定側の立場で，相手の主張に対して反論し，自分の主張を守る。
⑦ジャッジは自分が調べた内容を基に，ディベートを実施する前の段階で自分なら肯定側なのか否定側なのかをまとめておく。ジャッジをする生徒にはこれが非常に重要となる。
⑧Aのディベートを実施し，その後Bのディベートを実施する。

1クラスでディベートを1回実施すると7～8時間程度かかるが，効果を考えてみると，コミュニケーション力や批判的な思考力は十分に身に付けられるといえる。

3　ディベートの授業展開

(1)　事例

参考までに，本校では「ビジネス基礎」「経済活動と法」「財務会計Ⅱ」の3科目でディベートを活用した。

①「ビジネス基礎」での授業展開例
・消費税は増税すべきか否か
・自転車保険に加入すべきか否か
・食料を輸入すべきか否か
・非正規雇用はなくすべきか否か
・ゴミは有料にすべきか否か
・高校生は携帯電話を持つべきか否か
・レジ袋は必要か否か

②「経済活動と法」での授業展開例
・校則は必要か否か
・死刑制度は必要か否か（法の意義と役割）

③「財務会計Ⅱ」での授業展開例
・企業を拡大させるためには設備投資は必要か否か

・消費税は増税すべきか否か

(2)　ディベートを実施した成果

・生徒一人ひとりに，積極的に授業に参加し，主体的・協働的に学ぼうとする意欲や態度が身に付いた。
・他者の意見を聴くことで学びを深め，気づきによる新たな知識を探求していくことが楽しいと感じることを確認できるようになった。
・生徒の学習に対する姿勢に変化が現れ，ほかの教科にもよい効果を及ぼし，学校生活全体を充実させるなど，１年間を通じて着実な成長がみられた。

（廣幡　清広）

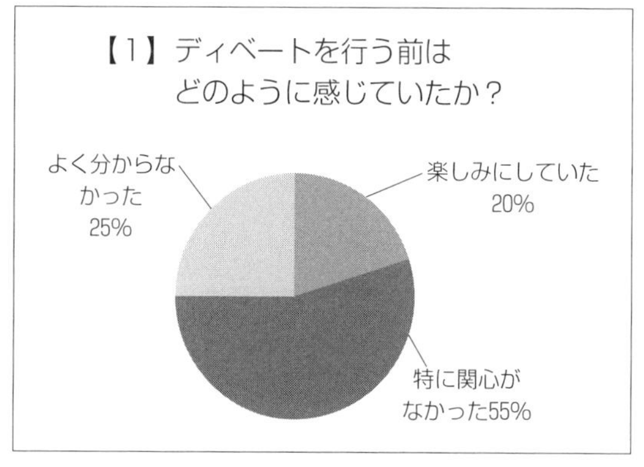

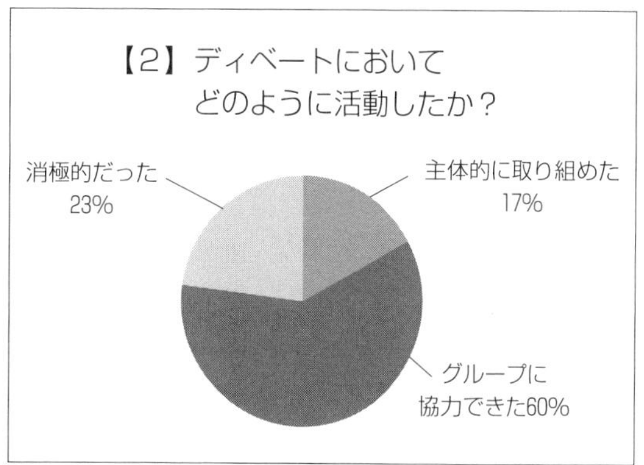

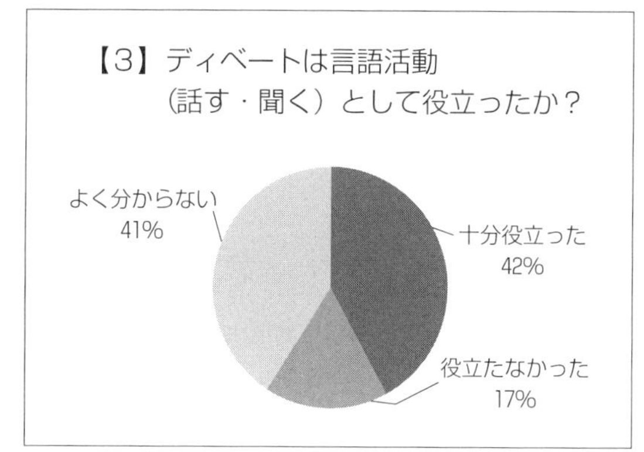

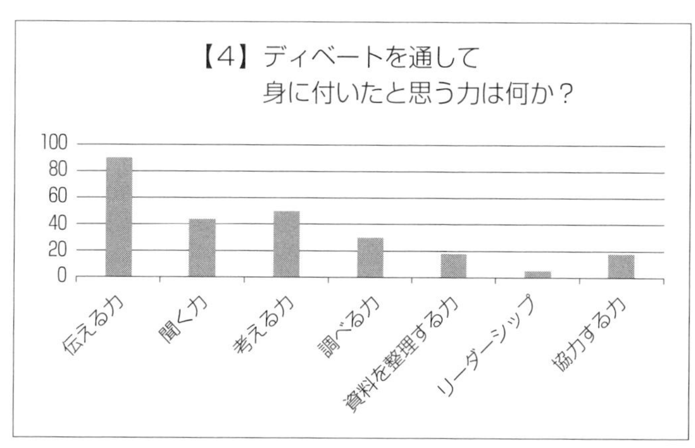

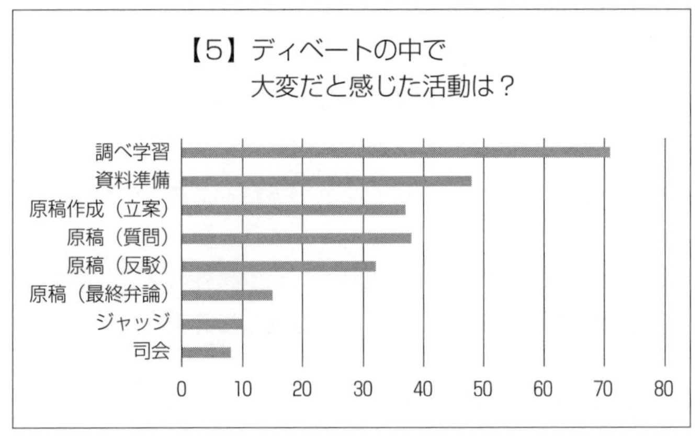

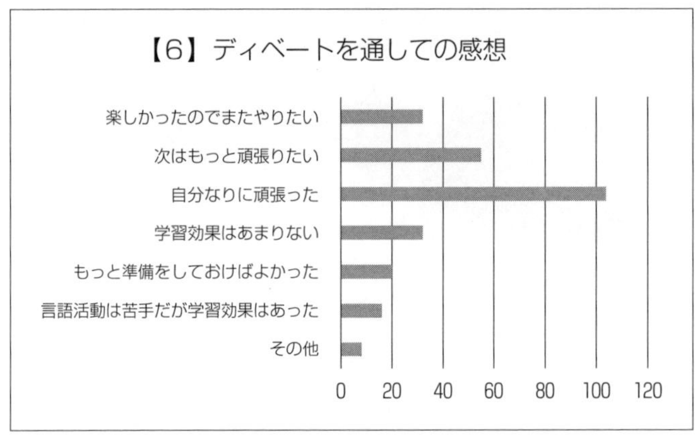

コラム　ディベートで身に付けた○○力を進路で発揮するチャンス

ディベートでは，課題を発見する力，課題を解決する力，傾聴する力，判断する力，表現する力，コミュニケーション力，情報を収集する力，協調性など社会で必要とされる様々な力を身に付けることができる。大学進学や就職活動では，これらの力が役立つ。たとえば，総合型選抜入試では，エントリーシートなど受験生が提出する書類のほか，面接や論文，プレゼンテーションなどが課せられる。その際，ディベートで身に付けた「物事を論理立てて構築する力」を，提出する資料の作成や，プレゼンテーションなどに生かすことで，自分の進路で力を発揮できるようになる。

⑷　指導と評価の計画（全８時間）

時間	学習内容	Ⅰ	Ⅱ	Ⅲ	評価規準［評価方法］
1	**調べ学習①** 全員でテーマに関するメリットとデメリットを調べ，リンクマップにまとめて情報を共有する。		 ●	●	・調べ学習に積極的に取り組もうとしている。［観察］ ・調べ学習で得られた情報を活用している。［ワークシート］
2	**調べ学習②** 立論・反駁で主張する内容を調べる。それぞれの立場で，主張したいことを考え，全員で話し合い，主張と反駁の内容を検討する。		 ●	●	・調べ学習やグループでの検討に積極的に取り組もうとしている。 ・調べ学習で得られた情報をグループで共有し，主張する内容を検討している。［観察］［ワークシート］
3	**調べ学習③** 立論・反駁の内容をまとめ，予想される質問の内容と回答を検討する。 当日の発言者や記録者など役割分担を決める。			●	・調べ学習やグループでの検討を基に，ディベートの発言内容としてまとめようとしている。［観察］［ワークシート］
4	**最終調整** 当日の座席と役割分担の確認をする。 発言内容の最終調整，練習を行い，ディベート本番に備える。			●	・自分の役割を確認し，グループで協力して作業している。［観察］
5	**ディベート**　　…本時 「テーマについて○○するべきか否か」		 ●	●	・全員がディベートに積極的に参加している。［観察］ ・テーマについて理論立てて発表し，表現している。［観察］［ワークシート］
6	**振り返り** ディベートによる学習を通して学んだことを振り返る。	 ●	●		・ディベートによる学習を通して，テーマに関して学んだことを適切に判断し，自分の言葉で表現している。［観察］［ワークシート］ ・ディベートによる学習を通して，テーマに関して理解している。［定期テスト］
7	**単元の振り返り** 教科書を使用して，テーマについてまとめる。	● ●			・教科書を通して必要な情報を収集し，その意味を読み取り，整理している。［観察］［ワークシート］ ・ディベートで扱ったテーマについて，知識として理解している。［観察］［定期テスト］

※　Ⅰ　知識・技術，Ⅱ　思考・判断・表現，Ⅲ　主体的に学習に取り組む態度

(5)　本時の展開例（第５時／全７時間）

	学習活動・学習内容	教師の指導と留意点
導入 （５分）	○あいさつ・出席確認 ○本時の学習内容について理解する。	○きちんとあいさつをさせる。 ○指定した座席に座っているか確認し，出席確認を行う。 ○事前に決定している役割を全員が果たすように指導する。
ねらい：ディベートを通じて，テーマ「○○」について考え，他者の意見を聴き，自分の考えをまとめる力を身に付ける。		
展開 （40分）	○ディベート 司会挨拶 肯定側立論（３分） ↓ 作戦タイム（２分） ↓ 否定側質疑（３分） ↓ 作戦タイム（１分） ↓ 否定側立論（３分） ↓ 作戦タイム（２分） ↓ 肯定側質疑（３分） ↓ 作戦タイム（１分） ↓ 否定側反駁（３分） ↓ 作戦タイム（１分） ↓ 肯定側反駁（３分） ↓ 作戦タイム（２分） ↓ 否定側最終弁論（３分） ↓ 肯定側最終弁論（３分） 判定・司会講評（３分）	○スムーズに進行するよう促す。 ○司会者とタイムキーパーのフォローを行う。 ○集中できていない生徒に集中するよう促す。
まとめ （５分）	○ディベートを通じて得られたことは何か考える。 ○あいさつ	○本日のディベートの講評を行う。 ○きちんとあいさつをさせる。

ディベート原稿①　立論（肯定側　否定側）

メンバー：

私たちは　　　　　　　　　　　　　　　　　　　　　　　　　　　　　　ということを主張します。

その根拠は　　　　　　　　　ありますか。（根拠の数）

	根拠	証拠	証拠の出所
1	まず最初に	その証拠は	
2	2番目に	その証拠は	
3	3番目に（最後に）	その証拠は	
4	最後に	その証拠は	

よって　　　　　　　　　　　　　　　　　　　　　　　　　　　　　　ということを主張します。

ディベート原稿②　反駁（肯定側　否定側）

自分たちの主張

私たちは　　　　　　　　　　　　　　　　　　　　　　ということを主張します。

反駁ポイント		根拠
1	まず，（肯定側　否定側）は ということを主張しています。	しかし，それは（　　　　　　）。なぜなら だからです。
2	次に， ということを主張しています。	しかし，それは（　　　　　　）。なぜなら だからです。
3	次に， ということを主張しています。	しかし，それは（　　　　　　）。なぜなら だからです。
4	最後に	しかし，それは（　　　　　　）。なぜなら だからです。

ディベート原稿③　尋問答弁シート（肯定側　否定側）

論題

調べ学習であげたメリット・デメリットを参考に，予想される尋問とそれに対する答弁を考えよう！

		相手側立論	根拠	矛盾点（質問内容）
予想	1			
	2			
	3			
	4			
	5			
実際	1	（肯定側　否定側）は立論の中で と，主張しています。		しかし， ではないですか。
	2	（肯定側　否定側）は立論の中で と，主張しています。		しかし， ではないですか。
	3	（肯定側　否定側）は立論の中で と，主張しています。		しかし， ではないですか。
	4	（肯定側　否定側）は立論の中で と，主張しています。		しかし， ではないですか。

ディベート原稿④　最終弁論原稿（肯定側　否定側）

私たちは，

ということについて，（肯定側　否定側）最終弁論を行います。

ポイント1	立論1	まず第一の（メリット　デメリット）は
	データ・事例	（否定側　肯定側）は，立論の中で と，言いましたが， やはり， です。 なぜなら， だからです。
	理由	その理由は，（否定側　肯定側）は だからです。 なので，（否定側　肯定側）の（メリット　デメリット）には不備・矛盾があります。
ポイント2	立論2	まず第二の（メリット　デメリット）は
	データ・事例	（否定側　肯定側）は，立論の中で と，言いましたが， やはり， です。 なぜなら， だからです。
	理由	その理由は，（否定側　肯定側）は だからです。 なので，（否定側　肯定側）の（メリット　デメリット）には不備・矛盾があります。
ポイント3	立論3	まず第三の（メリット　デメリット）は
	データ・事例	（否定側　肯定側）は，立論の中で と，言いましたが， やはり， です。 なぜなら， だからです。
	理由	その理由は，（否定側　肯定側）は だからです。 なので，（否定側　肯定側）の（メリット　デメリット）には不備・矛盾があります。
終わり	まとめ	このような（メリット　デメリット）があるので，やはり すべきです。

ディベート用判定シート

（　　）組（　　）番　氏名（　　　　　　　）

論題：

	評定ポイント	①肯定側	③否定側
立論	①　自分の判断をはっきり言っているか	1・2・3	1・2・3
	②　理由を説明しているか	1・2・3	1・2・3
	③　表情や言葉遣いは適切か	1・2・3	1・2・3
	④　時間配分はできているか	1・2・3	1・2・3
	評定ポイント	②肯定側（答）	②否定側（質）
否定側質疑	⑤　例や証拠をあげて説明しているか	1・2・3	1・2・3
	⑥　相手の考えに反論しているか	1・2・3	1・2・3
	⑦　表情や言葉遣いは適切か	1・2・3	1・2・3
	評定ポイント	④肯定側（質）	④否定側（答）
肯定側質疑	⑧　例や証拠をあげて説明しているか	1・2・3	1・2・3
	⑨　相手の考えに反論しているか	1・2・3	1・2・3
	⑩　表情や言葉遣いは適切か	1・2・3	1・2・3
	評定ポイント	⑥肯定側	⑤否定側
反駁	⑪　自分の主張を守ろうとしているか	1・2・3	1・2・3
	⑫　相手に対して反論しているか	1・2・3	1・2・3
	⑬　例や証拠をあげて説明しているか	1・2・3	1・2・3
	⑭　時間配分はできているか	1・2・3	1・2・3
	評定ポイント	⑧肯定側	⑦否定側
最終弁論	⑮　内容が明確で理解できたか	1・2・3	1・2・3
	⑯　表情や言葉遣いは適切か	1・2・3	1・2・3
	⑰　時間配分はできているか	1・2・3	1・2・3
	評定ポイント	肯定側	否定側
工夫	⑱　データをうまく活用できていたか	1・2・3	1・2・3
	⑲　内容は適切か	1・2・3	1・2・3
態度	⑳　メンバーは協力できていたか	1・2・3	1・2・3
	㉑　積極的で好感がもてたか	1・2・3	1・2・3
	合　計	点	点

＊合計点が同じになった場合は，どちらの主張の内容に説得されたかで判定をして下さい。

講評

私は，肯定側（　　）点，否定側（　　）点で，（　　　）側の勝ちとしました。

その理由は，

第3節　ケースメソッド

ケースメソッドとは，実際の企業の置かれた状況や課題がまとめられた文章（ケース）を題材に，「自分だったらどうするか」という視点に立ち，生徒自らが主体的に学ぶ技法である。

1930年代にハーバード・ビジネス・スクールでスタートしたこの教育法は，世界各国のビジネススクールや大学，企業研修などで活用されている。主体的に課題に取り組み，自ら発言していくことで「思考力・判断力・表現力」を鍛えるケースメソッドは，商業教育に高い効果をもたらす一方で，教師側の負担も大きく，生徒側の積極性，協調性も欠かせない。本稿ではケースメソッドの方法と効果，商業高校での実践における課題と解決方法について論じる。

1　ケースメソッドとは

⑴　ケースメソッドとは何か

ケースメソッドとは1930年代に米国ハーバード大学のビジネススクールで始まった教育方法であり，日本では1962（昭和37）年に慶應ビジネススクール※が取り入れ，その後普及してきた技法である。教師があらかじめ用意した内容を伝達・解説していく従来の教育方法とは異なり，生徒はケースと呼ばれる特定企業の課題や状況が書かれた教材を事前に配布される。多くのケースにはその企業の置かれた状況と決定すべき「問い」が含まれている。学生は授業前までにこのケースを読み込み，自分だったらどうするのか，それはなぜかといった自分なりの答えを用意した上で授業に臨まなければならない。授業では，教師は学生に「問い」を投げかけ学生の発言や気づきを促し，さらに「問い」を投げかけるということを繰り返しながら，ケースを題材にした学びの場をつくりだす。教師は学生間の議論を誘発させながら課題の本質を理解させ，知識の活用方法を自発的に学んでいく過程をサポートする役割を担う。このケースメソッドは「学びの共同体」(Barnes et al.　1994）といわれ，参加者各人が自分と集団の“学び”のために協力し合うことが重要だといわれている。

※
慶應ビジネススクール
日本最古のビジネススクールであり，ハーバード・ビジネス・スクールのケースメソッドを1962（昭和37）年から取り入れる。会計管理，マーケティング，組織マネジメントなどの基礎科目についてはすべてケースメソッドによって行っている。

⑵　ケースメソッドで得られるもの

ケースメソッドで得られるものは大きい。最も大きいものは知識の使い方を学べることである。通常の授業方式では知識を理解できたとしてもその使い方までは教えてはくれない。知識は，正しく現実の課題を認識し，適合しそうな理論を引き出し，現状に照らし合わせて判断することで初めて使うことができる。ケースメソッドによる学習は，自分がそのケースの当事者になり，答えを用意して授業に臨むことで知識の「活きる使い方」に挑戦し，授業を通じて課題の本質と知識の適用の仕方，意思決定をするということを学ばせることができる。

また，自分の意見を「学ぶ仲間の中」で発言し，ときには批判にさらされることで，論理的に伝える方法とその重要性を学ぶことができる。同時にほかの仲間の発言を聞くことで，様々なものごとの捉え方や課題解決のあり方を学ぶことができる。このケースメソッドが提供する一連の学びは，「思考力・判断力・表現力」が求められる今の学びへの適合度が高い。商業教育に求められる実践力は，当事者意識をもって課題を捉え，蓄積した知識を現実の課題に援用できる力のことであるといえる。この実践力を教育の現場で鍛えることができる技法がケースメソッドである。

2　ケースメソッドの進め方

⑴　準備

ケースメソッドの第一段階はケースの事前準備※である。参加する生徒をイメージし，担当する科目で学ばせたいことを設定し，最適なケースと「問い」，授業時間の流れと配分を整理する。ケースには「課題に対して意思決定を問う」ものと，「秀逸な特定企業の活動そのものを理解する」という大きく2つのタイプがある。学ばせたい内容に適合したケースを選択したら，「問い」と全体のストーリーづくりを行い，授業構成を考える。どういった「問い」から始めるか，議論を通じてどのように課題の本質に近づいていくかを事前に考える。生徒から当事者としての発言を引き出し，それぞれの意思決定の合理的な理由を互いに討議させた上で，最終的に当日のケースを振り返り，学ぶべき理論について整理して授業を終わる。この一連の時間の使い方をシミュレーションすることが準備になる。

※
ケースメソッドを準備するにあたり，竹内（2010）は，授業計画書の構成要素として下記の５項目をあげている。
1　ケース教材
2　参加者
3　教育目的
4　ディスカッション設問
5　討議運営計画
①討議の流れ
②板書
③リソースパーソン（クラス貢献が期待される特定少数の参加者）
④注意事項

⑵　問い

ケースメソッドで最も重要かつ，経験が必要とされるのが「問い」である。教師は「問い」を生徒に投げかけ，生徒の回答を取り入れながら議論を発展させていく。「この会社って何をやっている会社でしょう」「さあ，この社長，今どんなことに悩んでいるんだろう」「この会社の置かれている状況ってどんな状況だろう」「この会社の顧客は誰ですか」など，授業開始後の最初の問いは，生徒が答えやすく，参加しやすい雰囲気をつくる目的もあるため，軽めのものからスタートすることが多い。「問い」は企業活動あるいは企業が置かれた環境の理解から始まり，課題の本質に近づいていく。生徒の回答がわかりにくい場合には教師側がそれを言い換えるかたちで確認したり，「問い」を繰り返しながら回答の意図がわかりやすくなるようにサポートしたりする。また，本質に迫る回答の場合には，「この点は大事だね。ここについてもう少し議論してみよう。ほかに意見はありますか？」と議論を発展させるような「問い」を投げかける。大切なのは，生徒が答えやすい雰囲気をつくることである。ケースメソッドは生徒が回答しないと授業が進まない。生徒の発言を否定することなく引き出し，繰り返しほめるといった教師側のアクションが重要で，これによって生徒が積極的に発言できる雰囲気をつくりだす。もう１点重要なことは，発言の流れ，ゴールに向けた議論の流れに対して寛容さをもつことである。一方的に教える形式でないケースメソッドでは，事前に準備した授業構成のとおりに進むことはまず望めない。したがって，想定どおりのストーリーで授業が進まなかったとしても，それをいったん受け入れ，ゴールに到達する新しい授業の流れを考える。とはいえ，事前に授業の流れをシミュレーションすることはやはり重要である。それはちょうど山登りに似ている。頂上への到達方法は何通りもあり，その日の天候や体調により登り方を決定する。事前にルートを設定するが，その日の授業状況によって，いったんルートを離れてまた戻ることや，場合によっては準備したものとはまったく異なるルートで頂上を目指すという授業の流れもある。ビジネススクール時代の恩師に「同じケースを10回やるとだいたいどんな場合でも対応できる」と教えられたが，同じケースを何度もこなすことは，この山登りのルートを複数持つことと同義であり，対応力が高まる。したがって，ケースは毎年変える必要はなく，同じケースを使い続けることも対応力をつけていく上で大切な経験となる。

⑶　板書

板書はいわば，山登りの地図である。ただし，ケースメソッドの場合は登ったあと，つまり最後の振り返りのためにこの板書を使う。残り15分でその日の話の流れを確認するとともに，今回のケースの本質的な課題は何だったのか，どういった経営理論や戦略があり，どのように適用され，意思決定に生かすことのできるチャンスがあるのかを振り返る。そのときに板書が力を発揮する。

板書の進め方は，事前にイメージした授業構成に合わせて回答が出るたびに板書を進め，完成させていく流れになる。出てきた回答を頭の中にある議論の構成に合わせて，あとで図解しやすい場所に色分けをして書きおこし，整理していく。似ている回答を同じ場所に書き，反対意見を向かいの場所に書いて，出そろったところでグループ化し，グループごとの因果関係について矢印を使って整理していく。授業の最後には，今日の議論の流れと課題の本質，学びがきれいに整理されていることが望ましい。ビジネススクール時代，先生の「問い」に応じて自由闊達に議論をしていたら，授業の終わりに先生が黒板を使ってその日のケースを綺麗に解説され，先生の手のひらの上で議論させてもらっていたことに感動したことを覚えている。

実際のケースメソッドでは想定どおりの回答が得られるとは限らないので，当日の発言に応じて臨機応変に板書を組み立てていく必要がある。

板書にはこういった「その日の学びを整理」するという以外にも大切なポイントがある。それは授業にリズム感をつけ，生徒の回答を理解し，次の問いを準備する「間」をつくることである。教師は，よい回答を生徒に印象づけるとともに，次の問いにいくべきか，もう少し現在の問いを深掘りすべきかなど進行を考慮する時間をつくることができる。また，回答を板書することで，生徒にもほかの人の発言を理解し咀嚼する時間が与えられる。

教師が生徒の回答を復唱し，板書するという行為は生徒にとって「聴いてもらえているから，さらに頑張ろう」という動機付けになり，次の回答を引き出しやすくする効果も大きい。

⑷　教師に求められるもの

ケースメソッドは，従来の技法と比較すると教師にとって負担が大きい。毎回発言が異なり，発言に応じて神経を集中させ，その日の流れをつくらなければならない。ケースメソッドは教師と生徒の共同作業によって完成する授業方法であり，生徒のバックグラウンドや回答パターンが毎回異なるため，同じケースを使ったとしても教師側は毎回授業を再構築していかなければならない。このケースメソッドにおいて最も教師に求められることは，丁寧に聴く，建設的に応じるという生徒への傾聴と尊重の姿勢であろう。

ケースメソッドは生徒の積極的な発言によって成り立つ授業方法であり，一人ひとりの生徒の発言の質と量によって授業の完成度が決まる。したがって，誠意をもって回答してくれる生徒への感謝の気持ちがあって，教師は生徒が発言しやすい雰囲気を醸し出すことができるのである。場合によっては，教師側が想定しなかった素晴らしい気づきや回答を生徒からもらうこともある。ケースメソッドは教師と生徒が一緒につくりあげる「学びの共同体」なのである。

竹内（2010）は「学生は『教師も自分たちの仲間だ』と感じたときに，最高の学習能力を発揮するが，学生と教師の同盟関係は自然には生じない。そこで教師側が学生に歩み寄る必要がある」と述べている。

図表5－3－1　教師と生徒の従来の関係とケースメソッドにおける関係

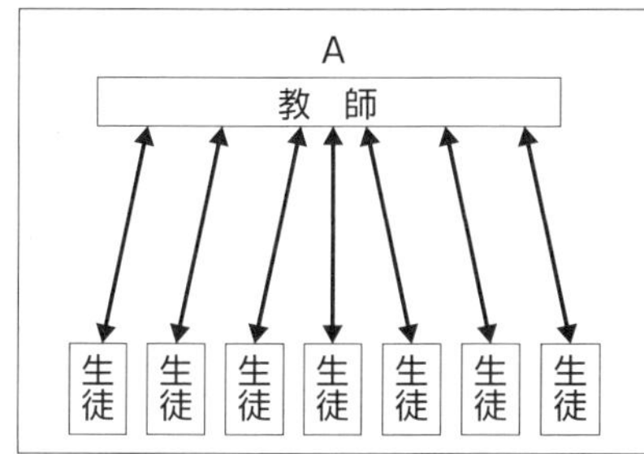

（A）従来の教師と生徒の相対する関係

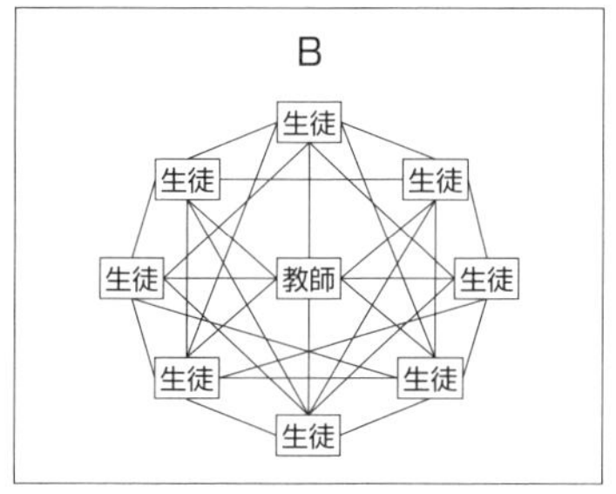

（B）教師と生徒が相互に関心をもち，尊重し合う共同体の関係

出典：竹内（2010）p.38より作成

⑸　商業高校におけるケースメソッド

商業高校でのケースメソッドについて，社会人やビジネススクールと比較して難しいと感じるのは，授業に参加する生徒のモチベーションの違いである。商業科の先生方にケースメソッドをご紹介したときには，「高校でどのように取り組めばいいのか」というご質問をよくいただく。確かにビジネススクールは，相応の金額と時間を自ら投資して学ぶ人たちの集まりであり，そこには高いモチベーションがある。その授業態度がベースとなり，積極的な発言，学びの姿勢，授業への貢献という教師と生徒の「学びの共同体」が生まれる。

しかし，商業高校の生徒は社会人経験者の集まりであるビジネススクールの学生と差があることはやむを得ないことであり，加えて，学校による生徒の差も大きい。ある商業高校の場合は，授業への参加姿勢，積極的な回答があることが多かった。一方，最初の発言を促し，回答を引き出し，雰囲気をつくるまでに時間と労力を使わなければならない場合もあった。また，高校の授業時間はビジネススクールの半分であり，十分な予習時間も確保するのが難しい。ケースメソッドの場合，理論については書籍を通じて自分で勉強することが前提となっている。したがって，ビジネススクールで用意されているケースは，生徒にとっては難易度が高い多くの書籍の自習が要求されるため，そのまま使用することには無理があると考える。

3　ケースメソッドの授業展開

⑴　商業高校で使えるケースとは

商業高校でケースメソッドを行うには，ケースそのものを生徒にあったかたちで作成し，活用していくことが望ましい。限られた時間や環境の中で得られるケースメソッドの価値，すなわち「自ら学んでいく姿勢」，「共に学ぶ友からの気づき」，「勇気を出して自分で発言すること」，「積極的に関わることで体感できる理論の学び」が得られるケースの作成が必要である。

商業高校用にケースを作り，実践しながら何度か修正を重ねた経験からいうと，ケース作成にあたっては下記の４点を意識しながら作成することをおすすめしたい。

①生徒が参加しやすい身近な企業・商品を扱う。

②Ａ４で１～２枚：予習を前提とせず，授業時間内で読んで答えられる分量にする

③１～３個の解答欄を設ける：いったん答えを書くことで発言しやすくする。また，授業内でケースを読み，発言し，まとめていくことを考えると１～３の解答欄がちょうどよい。

④最後に教科書で解説できるようにする：教科書に戻って理論の説明ができると理解がしやすく復習もできる。

こういった流れをくんだかたちでケースを作成すると，教える側の経験不足や生徒側のモチベーションの差が出にくい授業を展開しやすくなる。

⑵　商業高校向けケースメソッドの例

最後に「価格決定」をテーマにして作成したケース「香る飲料」を紹介する。いくつか作成したマーケティングケースのうち，このくらいのボリューム，テーマであれば，ほとんどの生徒が比較的回答が出しやすく，授業を進めやすい。

展開例として参考に提示すると次のようになる。

①最初の15分をケースを読む時間に使い，解答欄を埋める。

②その後の15分～25分でディスカッションを行う。

③残った時間で教科書を使いながら解説を行う。

商業科の先生にはご自身でケースを作成されている熱心な方も多い。実践を重ねた先生方のケースをウェブ上で共有することができれば，ケースメソッドに初めて挑戦する先生のハードルがぐっと下がるのではないだろうか。

<香る飲料>
あなたは，花のアロマを使った飲料を開発することに成功しました。
味はほのかに風味がついた水という感じでおいしくできあがったのですが，何よりもこの商品は飲んで1時間後から，その花の香りが体の皮膚から放出されるという今までない新商品です。
まずは，バラから発売します。

500mLのペットボトルで販売したいと思います。
あなたならいくらで販売しますか？

ちなみに原価は1本60円　工場をつくるのに100万円かかります。
来年1年で3万本の販売を予定しています。

［　　　　　　］円

商業高校用に開発したケースメソッドの例
①飲料という，高校生の身近な新商品をテーマにした（実際に実在する商品ではない）。高校生の普段の生活から，おおよその価格がイメージできる点も回答のしやすさにつながった。
②A4で1枚の分量にして，授業の前半15分以内に読んで回答を書き込める形式にした。読んで書くことで，教室が静かになり，生徒も何を聞かれるか事前に想定できるので，発言しやすくなる。
③回答欄は3つ程度が上限である。これ以上にすると時間内に終わらなくなることが多い。
④このケースでは最後に価格戦略の学びとして，市場浸透価格戦略や上澄み吸収価格戦略といった価格戦略を解説する教科書のページを解説することを想定している（「商品開発と流通」の価格戦略のページを授業の最後に参照させる）。

ケースメソッドは教える側に負担がかかる授業方法である。学生時代にケースメソッドを通じて学んだ経験のある先生も少ないと思う。しかし，それでもケースメソッドを実践する価値は高いと感じる。ビジネスの現場では自分で考えたことを人前で伝える力は必須である。すべての授業をケースメソッドで行うことは無理だとしても，1つの科目で1回程度，ケースメソッドを取り入れる価値はあるのではないかと感じる。ぜひ挑戦していただきたい。

（小川　亮）

ケース教材　「WASHハウス」の挑戦

皆さんの地域にもコインランドリーがあると思います。

「WASHハウス」は，創業地の宮崎県を中心に九州に広がり，2016（平成28）年７月には東京に進出，同年11月には東証マザーズに上場しました。2020（令和２）年12月現在，633店舗を超えており，今後も積極的な出店展開を見込んでいます。代表取締役社長の児玉康孝は，創業時に理想とする事業モデルがいくつかあり，その実現に最も合っていたのがコインランドリー業であったと言います。我が国は少子高齢化により人口減少社会を迎えると，住宅，小売，飲食のような現在の利用率が高い商売ほど人口減少の影響を大きく受けます。ならば逆に，利用率が低い商売の利用率を向上させればいいのではないかという考え方でした。厚生労働省「コインオペレーションクリーニング営業施設に関する調査」によると，コインランドリーの年平均成長率は約３％，仮に日本の人口が半分になっても，利用率をあげて成長率を６％にすれば売上高を維持できるという発想です。それが「システムを用いてサービスを提供する会社」であり，その出発点には，継続的に収益を創出できる新しいビジネスのしくみを立案・構築するという先駆的な取り組みがあります。その新しいしくみを適用する「対象」として選択されたのがコインランドリーという業態です。

コインランドリー自体は以前から存在した業態ですが，WASHハウスは，利用者とフランチャイズのオーナー，両方に向けて新しい価値観を提供しています。お客様の立場で考えることを基準とし，従来の考え方や商慣習にとらわれることなく，グローバルスタンダードの構築を目指しています。クリーニング市場が年々縮小している中，コインランドリー業界は主婦層を中心に注目を集めています。その要因は「布団を丸洗いする人の増加」です。寝具の清潔さを求め，家では洗濯の難しい大型寝具をコインランドリーで洗濯をする人が増えています。WASHハウスでは，利用者のターゲットを若い家族層に設定し，「布団を洗う」という新たな文化の創出に取り組んでいます。寝具に潜むダニなどを取り除くために，コインランドリーの高温乾燥機で布団を丸洗いする顧客が増えており，ダニや花粉，ハウスダストを特に気にする小さな子どもをもつ家族層に支持されているのです。

また，IoTを活用した独自の店舗管理システムも特徴の１つです。「一括集中管理システム」と，店舗に設置されたウェブカメラによって，24時間365日体制で対応するコールセンターを設置した遠隔操作システムを運用し，店舗で機器にトラブルが発生した場合は，本部から遠隔で即座に操作・管理・サポート行うことで，高い顧客満足度を実現しています。従来のコインランドリーの「暗い，怖い，汚い」などのマイナスイメージから「24時間安心・安全」なイメージを構築しています。

また，洗濯する間の時間を快適に過ごせるよう，今後，広告配信や動画配信などのアンテナショップとしてのニーズが高まることも考えられ，昨今のコンビニにみられるような基地局としての可能性も秘めています。つまり，「布団を洗う」という新たな文化の創出は，これまでになかった需要を掘り起こし，新しい生活を提案することにつながっています。

さて，以上のようなWASHハウスの成功要因に注目して，今後あなたがコインランドリーを経営するとしたら，どのような課題があげられるでしょうか。考えてみましょう。

※本ケース教材は，笠木秀樹（岡山県立大学）によって作成された。なお，本教材は経営管理の巧拙を記述するものではなく，クラス討議のための資料として，高校生用に１教材50分で討議できるよう作成されている。作成にあたっては，WASHハウス株式会社にご協力いただいた。記して感謝したい。　2019（令和元）年６月

ケース教材

「WASHハウス」の挑戦

組　　番　氏名	検印
／　提出　S　A　B　C　再提出	

1　次のグラフは，コインランドリーの店舗数の推移をまとめたものです。利用する顧客の変化に着目して，グラフからわかったことをまとめよう。

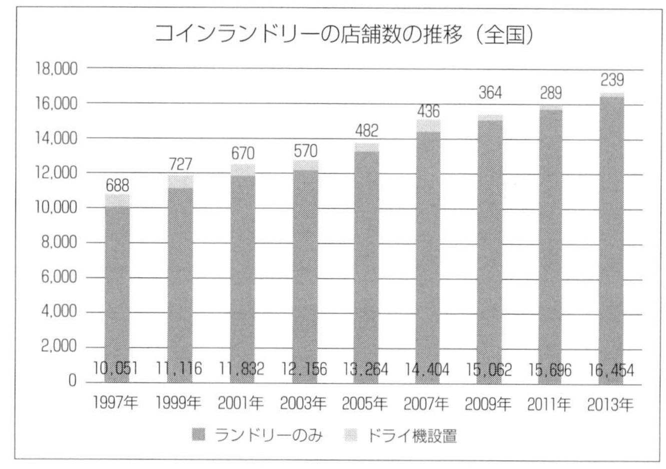

出典：厚生労働省「コインオペレーションクリーニング営業施設に関する調査（平成25年度）」より作成。

2　WASHハウスが成功した要因とその理由を考えよう。

3　消費の動向を踏まえて，これからのWASHハウスにおけるビジネスの課題をあげてみよう。

□　今日の授業で，新しく知ったこと，感じたこと，できるようになったことを書いてください。

ケース教材　自然のバイオリズムに寄り添うお茶づくり

バイオ茶とは

霧島山が見守る宮崎県三股町に，茶園「宮崎上水園」はある。宮崎上水園では，農薬や肥料は一切使わず，太陽の光，水と自然エネルギーを最大限生かした独自の栽培方法と，自社茶園で栽培した茶葉を100％使い，日本で初めて「水出し茶」を製品化した。

everyday
everyone
everywhere

1986（昭和61）年，子どもたちのお茶離れを変えたいと考えた上水漸社長により，「バイオ茶」は誕生した。茶葉の栽培において，“植物のバイオリズム”を最も大事にしており，ネーミングもバイオリズムから由来している。全国で初めて茶畑にスプリンクラーを導入し，植物にとってなくてはならない水をコントロールすることで，自然のバイオリズムに寄り添うお茶づくりを実現している。茶葉の栽培に適した環境づくりのため，葉に通る水の流れを顕微鏡で観察し，天気の状態をデータ管理するなど，物理的な根拠に基づいてバイオ茶を完成させた。

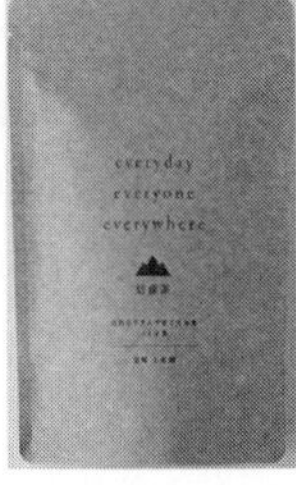

30分ほどで水出しができ，すっきりと口あたりよく飲みやすいことから，家庭やオフィス，アウトドアはもちろん，スポーツ時の水分補給としても推奨され，2004（平成16）年に宮崎陸上競技協会公式飲料に認定された。陸上界から広まり，現在では幅広いジャンルのスポーツ選手から愛飲されている。また，2014（平成26）年にはバイオ茶の新ライン「everydayシリーズ」として，水出し茶，温茶，焙煎茶の３種類が販売された。

試行錯誤を行いながら

上水社長は，利益を追求するだけでなく，企業活動が社会へ与える影響に責任をもち，商品の安全性はもちろん，環境保全など社会全体からの要求に対して適切な意思決定を行っている。たとえば月１回の勉強会を開いて，上水園独自の栽培法と加工法を広める活動や，環境にも健康にもよいお茶を開発していることは，企業の社会的責任を果たしていることといえる。

当初は宮崎県内だけで販売していたが，現在は都城商業高校出身である上水社長の二人の娘が会社を手伝いながら，販路開拓に取り組んでいる。商品計画，販売経路や販売促進に力点を置き，試行錯誤を行いながらマーケティング活動を行い，企業戦略を行っている。

このように，宮崎上水園は，試行錯誤しながらビジネスを展開し，多くの人の幸せと健康を願い日々成長し続けている企業である。

※本ケース教材は，久保良太郎（宮崎県立都城商業高等学校）によって作成された。なお，本教材は経営管理の巧拙を記述するものではなく，クラス討議のための資料として，高校生用に１教材50分で討議できるよう作成されている。作成にあたっては，宮崎上水園にご協力いただいた。記して感謝したい。　2019（令和元）年９月

ケース教材　自然のバイオリズムに寄り添うお茶づくり

問1　宮崎上水園についてわかったことを記入して下さい。

問2

独自の栽培法と加工法を世に広めて行く活動や，味覚や健康に良いお茶を開発することによって企業の社会的責任を果たすことを（　　　　　　）マーケティングという。

問3　宮崎上水園の新商品，「everyday シリーズ」についてSTP分析の「ターゲット」及び「ポジショニング」はどのようなものか考えて下さい。

ターゲット：

旨み

若い世代　　シニア世代

渋み

問4　上水社長の二人の娘さんはどのような戦略を行ったと思いますか。

個人：

グループ：

振り返り　授業内で感じたこと，気づいたことをなどを書いて下さい。

組　　番　　氏名

ケース教材　地域の伝統を継承し，未来の食文化を創造する

ヤマエ食品工業株式会社は，1871（明治４）年創業の宮崎県都城市に本社を置く醤油や味噌などの調味料メーカーである。厳選された原料と霧島山系の地下125メートルの岩盤に蓄えられた伏流水を使用し，徹底した品質管理と研究開発のもとで一流の商品づくりに努めてきた。現在では九州屈指のメーカーに成長している。長年の伝統で培われた醤油・味噌の味を守りつつ，めんつゆやタレなど様々な新商品の開発を進め，今では約900種類に及んでいる。中でも会社を代表する商品「高千穂峡つゆ」は，10年連続ストレートつゆ九州No. 1の実績があり，県外からの評価も高い。うまくち，あまくち，しいたけ，あごだしの４種類の味を展開しており，時代によって味やラベルのデザインも少しずつ変えている。また，新燃岳の降灰により被害を受けた原木しいたけを使用した「万能椎茸のつゆ」では，地域貢献の１つとして企業のCSRを果たしている。

さらに，2015（平成27年）には，都城市のカレー店と共同で，カレーにかける醤油という一風変わった商品，「カレー専用　みやこん醤油」を開発した。全国の地方新聞社によるインターネット通販サイト47CLUBが主催する「こんなのあるんだ！大賞2015」では，約35,000点の中から優秀賞に選ばれ，テレビやラジオ，雑誌などに取りあげられたことで，会社の知名度も一段と上がったという。

ライフサイクルの短縮化とキャズム

大手のメーカーが展開している低価格戦略に対抗するために，同社では地域性やストーリー性のある高付加価値商品の開発を行っている。たとえば，首都圏エリアの中高所得者層に向けた国産・無添加・化学調味料不使用の商品を開発・販売している。また，カレー専用醤油やたたきのタレ，チキン南蛮のタレなどの商品も販売している。容器の素材やデザインなどにも今後さらに注力していく予定である。

しかし，新商品の開発を手がけてから販売するまでには約１年を要する。ようやく販売にこぎつけた新商品もライフサイクルが短縮化しているため，スーパーマーケットなどではすぐに棚割から外されてしまう場合もある。新商品はリニューアルを含めて年間３つから４つで，そのすべてが２年目に残っているわけではない。在庫管理に伴う会議の結果，状況によっては約１年かけて終売することもある。

キャズム理論によれば，イノベーター（革新的採用者）や早期少数採用者までは新商品が浸透しても前期多数採用者が購買するまでには至らない場合も多い。同社もキャズム（早期少数採用者と前期多数採用者との境目）を乗り越えるべく，商品開発のスピード化やバイヤーなどへの入念な商品説明を行っている。

今後の展開

今後は国内の卸売業者などバイヤーを経由したチャネル以外に，通信販売事業や海外事業など新たなチャネルの開拓も，これまで以上に手掛けていく予定である。現在はまだ国内の既存製品を輸出している段階だが，今後は海外の宗教や食文化などを考慮した商品をさらに開発していくことを検討している。

2018（平成30）年に同社は宮崎県成長期待企業に認定された。また，宮崎県教育委員会が取り組んでいる「みやざきの教育アシスト事業」にアシスト企業として登録し，地域と連携した教育活動も行っている。今後はさらに地域資源を活用し，伝統を守りながら，顧客満足を第一に成長を遂げていく企業といえる。

※本ケース教材は，久保良太郎（宮崎県立都城商業高等学校）によって作成された。なお，本教材は経営管理の巧拙を記述するものではなく，クラス討議のための資料として，高校生用に１教材50分で討議できるよう作成されている。作成にあたっては，ヤマエ食品工業株式会社にご協力いただいた。記して感謝したい。　2019（令和元）年７月

ケース教材　地域の伝統を継承し，未来の食文化を創造する

問1　ケース教材を参考に，ヤマエ食品工業株式会社についてわかったことを整理して下さい。

問2　「製品のライフサイクル（PLC）」と「消費者の分類」を関連付けて説明しなさい。

振り返り　ケース教材で学んだことや感想を述べて下さい。

評価観点　4つすべてできている「S」　3つできている「A」　2つできている「B」　1つ以下「C」

	評価
1　問1がわかりやすく整理されている。 2　問2の製品のライフサイクルと消費者の分類が関連付けてわかりやすく説明できている。 3　学習の振り返りで，学んだことや感想が具体的に書かれている。 4　論理的かつ体系的にすべての文章が構成されている。	

組　　番　　氏名

第４節　知識構成型ジグソー法

※
ジグソー法
　ジグソー法は，1970年代にアメリカの社会心理学者であるE.Aronsonによって開発されたものである。知識構成型ジグソー法とは異なるねらいや手法の特徴をもっている。

　知識構成型ジグソー法※は，課題を提示し，課題解決の手がかりとなる知識を与えて，その部品を組み合わせることによって答えをつくりあげるという技法である。あるテーマについて複数の視点で書かれた資料をグループに分かれて読み，自分なりに納得できた範囲で説明をつくって，それを交換し，交換した知識を統合してテーマ全体の理解を構築したり，テーマに関連する課題を解いたりする学習活動である。

１　知識構成型ジグソー法とは

⑴　協調学習と知識構成型ジグソー法

　協調学習とは，学習者同士が課題に向き合う過程で相互に協力し，教え合いながら学び合う学習である。他人の考えを聴いたり，他人に説明したりする活動の中から，少しずつ異なる見方を組み合わせて，問題をうまく解きながら自身が活動的，構成的，対話的に学べる環境をつくる必要がある。その手法の１つとしてCoREFユニット※※が提唱しているのが知識構成型ジグソー法である。

※※
CoREFユニット
　もともとは大学発教育支援コンソーシアムであり，現在は東京大学高大接続研究開発センターの高大接続連携部門内で，初等中等教育の質向上のため，産官学と連携しながら協調学習の授業づくりを進めている組織である。

　知識構成型ジグソー法のしくみは次のとおりである。

図表５－４－１　知識構成型ジグソー法のしくみ

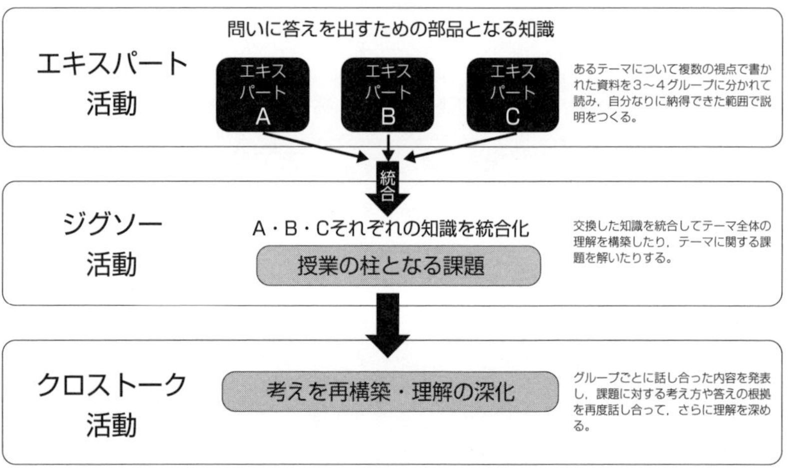

出典：CoREF「知識構成型ジグソー法」より作成。

　知識構成型ジグソー法は，一人では十分な答えが出ない問いに対して，話す力，聞く力，考える力を発揮しやすいしくみがとられている。また，その目的は学習者同士で伝え合いや教え合いを行うことではなく，対話を通じて，一人ひとりが自分の考えをよくすることにある。

⑵　知識構成型ジグソー法の内容

　知識構成型ジグソー法では，まず全体に課題を与え，３～４人でグループを構成する。グループのメンバーそれぞれに課題解決の手がかりとなる役割を与え，その役割の専門家となることで，グループで協力して課題を解決させるという内容である。各メンバーの知識がジグソーパズルのピースのように組み合わさることで，全体像を明確にしていく。具体的には，認知科学の知見をベースにした次の５つのステップからなっている。

ステップ０：問いを設定する
ステップ１：自分のわかっていることを意識化する
ステップ２：エキスパート活動で専門家になる
ステップ３：ジグソー活動で情報の交換・統合をする
ステップ４：クロストークで発表し，表現をみつける
ステップ５：一人に戻る

２　知識構成型ジグソー法の進め方

⑴　授業の流れ

①３～４人のグループをつくり，全員が全体の課題と，課題を解決するために必要な学習内容の説明を受ける。

②ステップ１では，課題について各自が自分で考えをもつ。この一連の学習を通じて答えを出したい本時のメインとなる問いに対して，一人ひとりにまず答えを出させ，意識化させる。このプロセスを通じて，一人ひとりが本時の課題を自覚し，「問うべき問い」が共有される。

③ステップ２はエキスパート活動である。エキスパート資料として，いくつか異なる角度からの答えの部品がプリント１枚程度の資料やワークシートのかたちで与えられ，同じ資料を与えられた小グループでその中身を理解し，専門家（エキスパート）になるべく，自分の言葉で説明できるよう準備する活動である。

④ステップ３はジグソー活動である。エキスパートがABC３種類の場合は，ABCのグループの生徒が一人ずついる３人のジグソー活動のグループを編成する。それぞれが情報を交換し，統合することにより課題を解いていく。ここでは，それぞれがエキスパート活動で学んできた答えの部品を知っているのは，「自分だけ」という状況が生じる。この状況があることで，伝えたい・聴きたいという意識が高まり，コミュニケーション能力や主体的，創造的な資質・能力が発揮されやすくなる。

⑤ステップ４は教室全体で交流するクロストーク活動※である。一般的な発表の場面に相当するが，むしろ聞き手の理解を深めるチャンスとして考えられる。ジグソー活動を通じて十分な答えに行き着かなかった場合も，そこまで自力で考えてきてわからないことが自覚できているからこそ，ほかのグループの説明から学ぶ準備ができつつあるので，すべてのグループが自力で解決できていなくても，有効な学びの場面になる。

※　クロストークにおいて，どのグループもすでに答えにいきついてしまい，考えもほとんど一緒のような場合は，無理にクロストークに時間をかける必要はない。

⑥ステップ５では，最後にもう一度自分で答えを考える。一連の学習で考えたことを自分なりに統合して，もう一度自分の言葉で表現することで，自分が今日何をどこまで理解したのか，何がわからないのかを自覚することができ，次の学びにつながる。

⑵　知識構成型ジグソー法の特徴

知識構成型ジグソー法を行った生徒の感想から，メリットとして考えられるものをあげると次のものが示された。

・自分では思いつかない考えや意見を聴くことができた。
・グループで意見がたくさん出たので，スムーズに進めることができた。
・意見が言いやすく，ほかのメンバーにわかりやすく説明することができた。
・相手に理解させる責任を感じてやる気が出て，積極的に参加できた。
・グループで一人ひとりの役割が分担されているので，自分が責任をもって調べて他人任せにならなかった。
・自分ひとりではわからないこと，知らなかったことなどグループだと理解することができた。
・一緒に考えることで，よりよい解答をつくることができた。

これらを整理すると，知識構成型ジグソー法の特徴として，次の５点が考えられる。

①他者との意見交換を基本とするため，１つの答えを様々な角度から考えることができる。
②様々な意見と交流することができるので，幅広い知識が集まるほど，学習効果は高まっていき，さらにコミュニケーションを深めることができる。
③一人で解答を導き出す場面とグループで導き出す両面が設定されているので，どのような場面でも困難を乗り越えられる自律的な力を身に付けることができる。
④課題が分担されているため責任の所在が明確になり，各自がやらなければ先に進まない状況がつくられ，結果として主体的な姿勢がみられるようになる。
⑤他者に説明するためには，自分自身の理解が必要であり，そのことが学習を深め，さらには知識の定着が図られる。

⑶　知識構成型ジグソー法の授業展開

次ページより，「簿記」及び「マーケティング」における知識構成型ジグソー法を用いた授業展開の実践事例を示した。（笠木　秀樹）

知識構成型ジグソー法を用いた協調学習授業　授業案１

学校名：

授　業　者：

教材作成者：

授　業　日	令和　　年　　月　　日（　）　限	教　科　名	商　業・簿　記
学年（教室）	年（　年　組ＨＲ）	生　徒　数	名
単元（教材）	⑸　記帳の効率化 ア　伝票の利用	本時／この内容を扱う全時数	２／３

授業のねらい（教科としてのねらい，前後の授業との関連，生徒に期待する学習など）

入金伝票，出金伝票，振替伝票の起票，集計，転記の方法について学び，伝票の利用について理解を深める。

・まず，伝票とは取引の事実を証明する重要な書類であり，一定の形式を備えた紙片であることを教える。
・また，取引を行う際は仕訳帳とともに伝票に記入することが広く用いられていることを理解させる。
・取引を伝票に記入したあと，その記入した伝票から仕訳集計表に集計し，最後に総勘定元帳へ転記することを学ばせる。
・本時では，記入した伝票から仕訳集計表に集計させることを学ばせる。
・１つの取引について集計や転記をすると，必ず借方と貸方の金額は一致すること（貸借平均の原理）も同時に理解させる。

メインの課題（ジグソー活動の課題）

・３伝票制とは何か理解しよう！（仕訳集計表の完成と，貸借平均の原理の理解）

期待する解答の要素（課題について生徒たちに語れてほしいストーリー）

・入金伝票は，借方・現金，出金伝票は貸方・現金となる。
・集計表にまとめると，合計額が必ず一致する。これは１つの取引をする場合，必ず借方と貸方の記入の仕訳金額が一致する貸借平均の原理によるものである。
・なぜ，売上勘定と仕入勘定は全額が掛になっているか，ほかの伝票とのつながりはないか。

各エキスパートでおさえてほしいポイント（期待する解答の要素を満たした解答を生徒が出すためにおさえてほしいポイント，そのために扱う内容・行動）

Ａ：入金伝票　　入金伝票の役割をしっかりと理解させ，仕訳させる。
　　　　　　　　仕訳した勘定の金額を仕訳集計表に転記・集計させ，合計金額を一致させる。
Ｂ：出金伝票　　出金伝票の役割をしっかりと理解させ，仕訳させる。
　　　　　　　　仕訳した勘定の金額を仕訳集計表に転記・集計させ，合計金額を一致させる。
Ｃ：振替伝票　　振替伝票の役割をしっかりと理解させ，仕訳させる。
　　　　　　　　仕訳した勘定の金額を仕訳集計表に転記・集計させ，合計金額を一致させる。

※ジグソーですべての仕訳集計表を合体（合計）し，金額が一致するか確かめる。一人でも一致していないと当然一致しないので，責任感をもたせる。また，最後に貸借平均の原理についても考えさせる。

学習活動のデザイン

時　間	学　習　活　動	支　援　等
10分	授業の流れを指示する。 簡単に協調学習について触れ，本日の課題「３伝票制」，「貸借平均の原理」について考えさせる。	・プリントを配布して説明する。 ・本時の目標を確認する。 ・座席移動し，プリント（エキスパート用）を配布する
15分	ABCのグループに分ける。 Step１：エキスパート活動 A：「入金伝票」 B：「出金伝票」 C：「振替伝票」	・プリントを読ませ，課題に取り組ませる。机間巡視を行い，課題の内容を理解できない生徒（グループ）にはグループ内で互いに相談するように促す。 ・エキスパート活動では自律的な生徒の活動が大切なので，教師からの働きかけはできるだけしない。 ◇仕訳や仕訳集計表の作成について理解している。【知識・技術】（ワークシート）
10分	Step２：ジグソー活動 ABCのグループの生徒が一人ずついるグループを編成し，それぞれがエキスパート活動で得た知識を組み合わせていく。	・エキスパート活動で学習した知識を参考に，共通の課題に取り組むことを説明する。 ◇集計した結果から，どのようなことがわかったか，３人での討論を通して思考を深め，適切に判断し，発表している。【思考・判断・表現】（ワークシート，観察）
10分	Step３：クロストーク	・グループごとに，ジグソー活動で導いた答えとその理由を発表する。教師は発表者の意見に対しコメントをしたり生徒の考えを否定したりしない。
５分	Step４：振り返り・まとめ	・個人でわかったことをまとめさせ，最後におさえてほしいポイントを伝える。

次時以降，ジグソー活動でわかったことを踏まえて取り組ませたい発展的な課題

次回は，売上勘定と仕入勘定はいったん全額を掛とすれば転記等が能率的だということを学習し，検定で出題される問題を解くことで，意欲を高めていく。
全商簿記検定３級取得や，社会に出て簿記の知識を役立てることを目指す。

グループの人数や組み方

ジグソー活動では，特に配慮なく出席番号順に生徒３名によるグループを編成した。

※本教材は，埼玉県立庄和高等学校　坂本順一が，埼玉県立幸手桜高等学校在勤中に作成した「５伝票制」の教材を，筆者（笠木秀樹）が「３伝票制」に再構成したものである。高校生用に50分で学習できるように作成されている。作成にあたっては，坂本先生にご協力いただいた。記して感謝したい。

2020年（令和２）年９月

エキスパートＡ「入金伝票」　　　　年　　組　　番　氏名

次の資料を基に課題を考え，意見を出し合って答えなさい。

入金伝票　No.1	入金伝票　No.2	入金伝票　No.3
１月15日	１月15日	１月15日
売掛金　100,000	当座預金　280,000	受取手形　200,000

入金伝票　No.4	入金伝票　No.5
１月15日	１月15日
売掛金　200,000	受取家賃　50,000

課題１　伝票の仕訳を示しなさい。

No.	借方科目	金　額	貸方科目	金　額
1				
2				
3				
4				
5				

現金取引には，（　　　）取引と出金取引がある。

（　　　）取引は，現金の収入を伴う取引で，入金伝票を用いる。

仕訳すると，入金伝票は必ず借方が（　　　　）勘定となる。

課題２　上記仕訳金額を仕訳集計表に集計しなさい（元丁欄は記入しなくてもよい）。

仕 訳 集 計 表

令和　年　月　日

借　　方	元丁	勘定科目	元丁	貸　　方

課題３　次の空欄に適語を入れなさい。

上記仕訳集計表の借方と貸方の合計金額は必ず（　　　　　）する。

これは（　　　　　　　）の原理によるものである。

エキスパートB「出金伝票」　　　　年　組　番　氏名

次の資料を基に課題を考え，意見を出し合って答えなさい。

出金伝票　No.1	出金伝票　No.2	出金伝票　No.3
1月15日	1月15日	1月15日
買掛金　220,000	当座預金　200,000	消耗品費　20,000

出金伝票　No.4	出金伝票　No.5
1月15日	1月15日
支払手形　300,000	買掛金　200,000

課題1　伝票の仕訳を示しなさい。

No.	借方科目	金　額	貸方科目	金　額
1				
2				
3				
4				
5				

現金取引には，入金取引と（　　　）取引がある。
（　　　）取引は，現金の支出を伴う取引で，出金伝票を用いる。
仕訳すると，出金伝票は必ず貸方が（　　　　）勘定となる。

課題2　上記仕訳金額を仕訳集計表に集計しなさい（元丁欄は記入しなくてもよい）。

仕訳集計表
令和　年　月　日

借　　方	元丁	勘定科目	元丁	貸　　方

課題3　次の空欄に適語を入れなさい。

上記仕訳集計表の借方と貸方の合計金額は必ず（　　　　）する。
これは（　　　　　　　）の原理によるものである。

エキスパートＣ「振替伝票」　　年　組　番　氏名

次の資料を基に課題を考え，意見を出し合って答えなさい。

振替伝票（借方）No.1	振替伝票（借方）No.1
1月15日	1月15日
売掛金　200,000	売　上　200,000

振替伝票（借方）No.2	振替伝票（借方）No.2
1月15日	1月15日
当座預金　230,000	受取手形　230,000

振替伝票（借方）No.3	振替伝票（借方）No.3
1月15日	1月15日
仕　入　500,000	買掛金　500,000

振替伝票（借方）No.4	振替伝票（借方）No.4
1月15日	1月15日
買掛金　250,000	支払手形　250,000

振替伝票（借方）No.5	振替伝票（借方）No.5
1月15日	1月15日
仕　入　400,000	買掛金　400,000

課題１　伝票の仕訳を示しなさい。

No.	借方科目	金　額	貸方科目	金　額
1				
2				
3				
4				
5				

現金の（　　　）を伴わない振替取引は，（　　　）伝票に仕訳の形式で記入する。

課題２　上記仕訳金額を仕訳集計表に集計しなさい（元丁欄は記入しなくてもよい）。

仕訳集計表

令和　年　月　日

借　方	元丁	勘定科目	元丁	貸　方

課題３　次の空欄に適語を入れなさい。

上記仕訳集計表の借方と貸方の合計金額は必ず（　　　　　）する。

これは（　　　　　　）の原理によるものである。

Step 2：ジグソー活動　　　　　　年　　組　　番　氏名

課題1　各エキスパートの3つの伝票を集め，次の仕訳集計表を完成させなさい（元丁欄は記入しなくてもよい）。

仕訳集計表
令和　年　月　日

借　方	元丁	勘定科目	元丁	貸　方

仕訳集計表の借方と貸方の合計金額は必ず（　　　　）する。
（　　　　）しなければ，どこかのエキスパート活動に誤りがある。
これは（　　　　　）の原理によるものである。

課題2　次の空欄に適語を入れなさい。

取引は，現金の収支があったかどうかという点から，現金取引と（　　　）取引に分けられる。さらに現金取引には，（　　　）取引と（　　　）取引がある。
現金の収入があれば（　　　）伝票，現金の支出があれば（　　　）伝票，現金の収支がないときは（　　　）伝票の3種類の伝票を用意して記入する。この方法を3伝票制という。

課題3　3伝票から仕訳集計表を作成するとき，注意しなければいけない点はどこか。
また，集計した結果，どのようなことがわかったか，考えをまとめて記入しなさい。

Step 3：クロストーク　　　　年　　組　　番　氏名

ほかのグループの発表を聞いて，メモ（記録）をしなさい。

Step 4：振り返り・まとめ

今日の授業でわかったことをまとめなさい。

今日の授業で，考えたこと，感じたこと，疑問に思ったことなどを自由に記入しなさい。

知識構成型ジグソー法を用いた協調学習授業　授業案2

学校名：　　　　　　　　　　　　　　　　授　業　者：

教材作成者：

授業日	令和　年　月　日（ ）時限	教科名	商　業・マーケティング
学年（教室）	年（　年　組ＨＲ）	生徒数	名（男子　名，女子　名）
単元（教材）	(3)　製品政策 イ　製品企画と生産計画	本時／この内容を扱う全時数	２／５

授業のねらい（教科としてのねらい，前後の授業との関連，生徒に期待する学習など）

・製品計画とは，メーカーが「適切な製品づくりを目指すこと」をいう。適切な製品とは「売れる製品」でなければならない。しかし，それだけでいいのだろうか。「売れる製品」という視点から，製品計画の重要性と内容について考える。
・本時では，岩手県の「南部鉄器」を題材に，知識構成型ジグソー法を用いた協調学習を通して，製品計画の重要性と内容を具体的に理解する。
・生徒は消費者側の視点でものごとを考えることが多いため，製品計画においては，作り手の立場で考えを深め，マーケティング活動に役立てる能力を養わせる。

メインの課題（ジグソー活動の課題）

「売れる製品」を考える　―南部鉄器をどのようにして売り出すべきか？―

期待する解答の要素（課題について生徒たちに語れてほしいストーリー）

「適切な製品」を考えるにあたり，ポイントとなる用語は「売れる製品」である。売れる＝○○のように，○○に入るワードは，「消費者ニーズ」に適合するものや作り手のこだわり，心意気であることを望む。出されたワードは，「適切な製品づくり」につながる。そこで，なぜ現代市場では製品計画の重要性が増しているのかを考え，南部鉄器について，作り手の立場からみて今後どのような製品をつくればよいかを考えさせる。

各エキスパートでおさえてほしいポイント（期待する解答の要素を満たした解答を生徒が出すためにおさえてほしいポイント，そのために扱う内容・行動）

Ａ：「今までにないまったく新しい形・機能的で洗練されたデザインが魅力の七ツ森工房」
「買った人にオリジナルを使ってほしい」という思いから，実用性とデザイン性を兼ね備えた個性的なフォルムの南部鉄器には，機械的ではない親しみやすさと温もりがあること。

Ｂ：「岩手から世界に発信する南部鉄器のトップメーカー岩鋳（IWACHU）」
伝統を守りながら，新しい伝統をつくりあげ，南部鉄器のカラーバリエーションやデザインなどを工夫して欧米へ輸出した。また，製法を工夫し，伝統を守ることや時代のニーズに応える製品をつくっていること。

Ｃ：「南部鉄器を家電に　水沢鋳工所」
調理家電製品の大手メーカーと協力して南部鉄器を使用した炊飯器を開発し，そのおいしさから消費者から支持されていること。水沢鋳工所の職人の技術と知恵が南部鉄器の用途を広げたこと。

学習活動のデザイン

時　間	学　習　活　動	支　援　等
５分	座席指示 本時の授業について説明	・ジグソー活動のグループごとに着席させる。一連の学習活動の手順についてプリントを配布して説明する。
10分	エキスパート活動について説明 座席指示 Step１：エキスパート活動 A「七ツ森工房」 B「岩鋳（IWACHU）」 C「水沢鋳工所」	・別のグループを編制して，各テーマについて学習をすることを説明する。 ・プリントを読ませ，課題に取り組ませる。机間巡視を行い，課題の内容を理解できない生徒（グループ）にはグループ内で互いに相談するよう促す。 ・エキスパート活動では現代市場の製品計画の重要性が増している点から，作り手の立場からみて，今後南部鉄器をどのようにして売り出すべきか，どのような製品をつくればよいかを考えさせるように支援する。
15分	座席指示 ジグソー活動について説明 Step２：ジグソー活動	・エキスパート活動で学習した知識を参考に，共通の課題に取り組むことを説明する。 ◇上記内容について，３人での討論を通して思考を深めたり，適切に判断したり，発表したりしている。【思考・判断・表現】（ワークシート2，観察）
15分	Step３：クロストーク活動	・グループごとに，ジグソー活動で導いた答えとその理由を発表する。教師は発表者の意見に対しコメントをしたり出た答えを否定したりしない。
５分	Step４：振り返り・まとめ	・個人でわかったことをまとめさせ，最後におさえてほしいポイントを伝える ◇製品計画の内容について理解することができる。【知識・技術】（ワークシート4）

次時以降，ジグソー活動でわかったことを踏まえて取り組ませたい発展的な課題
次節で学習する「生産計画」や 前節の「製品政策」に関わるワードが出ることで，授業展開のつながりを理解できる内容になると考える。また，製造物責任や環境保全への意識の高まりを製品計画の環境要因として理解させる。

グループの人数や組み方
ジグソー活動では，特に配慮なく出席番号順に生徒３名によるグループを編成した。

※本教材は，岩手県盛岡市立高等学校教諭　米田和靖の教材を基に，筆者（笠木秀樹）が知識構成型ジグソー法を用いた授業を行うための教材として再構成した。なお，50分で実施できるように作成されている。作成にあたっては，米田先生にご協力いただいた。記して感謝したい。

2017（平成29）年６月

年　　組　　番　氏名

エキスパートA

「今までにないまったく新しい形・機能的で洗練されたデザインが魅力の七ツ森工房」

岩手県雫石町に「七ツ森工房」を構える佐々木健太郎さんがつくる南部鉄器は，どれも個性的なデザインだ。縦に長い鉄瓶ₐは，持ち手が上に付いており，独特のカーブを描いている。実はこの持ち手には，片手で持ち上げたときに重さを軽減させるねらいがある。使う人の立場に立ってつくられたデザインが，結果，個性的で美しいかたちの南部鉄器となったのだ。

佐々木さんは16歳で鋳物の世界に入り，技に磨きをかけて，伝統工芸新作展では奨励賞を受賞した。南部鉄器にかけるその長年の情熱は，如実に作品に表れている。「真っすぐな線は貧弱に見えるから使わない」というこだわりから，取っ手は手で曲げることもあるという。思いがこもった鉄器には，機械的ではない親しみやすい温もりがある。さらに，「買った人にオリジナルを使ってほしい」という思いから量産はしておらず，デザインからかまどまで，１つひとつの作品にじっくりと向き合って製作している。湯釜に至っては同じデザインのものは二度とつくらないようにしているほどだ。よく見ると，同じデザインの鉄器でも１つひとつ微妙に表情が異なっているのがわかり，手に入れたお客さんが「自分だけの鉄器b」と喜ぶのもうなずける。

また，工房のある七ツ森は宮沢賢治ゆかりの地であり，佐々木さんは賢治のシルエットを模したブックエンドcもつくっている。南部鉄器という素材ならではの重量感・存在感と，黒いシルエットのモチーフが見事にマッチしており，南部鉄器の新たな魅力を伝える作品となっている。

出典：まがりや.net「今までにないまったく新しい形 機能的で洗練されたデザインが魅力 南部鉄器 七ツ森工房」より作成。

★エキスパートへの道…七ツ森工房の事例から，「売れる製品」について考えよう！

◇七ツ森工房の製品づくりの特徴はどのような点にありますか？

◇七ツ森工房の取り組みについて「売れる製品」の視点から，わかったことを書いてください。

年　　組　　番　　氏名

エキスパートＢ

「岩手から世界に発信する南部鉄器のトップメーカー　岩鋳（IWACHU）」

1902（明治35）年創業の株式会社岩鋳は，年間100万点もの南部鉄器をデザインから製造まで一貫生産し，伝統工芸品としての命を守り伝えながら，時代が求める新しい伝統の創造にも取り組んでいる。技術の改良と斬新なデザインの開発により生み出された多種多様な製品は，近年では欧米など海外へも輸出され，海外で南部鉄器といえば「IWACHU」として名が通るほどの南部鉄器のトップメーカーである。

岩鋳では，「焼型法」と「生型法」という２つの製法で南部鉄器の製造を行い，伝統を守りながらも時代のニーズに応える製品を発信し続けている。「焼型法」は鋳型を焼き固めてつくる製法のことで，国から伝統技術の保存指定を受けている伝統的な製法である。岩鋳では，この製法で鉄瓶・茶の湯釜・花瓶ｄなどを製造している。一方，「生型法」とは，金型などを使い鋳物砂を固めたところに，そのまま鉄を流し込む方法である。「焼型法」のように鋳型を再利用できないが，つくった形のままの製品に仕上がるので，寸法精度は高く，スピード化と量産に適している。そのため，鍋・置物・装飾品ｅなどを近代設備工場において「生型法」で製造している。

また，南部鉄器といえば黒という常識を覆し，カラフルな製品の開発も行っている。フライパンやシチューパン，フォンデュポットなどの調理器具のシリーズ「美彩厨房」ｆは，豊富なカラーバリエーションを展開して人気を博している。さらに，急須「曳船」ｇは，アート作品のようなデザインが高く評価され，ニューヨーク近代美術館「MOMA」のカフェで採用された。

このように，岩鋳は職人の高い技術を継承しながら，革新的な製品の開発に取り組み，発展を遂げている。

出典：まがりや.net「岩手から世界に発信する南部鉄器のトップメーカーIWACHU」より作成。

★エキスパートへの道…岩鋳（IWACHU）の事例から，「売れる製品」について考えよう！

◇岩鋳の南部鉄器が海外で受け入れられた要因は何だと思いますか？

◇岩鋳の取り組みについて，「売れる商品」の視点から，わかったことを書いてください。

年　　組　　番　氏名

エキスパートC

「南部鉄器を家電に　水沢鋳工所」

様々なメーカーが高級炊飯器の製造に取り組み，人気を博している。その中でも家電製品の大手メーカーZ社が開発した南部鉄器を内釜に採用した炊飯器hは，ご飯をおいしく炊けるという点で消費者の支持を得ている。南部鉄器は江戸時代から岩手県で製造されている鉄器で，熱を均一に伝導し，保温性に優れている伝統工芸品として知られている。1975（昭和50）年には通商産業大臣（現在の経済産業大臣）指定の「国の伝統的工芸品」にも初めて指定された。

南部鉄器という名称を用いるためには，岩手県南部鉄器協同組合連合会の認定が必要であり，家電で南部鉄器の名称を冠しているのは，Z社が開発した炊飯器しかない。この炊飯器の内釜を製造したのは奥州市水沢区にある鋳物製品製造会社の水沢鋳工所であり，南部鉄器の名称にふさわしい品質を実現するために，凹凸がない平滑な「鋳肌」（表面）と耐久性にこだわり，3次元測定器など最新の機器を用いて精度確認を行った。これまで自動車用部品の生産などは手がけていたが，家電の開発は初めての経験であった。

その後，この水沢鋳工所は精度にこだわりつつ内釜の大量生産にも成功し，理想的なご飯の炊きあがりを実現した。その結果，「第8回日本ものづくり大賞特別賞」を受賞している。

水沢鋳工所の高品質な内釜の生産と，Z社の開発チームが協力し，とりわけ高級炊飯器に採用されたIH加熱の技術とのコラボレーションが家電に新たな可能性を拓いたと考えられる。その意味では南部鉄器の伝統的な技術と水沢鋳工所の技術，そしてZ社の最新技術が結合した炊飯器は，我が国が生み出した伝統工芸品ともいえる。

ネットショッピングの購入者コメントには，「洗いやすく手入れが楽」「昔ながらのかまどで炊いたようでおいしい」「コストパフォーマンスがよい」といった高評価が並んでいる。

★エキスパートへの道…水沢鋳工所の事例から，「売れる製品」について考えよう！

◇水沢鋳工所が，Z社と協力したことで得たものは何でしょうか？

◇水沢鋳工所の取り組みについて，「売れる商品」の視点から，わかったことを書いてください。

Step 2：ジグソー活動　　　　　年　　組　　番　氏名

1　エキスパートとして学習した内容を「グループの人」に伝えましょう。自分のもっている内容（パーツ）とほかの人が伝えてくれた内容（パーツ）をメモ（記録）しよう。

「売れる製品」の視点から製品計画の重要性について，各社の取り組みを共有しよう。

(1)　エキスパートA：今までにないまったく新しい形・機能的で洗練されたデザインが魅力の七ツ森工房

(2)　エキスパートB：岩手から世界に発信する南部鉄器のトップメーカー　岩鋳（IWACHU）

(3)　エキスパートC：南部鉄器を家電に　水沢鋳工所

３人の報告が終わったら，グループで話し合いましょう。

2　なぜ，現代市場では製品計画の重要性が増しているのか。南部鉄器について，作り手の立場からみて今後どのような製品をつくればよいかを考えてみよう。

Step 3：クロストーク　　　　　　　　　　　　年　　組　　番　氏名

3　ほかのグループの発表を聞いて，重要と思われる点や参考になる点をメモ（記録）しましょう。

Step 4：振り返り・まとめ

4　エキスパート活動における文中に示した製品（下線ａ～ｈ）が，製品計画の内容を示した次の図の①～⑧のどれに分類されるか考えてください。

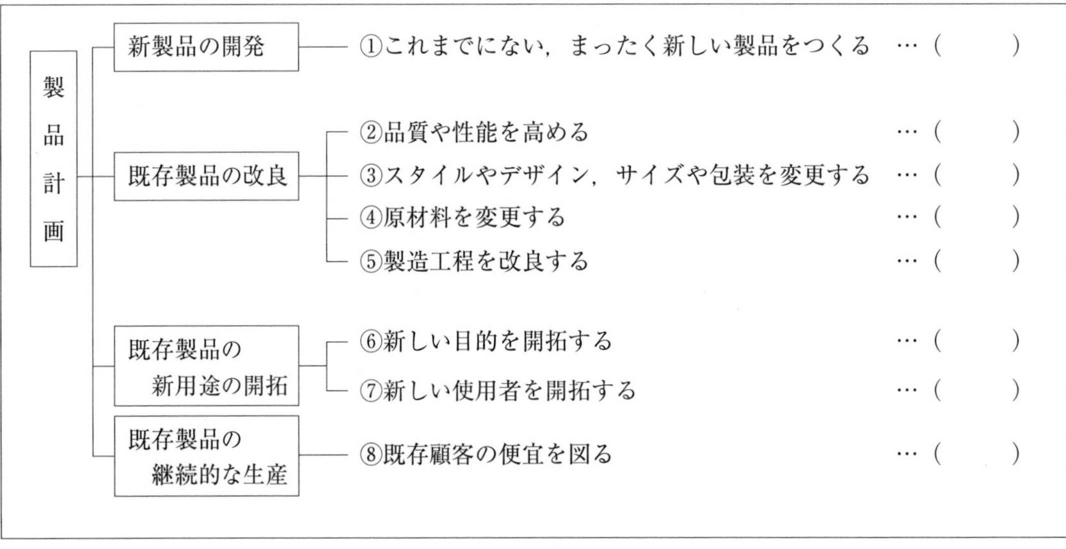

製品計画
新製品の開発
①これまでにない，まったく新しい製品をつくる　…（　　）
既存製品の改良
②品質や性能を高める　…（　　）
③スタイルやデザイン，サイズや包装を変更する　…（　　）
④原材料を変更する　…（　　）
⑤製造工程を改良する　…（　　）
既存製品の新用途の開拓
⑥新しい目的を開拓する　…（　　）
⑦新しい使用者を開拓する　…（　　）
既存製品の継続的な生産
⑧既存顧客の便宜を図る　…（　　）

◇今日の授業でやったこと，わかったことを書いてください。

◇今日の授業で，考えたこと，感じたこと，疑問に思ったことなどを自由に記入してください。

第6章　新しい学びへの指導と評価

第1節　学習計画

図表6－1－1
学習指導要領に基づく授業実施のプロセス

学習指導要領
教科の目標・内容，単位数

学校における教育課程
学校の年間指導計画，指導内容，授業時数，指導の形態等

指導計画

指導目標（到達目標）
指導内容
指導方法
評価規準（評価項目）（評価方法）

学習指導案
教材・教具，指導時間・場所，指導技術等

授業

学校における教育活動は，教育課程に基づいて組織的かつ計画的に実施されることで，質の向上につながる。学習指導要領に基づいて授業を実施するまでのプロセスは図表6－1－1に示したとおりである。

1　指導計画の内容

指導計画とは，教育課程をより具体化し，教科のそれぞれについて，学科・学年あるいは学級ごとの具体的な指導目標，指導内容，指導方法，指導の順序，使用教材，指導のための配当時間，指導上の留意事項等について定めた計画をいう。一般的には，年間指導計画，学期ごとの指導計画，月ごと，週ごと，単元ごと，題材や主題ごとの指導計画など各種のものがある。

指導計画の作成に際しては，次の7つの要素について考える必要がある。

①生徒の実態を把握し，目指す生徒像を実現するための目標を設定する。
②目標を実際の学習活動で実践するために，より具体的に育てたい資質や能力及び態度を設定する。
③目標の実現にふさわしい指導内容を設定する。
④指導内容に基づいて生徒が実際に行う学習活動を設定する。
⑤適切な学習活動の実施に必要な指導方法や学習形態を設定する。
⑥指導項目における評価規準を設定する。
⑦①～⑥の計画，実施を適切に推進するための指導体制を整備する。

商業科における年間指導計画作成の基本的な考え方として，次の6項目があげられる。

①学校の教育目標，学校全体の教育活動，教育課程全体を視野において，ほかの教科・科目等との関連を図ること。
②商業の見方・考え方を働かせ，科目の目標を基にして単元の目標・内容及びそれに準拠した評価規準などを設定すること。
③生徒の実態等に照らし，学習の段階性，主体的・対話的で深い学びを考慮しつつ，単元等を構成すること。
④目標の確実な実現のために，単元等の目標・内容及びそれに準拠した評価規準等をできるだけ簡潔でわかりやすいものにすること。
⑤学習指導要領，特に主体的・対話的で深い学びの実現に向けた授業改善を図ること。
⑥地域や産業界等と連携した実験・実習などの実践的，体験的な学習活動の充実を図ること。

これらの要素や基本的な考え方を踏まえて年間指導計画を作成し，適切に指導計画に落とし込んでいく必要がある。

2　年間指導計画の作成

年間指導計画とは，教育目標を実現するために，どのような学習活動をどの時期に，どのように実施するかを示した計画である※。1年間という時間の流れの中に単元の目標・内容及びそれに準拠した評価規準などを位置付け，さらに学校における全教育活動との関連に留意するために，必要に応じて各教科・科目，道徳及び特別活動における学習活動も定める。また，「総合的な探究の時間」における学習活動との関連も示した上で，それぞれの単元の指導計画となる単元計画の作成も行わなければならない。このとき年間指導計画と単元計画（内容のまとまり）の指導目標や評価の観点及び評価方法との関連をわかりやすく示すことが大切である。

※
各学校の教科・科目等の教育活動に関する詳細な計画書のことをシラバスという。生徒・保護者等への説明（公開）用に作成している高等学校も多い。シラバスには，教科・科目の目標と内容，使用教材，指導計画，指導方法，評価方法等が記載されている。

年間指導計画の作成の手順を示すと次のようになる。

①学習指導要領，学校教育計画，生徒の実態等を踏まえた科目の目標・内容の決定。つまり，どんな生徒を育てたいのかという課題を設定する。
②科目の目標・内容に基づき，学習の段階性を踏まえて主体的・対話的で深い学びの実現に向けた単元の目標・内容を設定する。
③教科書を中心とした教材の分析・研究を踏まえて単元の目標・内容を決定する。
④年間の指導時数や各分野のバランス等を踏まえた単元数，時数を決定する。
⑤科目や各単元の目標・内容を踏まえた各単元の構成・配列を決定する。
⑥単元の目標・内容に基づいた評価規準等を決定する。

現実的には，教科書に収録されている教材は多く，そのすべてを年間指導計画に盛り込むことは至難の業である。したがって，②～⑤の作業をいかに有機的に行うかが重要となる。

3　学習指導案の作成

(1)　学習指導案とは

授業を行うにあたっては，生徒に「どのような力を付けたいか」を明確にした上で，そのための学習指導の内容や授業の進め方を綿密に考えていく必要がある。その授業を構想・展開していく上での企画書であり，授業の設計図となるのが学習指導案である。※※学習指導案を作成する際には，わかりやすい言葉で，具体的に，生徒の学習活動を中心に記述することが大切である。こうして作成された学習指導案は，実際の学習指導・授業を進めていく際の進行表として働き，これを基に授業を行うことで，ねらいどおりの学習指導を計画的かつ効果的に進めていくことができる。また，生徒の学習を保証することにつながり，授業に責任をもつことにもなる。

※※
学習指導案には，次の3つの役割がある。
①授業の設計図
②授業研究の資料
③授業実践の記録

授業公開に向けては，授業のねらいや工夫点など，授業参観の観点とともに，生徒の実態や研究主題等，あらかじめ知っておいてもらいたいことを明確にする必要がある。このとき，学習指導案は，共通理解を図るための資料として重要な役割を果たす。この授業を通して，何を伝えたいのか，どのようなことを一緒に考えたいのかなど，自分の考えや思いを明確に打ち出すことが重要であり，ポイントを絞った内容をわかりやすい言葉で簡潔に表現するなど，正確に理解できるような配慮が必要となる。また，授業後に，生徒の反応や学習活動の変更点，反省点など様々な書き込みがされた学習指導案は，授業記録としての役割を果たす。それに加えて，発言記録やノートのコピー，写真や録画映像等の資料を加え，研究協議での意見や自分自身の考察などを付け加えることで，充実した研究資料となる。

生徒の学びを高めていくことは，日々の授業の質をどう高めていくかという課題に結びつくと考えられる。このように日々の授業実践を振り返り，生徒の姿を記録し，蓄積していく視点で教材研究や授業構成を捉えれば，学習指導案は記録として重要な役割を果たし，よりよい授業改善につなげることができる。また，教科や学校全体で共有することで，ほかの人の学習指導案と授業実践から学ぶこともでき，お互いを高められる。学習指導案を作成して記録として残すことは，自らの授業力を高める有効な手立てとなる上，自分自身を磨くこともでき，必ずかけがえのない財産となる。

⑵　学習指導案の内容

学習指導案には，決まった様式はない。学習指導要領に基づき，単元や本時の目標を達成するための学習内容や学習活動をわかりやすく示すことが大切となる。また，育成を目指す資質・能力を示し，学習評価についても記述することにより，指導と評価の一体化※を図ることが重要である。

※
指導と評価の一体化
評価の結果をその後の指導に生かし，より効果的な指導が行えるよう改善を図っていくことをいう。

すなわち，学習指導案を作成する際には，どのような資質・能力の育成を目指すか，どのような授業をつくりたいか，学習課題や学習形態，学習方法，使用する教材・教具，学習環境を踏まえて考えなければならない。

学習指導案に記載する主な項目は，次のとおりである。

①単元名（あるいは題材名，主題名）
②単元の目標
③目標設定の理由（生徒の実態，単元についての捉え方，目指す生徒像）
④単元の評価規準及び学習活動における具体的な評価規準
⑤教材・教具（メディアの活用）
⑥単元の指導計画（単元の構成）
⑦本時の指導計画（ねらい，展開，本時の評価方法）
⑧板書計画など

(3) 学習指導案の作り方

学習指導案を作成するまでの手順は，次のとおりである。

図表6－1－2　学習指導案作成の手順

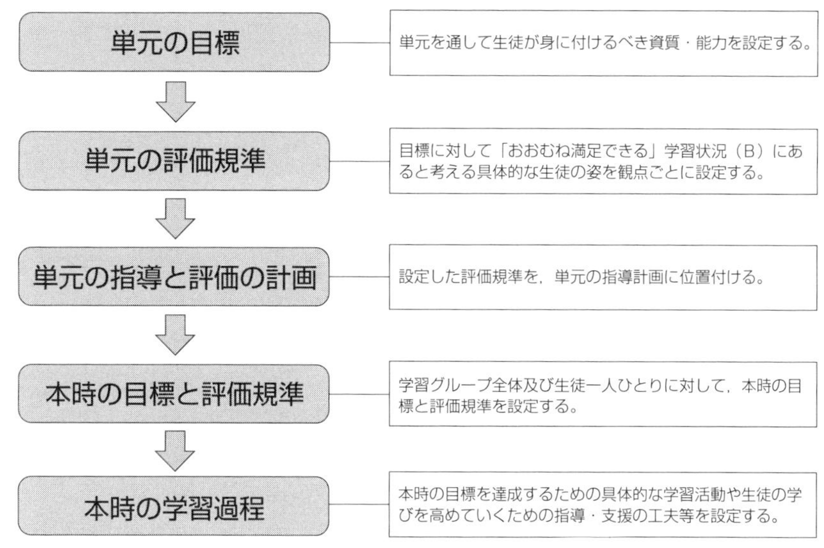
単元の目標
単元を通して生徒が身に付けるべき資質・能力を設定する。
単元の評価規準
目標に対して「おおむね満足できる」学習状況（B）にあると考える具体的な生徒の姿を観点ごとに設定する。
単元の指導と評価の計画
設定した評価規準を，単元の指導計画に位置付ける。
本時の目標と評価規準
学習グループ全体及び生徒一人ひとりに対して，本時の目標と評価規準を設定する。
本時の学習過程
本時の目標を達成するための具体的な学習活動や生徒の学びを高めていくための指導・支援の工夫等を設定する。

○教科の目標，学年の目標，内容との関連など，指導目標に沿って計画を立てること。

○学校・地域の実態，生徒の特質，教材の開発・選択など，指導内容の重点化を図り，教材を選択すること。

○多様な学習活動，問題解決的な学習，体験的な学習など，生徒の興味・関心や意欲を高める学習活動を工夫すること。

○基礎的・基本的な事項を徹底し，生徒の発達特性なども考慮した授業時間数を適切に配分すること。

学習指導案を作成する上で，考慮すべきポイントは次のとおりである。

①生徒にどのような資質・能力を身に付けさせたいか，どのような変容をねらっているのか，明確な目標を常に意識した授業を目指すこと。
②失敗を恐れない，提案性のある授業実践であること。
③授業実践を通して，修正して改善できる授業を目指していくこと。
④活動の必然性を考えた実質的な学習活動を実践していくこと。
⑤ペアやグループでほかの生徒たちと関わらせたり，協力させたりする学習活動に取り組む場を設けること。
⑥魅力的な学習課題を設定し，創作活動や体験的な学習活動を取り入れ，実体験を伴う内容の理解を促すこと。
⑦常に学びに向かう姿勢を育むため，生徒自身で学習状況を把握し，自律的な取り組みとなるよう，振り返りができる工夫を行うこと。
⑧生徒に達成感をもたせるために，生徒の自発的な行動を待つこと。
⑨ビジネスに携わるものとして，時間の大切さを自覚させ，時間の管理や時間内に遂行できる能力を育成すること。

<商業科（科目名を記入）学習指導案>

①対象・日時・場所

実施概要として，学校名，指導者名，対象とする学年・学級・生徒数や，実施日時，場所等を明記する。

②単元名・教材名

一連の学習活動を指す名称で，教科書の章や節を基準とする。

③単元の目標（生徒の立場で記入）

この単元で，どのような資質・能力を生徒に身に付けさせるのかといった単元全体のねらいとともに，そのためにどのような学習活動を行うのかといった学習活動の概要を記入する。学習指導要領の目標・指導内容及び生徒の実態に基づいて，育成を目指す資質・能力を明確で具体的な目標として捉え，主に次のような内容で示す。

～を理解している。～を身に付けている。（知識及び技術） ～考えたり，判断したり，表現したりしている。（思考力，判断力，表現力等） ～取り組もうとしている。（学びに向かう力，人間性等）

④指導上の立場（教師の立場で記入）

ア　生徒観（生徒の実態）

生徒の関心・意欲・態度，育成を目指す資質・能力についての実態，日常の取り組みなど，学習経験とつながりをもたせ，これまでどのような学習活動を行い，どのような資質・能力を身に付けてきたのかを記入する。

イ　題材観

題材の内容，題材を取りあげる意義，既習題材との関連，今後の展開など，題材を通してどのような資質・能力を身に付けさせようとしているのかを記入する。

ウ　指導観（本題材で工夫する点や手立て）

学習内容や教材の特性について，指導・支援の力点などを記入する。

⑤指導と評価の計画

この単元で，どのような学習活動を通してどのような資質・能力を身に付けさせるのかを，単元全体の目標を踏まえて一文程度で簡潔に記述する。

なお，本時が含まれている学習のまとまりについて，次のように時案を示す。

第１時　○○○○ 第２時　○○○○…（本時） 第３時　○○○○

単元全体における本時の位置付けを明確にして，「～について話し合う」など文末を生徒の立場で表現する。

「主な学習活動」に箇条書きでおおむね満足できる状況（Ｂ）を具体的に示す。また「評価規準と評価方法」には学習対象や学習活動を評価規準と関連させて位置付ける。このとき「～している」など文末を指導者の立場で表現する。

<table>
<tr><td colspan="3">商業科（科目名）学習指導案

県　　高等学校　　　　　科　　年　　組
令和　年　月　日（　）　第　校時　　　　　　教室　　　　　　指導者名</td></tr>
<tr><td>単　元
（教材）</td><td colspan="2">教科書の章，節が基準
（教科書名，出版社名を明記し，該当頁を示す）。</td></tr>
<tr><td>単元の目標</td><td colspan="2">育成を目指す資質・能力を明確で具体的な目標として捉えて記入する。
学習指導要領の目標・指導内容及び生徒の実態に基づいたものであること。
※文末表現例
～を理解している。　～を身に付けている。　（知識及び技術）
～考えたり判断したり表現したりしている。　（思考力，判断力，表現力等）
～取り組もうとしている。　（学びに向かう力，人間性等）</td></tr>
<tr><td>指導上の立場</td><td colspan="2">指導者の立場で記入
○生徒観（生徒の実態）
「このような学習態度の生徒に対して」
生徒の関心・意欲・態度，育成を目指す資質・能力について現在までの実態や，日常の取り組みなどを記入する。

○題材観
「このような意図で，この題材を活用しながら」
題材の内容，題材を取りあげる意義，既習題材との関連，今後の展開などを記入する。

○指導観（本題材で工夫する点や手立て）
「このような指導・支援を通して，目標の達成を目指す」
指導・支援の力点，工夫，形態，仮説，評価の工夫，その他の配慮事項など記入する。</td></tr>
<tr><td rowspan="5">指導と評価の計画　全○時間</td><td>主な学習活動</td><td>◇評価規準　観点【　】と評価方法（　）</td></tr>
<tr><td>生徒の立場で記入</td><td>指導者の立場で記入</td></tr>
<tr><td>第一次　…○時間
○生徒の活動を具体的に記す。
※文末表現例「～について話し合う」など</td><td>◇評価規準【観点】（評価方法）
※文末表現に注意</td></tr>
<tr><td>第二次　…○時間
第１時　○○○○
第２時　○○○○…（本時）
第３時　○○○○</td><td>◇評価規準【観点】（評価方法）</td></tr>
<tr><td>第三次　…○時間
第１時　○○○○
第２時　○○○○</td><td>◇評価規準【観点】（評価方法）</td></tr>
</table>

※
本時
授業として実施する一単位時間をいう。

<本時案>

⑥本時※の目標

どのような資質・能力をどのような学習活動を通して身に付けさせるのか，この時間の目標を設定する。前述の③単元の目標，⑤指導と評価の計画の該当する時間との整合性にも留意する必要がある。⑤で時間ごとに設定した指導内容と学習活動を基にして簡潔に記述する。具体的には，学習内容，学習活動や手立て，目指す姿を次のように記入する。

～について，～することにより，～することができる。

⑦指導の流れ

本時の学習活動と指導の双方が具体的にイメージできるように流れに沿って記述する。このとき本時の目標と学習活動と評価の３つが相互に関連し，一貫性のあるものとして設定しなければならない。そうすることによって，指導者にとっては学習指導の計画として，また参観者にとっては学習指導の解説として有効に機能する。

ア　学習活動

１つの授業は，一般的には導入，展開，まとめの３つに分けられる。この欄は，生徒自身が１時間の学習活動の流れを自覚的に捉え，見通しをもって主体的に活動できるよう，学習過程に沿って，生徒の立場からその活動を具体的に記入する。枠組にした「学習活動のねらい」には，生徒が主体的に学び，本時の目標を達成するための学習課題を生徒向けの言葉で提示する。これは単元の学習計画の確認や，学習の振り返りに用いる。学習活動欄の文末表現としては，次のものが考えられる。

～を確かめる。	～について話し合う。	～について理解する。	
～について考える。	～に気づく。	～を知る。	など

イ　指導・支援上の配慮事項など

ここでは，どういったねらいで，どのような指導を行うのか，そのポイントを指導者の立場で記述する。その時間の目標を達成するための手段や方法，指導上の工夫などが具体的に想起できるような表現を心がけることが大切である。また，生徒が主体的に学習活動に向かうためには，一人ひとりが主体的に活動できる場面を用意することが重要であり，そのために指導形態の工夫や学習グループの利点を生かした指導上の工夫についても記述する。

指導・支援上の配慮事項欄の文末表現としては，次のものが考えられる。

～を示す。	～意識を高める。	～を見せる。	～を評価する。
～を問う。	～の場を設定する。		など

ウ　評価規準・方法など

評価規準，評価の観点に加えて評価方法も併せて記述する。その際，単元の指導計画の評価規準との整合性に留意しなければならない。評価する場面は１～２か所程度とし，どの学習活動を対象として，どのような方法で評価するのか，その時間の学習活動において，重点を置いて指導する内容や，評価を行う場面などを明確にして，ノート，ワークシート，定期テストや小テストなど学習の成果が客観的に記録として残る資料から評価を行うことが大切である。

<table>
<tr><th colspan="3">本　時　案　（第○次の第○時）</th></tr>
<tr><td>本時の目　標</td><td colspan="2">生徒の立場で記入
・単元（教材）の目標を踏まえて，生徒に本時でどのような資質・能力を身に付けさせたいか，目指すべき姿を具体的に記述する。
・ねらいを明確にした授業づくりのために，目標は１つか２つに絞り込む。
・「～（学習内容）について，～（学習活動や手立て）することにより，～（目指す姿）することができる」と記入するとわかりやすい。</td></tr>
<tr><th>学習活動</th><th>指導・支援上の配慮事項など</th><th>評価規準・方法など</th></tr>
<tr><td>生徒の立場で記入
1　課題把握
前時の復習，既習事項の確認，本時の学習課題を捉える。</td><td>指導者の立場で記入
○</td><td>生徒の立場で記入
※生徒が見通しをもって学習に取り組めるようにする。</td></tr>
<tr><td colspan="3">学習活動のねらい（わかりやすい，具体的な文言で示す）</td></tr>
<tr><td>2　課題解決
(1)　課題に対して予想される考え等を記述する。
(2)　課題について～して追究する（調べる，話し合う等）。
(3)　課題について～したことを発表する。</td><td>○
○
○
・指導過程に沿って，教師の指導・支援上の配慮事項などを記述する。
・指導の意図，重点方法，工夫など
・指導と評価の一体化を図る手立て
・生徒一人ひとりの学習への手立て
・予想される生徒の反応
※板書計画や準備物などは別に欄を設けることもある。
※「努力を要する」状況（C）と判断した生徒への具体的な手立ても，「～を一緒に確認することで～できるようにする」のように示す。</td><td>評価規準，【観点】，（評価方法）などを具体的に書く。本時の目標と一致させる。
※評価方法例
ノート
ワークシート
小テスト
行動観察　など</td></tr>
<tr><td>3　まとめ
本時の学習について振り返り，学習課題に対する自分の考えをまとめる。</td><td>・本時に何を学んだのかがわかるように整理し，ねらいと対応したまとめの文章表現の例を示す。
・まとめは，本時の目標や学習内容に応じて位置付ける。</td><td>※振り返りでは，生徒が自分の学習を自己評価して，わかったこと，よくわからないことやもっと調べたいことなどを記述させる。記述内容を高めるには，教師の評価と指導が重要である。</td></tr>
</table>

第2節　学習評価

1　学習評価の意義

今日求められている学習評価は，学習指導要領に示す目標に準拠した観点別学習状況の評価である。これは，育成を目指す資質・能力がどの程度身に付いたのかを観点別に分析して評価するものである。学習指導要領では，学習評価について次のことが示されている。

⑴　学習評価の充実

学習評価の充実とは，単元や題材など内容や時間のまとまりを見通しながら，生徒の主体的・対話的で深い学びの実現に向けた授業改善を行うとともに，評価の場面や方法を工夫して，学習の過程や成果を評価することである。このことは，授業の改善と評価の改善を両輪として行う必要性を示している。

⑵　カリキュラム・マネジメントの一環としての指導

図表6－2－1　カリキュラム・マネジメント

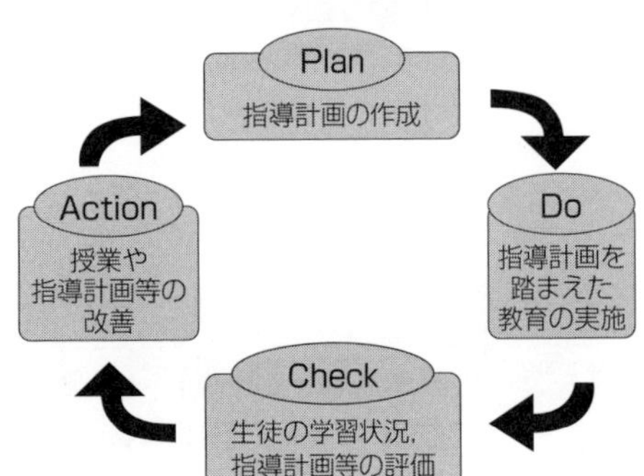

出典：国立教育政策研究所(2019) p. 4より作成。

各学校における教育活動の多くは，学習指導要領などに従い生徒や地域の実態を踏まえて編成されている。その編成の際には，以下の3つを考慮する。

①教育の目的や目標の実現に必要な教育の内容等を，科目横断的な視点で組み立てていくこと。

②生徒の学習状況を評価して，生徒の学習や教師による指導の改善を図っていくこと。

③学校全体として教育課程の改善を図っていくこと。

このように，学習状況の評価や指導の改善は学校の教育活動の根幹にあたり，教育課程に基づいて組織的かつ計画的に教育活動の質の向上を図るカリキュラム・マネジメントの中核的な役割を担っている。

⑶　主体的・対話的で深い学びの視点からの授業改善

教師は自らの指導のねらいに応じて授業での生徒の学びを振り返り，その反省点を学習や指導の改善に生かしていく必要がある。

また，「主体的・対話的で深い学び」の視点から授業改善を行い，質の高い学びを実現することや，学習内容の深い理解，必要な資質・能力の育成，生涯にわたり学びに向かう力の育成などについては，指導のみの役割ではなく，その評価もまた重要な役割を担っている。したがって学習と評価の一体化は常に意識しなくてはならない。

2　評価の観点

学習指導要領のもと，教育目標や内容は，「資質・能力」の3つの柱に基づいて再整理された。また，目標に準拠した評価の実現のため，学習評価の観点もこれに応じて，「知識・技能」「思考・判断・表現」「主体的に学習に取り組む態度」の3観点に整理された。これは，学校教育法の学力の3要素との関係をさらに明確化したものである。なお，職業に関する専門教科・科目については，

「知識・技能」は，「知識・技術」とされている。

図表6－2－2　学習評価の観点

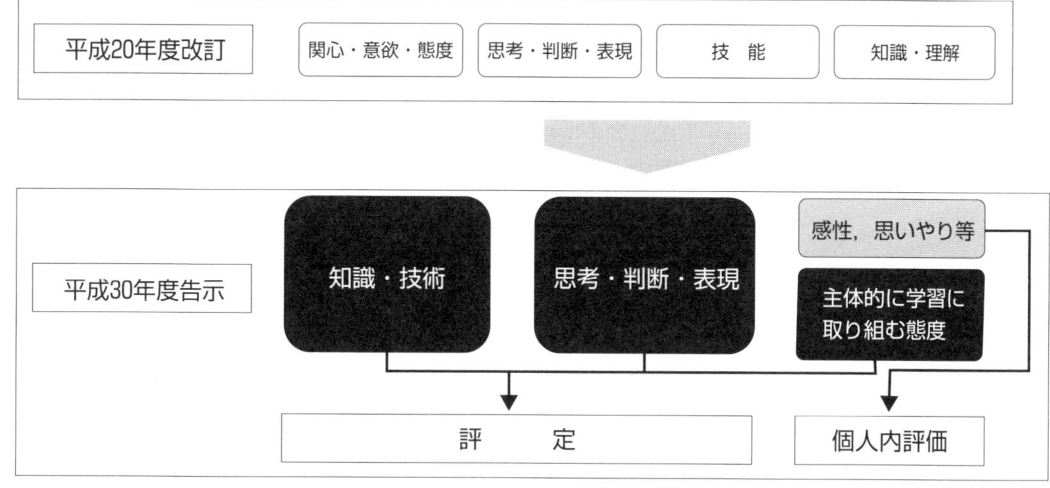

出典：国立教育政策研究所（2019）p. 6より作成。

⑴　知識・技術

「『知識・技能』の評価は，各教科等における学習の過程を通した知識及び技能の習得状況について評価を行うとともに，それらを既有の知識及び技能と関連付けたり活用したりする中で，他の学習や生活の場面でも活用できる程度に概念等を理解したり，技能を習得しているかについて評価するものである」（中央教育審議会（2019））とされ，この考え方そのものは従来の「知識・理解」，「技能」の評価と同様である。中央教育審議会は具体的な方法として，以下の2つをあげている。

①「事後的な知識の習得を問う問題」と「知識の概念的な理解を問う問題」のバランスを考慮してペーパーテストを作成する。

②学習内容に応じて観察・実験を行ったり，式やグラフで表現したりするなど実際に知識や技術を用いる場面を設ける。

⑵　思考・判断・表現

「『思考・判断・表現』の評価は，各教科等の知識及び技能を活用して課題を解決する等のために必要な思考力，判断力，表現力等を身に付けているかどうかを評価するものである」（中央教育審議会（2019））とされ，「知識・技術」と同じく，この考え方自体は従前の「思考・判断・表現」と同様である。中央教育審議会は具体的な方法として以下のようなことがらをあげている。

①ペーパーテストだけではなく，論述やレポートの作成，発表，グループでの話し合い，作品の制作や表現等の多様な活動を取り込む。

②①のことがらを集めたポートフォリオを活用して総合的に評価する方法を工夫する。

なお，職業に関する専門教科・科目において育成する思考力，判断力，表現力等は，そのまま社会における職業人に求められるものである。それらの力が身に付いたかどうかを学習活動の中で見取っていくことも併せて重要である。

(3)　主体的に学習に取り組む態度

「主体的に学習に取り組む態度」では，知識や技能の習得や思考力，判断力，表現力等を身に付けるために，粘り強い取り組みを行おうとする側面と，自らの学習を調整しようとする側面について評価する。たとえば中央教育審議会の答申では「(挙手の回数やノートの取り方などの形式的な活動ではなく）子供たちが自ら学習の目標を持ち，進め方を見直しながら学習を進め，その過程を評価して新たな学習につなげるといった，学習に関する自己調整を行いながら，粘り強く知識・技能を獲得したり思考・判断・表現しようとしたりしているかどうかという，意欲的な側面を捉えて評価することが求められている」とされている。

こうした評価の観点の趣旨に照らして，生徒の意欲や態度を可視化していくことが求められる。これは，必ずしも生徒の学習の調整が「適切に行われているか」を判断するものではない。従前の評価の観点である「関心・意欲・態度」に相当する考え方で，学習内容に関心をもつだけでなく，よりよく学ぼうとする意欲をもって学習に取り組む態度を評価しようという考え方である。

図表6－2－3「主体的に学習に取り組む態度」の評価のイメージ

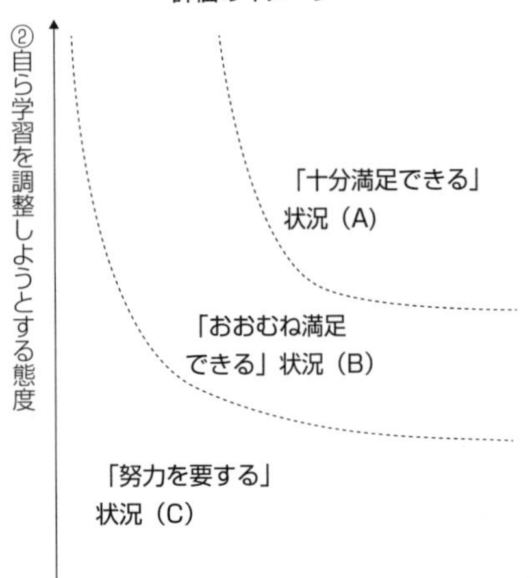

出典：国立教育政策研究所（2019）p. 9より作成

加えて，職業に関する専門教科・科目においては，社会で活躍するための態度を身に付けているかどうかを評価する。具体的には，ノートやレポート等の記述，授業中の発言，教師による行動観察や生徒による自己評価・相互評価等を，評価を行う際に考慮することなどが考えられる。このときも教科等の特質に応じて，生徒の発達の段階や一人ひとりの個性を考慮し，「知識・技術」や「思考・判断・表現」の観点を踏まえなくてはならない。

なお，育成を目指す資質・能力としては「学びに向かう力，人間性等」が示されている。「学びに向かう力，人間性等」には，観点別学習状況の評価を通じて見取れる部分と観点別学習状況の評価にはなじまない部分がある。たとえば「感性」や「思いやり」など幅広い人間性に係る部分は観点別学習状況の評価にはなじまない。このように評価では見取れない部分については，観点別学習状況の評価の対象外となる。そのため，評価の観点の名称は「主体的に学習に取り組む態度」とされている。

3　内容のまとまりごとの評価規準

評価を行う際に大切なことが，単元等のまとまりを見通した計画である。「資質・能力」は，単元や題材のまとまりの中で育まれていく。それと同じように，評価の観点も毎回の授業ですべてを見取るわけではない。学習内容と評価の場面を適切に組み立てていくことが重要である。

(1)　「ビジネス基礎」の事例

ここでは，「ビジネス基礎」の単元「(2)ビジネスに対する心構え」を取りあげて，学習内容のまとまりごとの評価規準について示す。

「ビジネス基礎」目標

商業の見方・考え方を働かせ，実践的・体験的な学習活動を行うことなどを通して，ビジネスを通じ，地域産業をはじめ経済社会の健全で持続的な発展を担う職業人として必要な基礎的な資質・能力を次のとおり育成することを目指す。

知識・技術	思考・判断・表現	主体的に学習に取り組む態度
ビジネスについて実務に即して体系的・系統的に理解するとともに，関連する技術を身に付けるようにする。	ビジネスに関する課題を発見し，ビジネスに携わる者として科学的な根拠に基づいて創造的に解決する力を養う。	ビジネスを適切に展開する力の向上を目指して自ら学び，ビジネスの創造と発展に主体的かつ協働的に取り組む態度を養う。

「ビジネス基礎」評価の観点及びその趣旨

知識・技術	思考・判断・表現	主体的に学習に取り組む態度
ビジネスについて実務に即して体系的・系統的に理解しているとともに，関連する技術を身に付けている。	ビジネスに関する課題を発見し，ビジネスに携わる者として科学的な根拠に基づいて創造的に解決する力を身に付けている。	ビジネスを適切に展開する力の向上を目指して自ら学び，ビジネスの創造と発展に主体的かつ協働的に取り組む態度を身に付けている。

⑵　評価の方法

「ビジネス基礎」の評価の観点の趣旨，内容のまとまりごとに盛り込むべき評価規準の設定例等を踏まえて，単元「⑵ビジネスに対する心構え」において，学習活動に即した評価規準を設定して評価を行った。本事例では，行動観察，ワークシート，ペーパーテストにより評価を行っており，その際の留意点をまとめると次のようになる。

①行動観察

グループで調べ，その結果をまとめる過程における生徒一人ひとりの取り組みや役割などを観察し，特徴的な様子を見いだして評価するとともに，観察シートに記入する。

②ワークシート

ワークシートは「知識・技術」，「思考・判断・表現」，「主体的に学習に取り組む態度」の観点の評価に用いている。

「知識・技術」の観点で評価を行う場合には，学習活動を通して必要な知識を身に付け，理解が深まっているか，また技術を習得しているかを評価する。

なお，発表やグループ内での討論の状況を，生徒による自己評価や生徒同士の相互評価ができるようにフィードバックできる項目を用いて評価に生かすことも考えられる。

「思考・判断・表現」の観点で評価を行う場合には，思考の過程を記述できるようワークシートづくりを工夫し，具体的な課題を見いだしているか，取りあげた課題について思考し，知識や技術を基に判断した過程や結果を表現できているかを評価する。

「主体的に学習に取り組む態度」の観点で評価を行う場合には，ワークシートの記述から課題に取り組む状況や社会で活躍するために必要な態度が身に付いているかを読み取り評価する。なお，自らの学習を調整しようとする側面からは，生徒が自らの理解を振り返ることができる項目を用いて評価に生かす工夫も考えられる。

なお，題材に取り組む期間が長期になると，その期間の中でどのように生徒が資質・能力を身に付けていっているかを詳細に把握することは容易ではなくなる。このような場合は，ポートフォリオを活用することが考えられる。ワークシートやレポートなどの学習の成果物を基にしてポートフォリオを作成させることで，生徒の学びの軌跡が可視化され，生徒の変容を確認できるだけでなく，生徒自身で学びを振り返ることができる。

③ペーパーテスト

各設問への解答を基に，知識の習得や理解の状況などを読み取り評価する。本事例では学期末のテストで評価しているが，このほかにも，単元ごとの小テストなど様々な場面で評価することが考えられる。

上記の方法で評価した結果，「十分満足できる」状況（A）と判断した具体例及び，「努力を要する」状況（C）と判断した生徒への指導の手立てについて，各観点から一例ずつ示すと次のようになる。

観点	学習活動に即した評価規準	「十分満足できる」状況（A）と判断した具体例	「努力を要する」状況（C）と判断した生徒への手立て
知識・技術	基本的なビジネスマナーについて，実務に即して理解するとともに，関連する技術を身に付けている。	基本的なビジネスマナーについて，実務に即してよりよく実践できるよう理解するとともに，関連する技術を説明できる程度に確実に身に付けている。	教科書によって基本的なビジネスマナーについてまとめさせ，関連する技術の習得に努めさせる。
思考・判断・表現	ビジネスの場面を分析し，科学的な根拠に基づいて，ビジネスにおいて他者に対応する方法を考え，判断し，表現する力を身につけている。	ビジネスの場面を分析し，科学的な根拠に基づいて，ビジネスにおいて他者によりよく対応する方法を工夫して考え，判断し，表現している。	科学的な根拠を再度提示し，ビジネスの場面においてどのように対応すればよいのかを確認させる。
主体的に学習に取り組む態度	ビジネスに対する心構えについて，自ら学び，ビジネスに主体的かつ協働的に取り組む態度を身に付けている。	ビジネスに対する心構えについて，自己の学習を振り返り，修正点や新たな気づきを示し，学習の自己調整をしようとしているなど，ビジネスに主体的かつ協働的に取り組む態度を身に付けている。	どの時点で意欲が継続できなかったかを，ワークシートの記述と生徒との対話を通して明確にし，生徒の意欲を高めるための手立てを講じる。

観点別学習状況の評価においては，生徒の状況を分析的に捉えられることから，評価の結果を学習指導の改善に生かすとともに，生徒一人ひとりの状況に応じたきめ細やかな指導や，学習を確実に定着させる指導の充実につなげることが望まれる。

⑶　観点別学習状況評価の総括

総括の場面としては，単元における観点ごとの評価の総括，学期末における観点ごとの評価の総括，学年末における観点ごとの評価の総括が考えられる。

また，評定への総括の場面としては，学期末や学年末が考えられる。

総括の考え方としては，次のように区別して評価を記入する。

「十分満足できる」状況と判断されるもの：A
「おおむね満足できる」状況と判断されるもの：B
「努力を要する」状況と判断されるもの：C

評定は，学習指導要領に示す教科の目標に照らして，その実現状況を次のように区別して評価を記入する。

「十分満足できるもののうち，特に程度が高い」状況と判断されるもの：5
「十分満足できる」状況と判断されるもの：4
「おおむね満足できる」状況と判断されるもの：3
「努力を要する」状況と判断されるもの：2
「一層努力を要する」状況と判断されるもの：1

各教科の学習の状況を総括的に評価するのが評定である。観点別学習状況において掲げられた観点は，分析的な評価を行うものとして，各教科の評定を行う場合において基本的な要素となるものであることに十分留意する。評定の適切な決定方法等については，各学校において教務規程などに定めることになる。

「ビジネス基礎」学習指導計画

1　単元名　(2)　ビジネスに対する心構え

2　単元の目標

何ができるようになるのか	・信頼関係の構築，コミュニケーションなどビジネスに対する心構えに関する知識，技術などを基盤として，信頼関係の構築がビジネスに及ぼす影響など科学的な根拠に基づいて，ビジネスの展開について，組織の一員としての役割を果たす。
どのように学ぶか	・基本的なビジネスマナー及びホスピタリティについて実践する学習活動に取り組む。 ・ビジネスの場面に応じた基礎的なコミュニケーションの方法について考察する学習活動に取り組む。 ・情報の入手と活用について，具体的な事例と関連付けて考察する学習活動に取り組む。
何を学ぶか	・信頼関係を構築することの意義，職業人に求められる倫理観 ・コミュニケーションの基礎 ・情報の入手と活用

3　単元の評価規準

Ⅰ　知識・技術	Ⅱ　思考・判断・表現	Ⅲ　主体的に学習に取り組む態度
ビジネスに対する心構えについて実務に即して理解するとともに，関連する技術を身に付けている。	ビジネスの場面を分析し，科学的な根拠に基づいて，ビジネスにおいて他者に対応するとともに，情報を入手して活用し，評価・改善することができる。	ビジネスに対する心構えについて自ら学び，ビジネスに主体的かつ協働的に取り組むことができる。

4　指導と評価の計画

時程	ねらい・学習活動	評価の観点 Ⅰ	Ⅱ	Ⅲ	評価規準・評価方法
第一次（8時間）	**信頼関係の構築** ねらい：ビジネスを通して社会に貢献するために職業人として求められものとは何かを考える。				
	■ビジネス活動を主体的，合理的に行うためには，企業内の人々が望ましい信頼関係を構築する必要があることに注目して，その重要性について整理し，気づいたことをワークシートにまとめる。 ・ワークシートに，企業内の人々が望ましい信頼関係を構築する必要があることに注目させて，気づいたことをまとめさせて，その意義を理解させる。	●			・望ましい信頼関係を構築することの意義など，ビジネスに対する心構えについて理解している。（ワークシート）
	■職業人に求められる①倫理観，②遵法精神，③規範意識，④責任感，⑤協調性，⑥リーダーシップ，⑦ビジネスを通して社会に貢献する意識，⑧見通しをもって仕事を進める意識などが信頼関係を構築する上で重要であることについて整理し，気づいたことをワークシートにまとめる。 ・信頼関係を構築する上で重要である8点について整理し，気づいたことをワークシートにまとめさせる。	●			・望ましい信頼関係を構築することの意義など，ビジネスに対する心構えについて理解している。（ペーパーテスト）
	基本的なビジネスマナー及びホスピタリティ ねらい：ビジネスに対する心構えについて，実務に即して理解するとともに，関連する技術を身に付ける。				
	■ビジネスマナーの意義，身だしなみ，あいさつと礼の仕方，電話応対，来客応対，名刺交換などに関する基本的なビジネスマナーについて，実務に即して理解するとともに，関連する技術を身に付ける。	●			・基本的なビジネスマナーについて，実務に即して理解するとともに，関連する技術を身に付けている。（行動観察，ワーク

	・実際のビジネスの場面を想定して，それぞれの事項を実務に即して理解するとともに，関連する技術を身に付けさせる。 ・生徒の取り組みの様子を観察シートに記入する。 ・ビジネスに対する心構えについて，知識や技術を身に付ける段階で，自らの学習状況を把握し，試行錯誤するなど，自らの学習を調整しながら学ぼうとしているかをワークシートから見取る。			●	シート） ・ビジネスに対する心構えについて自ら学び，ビジネスに主体的かつ協働的に取り組むことができる。（ワークシート）
	■ビジネス活動を実践する上で重要なホスピタリティの観点からビジネスの場面を分析し，科学的な根拠に基づいて，ビジネスにおいて他者に対応できるようにする。 ・ホスピタリティの重要性について理解するため，たとえば，ホテル業界等のビジネスの場面を分析し，科学的な根拠に基づいて，ビジネスにおいて他者に対応できるようにさせる。		●		・ビジネスの場面を分析し，科学的な根拠に基づいて，ビジネスにおいて他者に対応することができる。（ワークシート）
第二次（2時間）	**コミュニケーションの基礎** ねらい：ビジネスを円滑に行う上でのコミュニケーションの意義と基礎的なコミュニケーションの方法について理解を深める。				
	■ビジネスを円滑に行う上でのコミュニケーションの意義について，調べてまとめる。 ・ビジネスを円滑に行う上でのコミュニケーションの意義について，調べてまとめさせる。				
	■敬語などビジネスの場面に応じた言葉遣い，話の聞き方，伝え方などに関する基礎的なコミュニケーションの方法を身に付ける。 ・基礎的なコミュニケーションの方法について，ビジネスの場面等を想定して身に付けさせる。 ・生徒の取り組みの様子を観察シートに記入する。	●			・基礎的なコミュニケーションの方法を身に付けている。（ワークシート）
第三次（4時間）	**情報の入手と活用** ねらい：情報の収集・分析・解析・伝達，保管について，具体的な事例と関連付けて理解を深める。				
	■情報の信頼性を見極めることの重要性及び情報を活用する際に著作権など知的財産権を侵害しないようにすることについて，具体的な事例と関連付けて，グループで討論してまとめる。 ・情報の入手と活用に関して具体的な事例と関連付けて，グループで討論してまとめさせる。 ・生徒の取り組みの様子を観察シートに記入する。		●		・入手した情報の信頼性を見極めて活用し，評価・改善することができる。（ワークシート，行動観察）
	■企業活動において円滑にコミュニケーションを図る上での情報の重要性，企業活動に必要な情報の所在及び調査を通して情報を入手することの重要性についてグループで討論してまとめ，発表する。 ・企業活動において円滑にコミュニケーションを図る上での情報の重要性について理解させる。 ・企業活動に必要な情報の所在及び調査を通して情報を入手することの重要性について，グループで討論してまとめ，発表させる。			●	・企業活動における情報の重要性について自ら学び，ビジネスに主体的かつ協働的に取り組むことができる。（ワークシート）

4　パフォーマンス評価とルーブリック

学習とは行きつ戻りつしながら深まっていくもので，認知レベルの違いによって，適する評価方法が相違すると石井（2012）は，図表6－2－4のように示している。豊かに考える授業をしていながら，評価では知識・技能（見えやすい学力）しか問われなければ，それはミスマッチであり，目標・指導・評価の一貫性を確立する必要性があることがわかる。つまり，授業だけを変えても評価方法が変わらなければ学習の深まりはないということである。

図の「わかる」レベルの評価には色々な工夫ができる。さらに，「使える」レベルを目指していくには，パフォーマンス課題※に基づく評価，つまりパフォーマンス評価が求められる。「思考する」ということを広義に捉えると，「わかる」と「使える」という学力のもつ2つの質も含まれる。これら両方を含めた思考の表現に基づく評価は，広義のパフォーマンス評価といえる。

※
パフォーマンス課題
西岡（2013）は，「様々な知識やスキルを総合して使いこなす（活用する）ことを求めるような，複雑な課題」と定義している。

図表6－2－4　認知レベルの違いによる評価方法

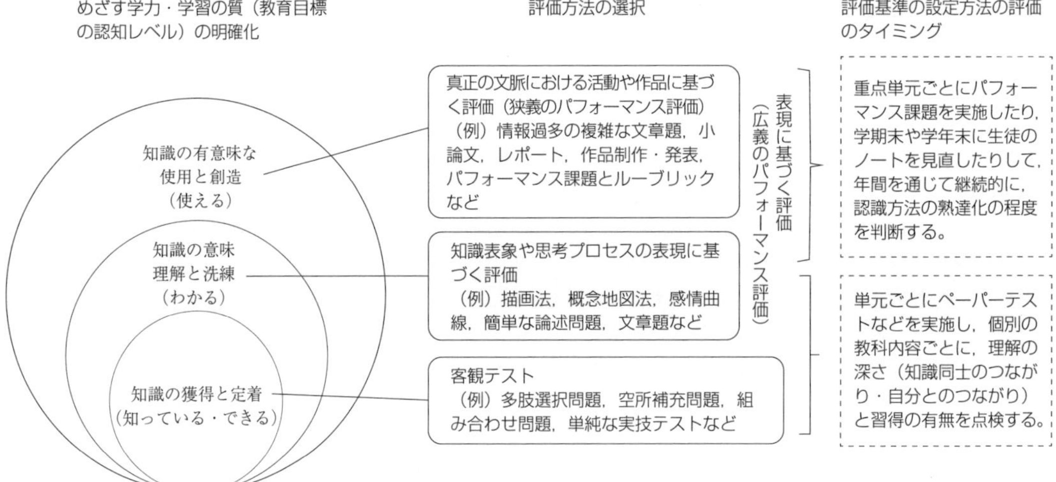

出典：石井英真（2012）p.140より作成。

思考力や判断力，表現力が問われる場面で，学習者の行動や反応，文章や意見，アイデアなどの成果物を総称してパフォーマンスという。このパフォーマンスについて，抽象的な概念をどこまで理解しているか，知識や技能を組み合わせて活用するなど有意味な使用や創造ができているかなどを評価することをパフォーマンス評価という。

一定の課題に対してその課題に対する取り組みや成果物を評価することもパフォーマンス評価に含まれる。しかしこれは狭義の意味であって，広義には課題を特に設定していない日常の学習活動を評価したり，授業中の学習に臨む態度を評価したりといったことがらが含まれる。

狭義の意味であっても，広義の意味であっても，筆記テストや実技テストなどの従来の評価が固定的で実施の時点に限定されていたのに対して，パフォーマンス評価は弾力的で学習者が主体的，能動的な学習をしているときのすべてが対象となる。

⑴　学習成果の評価とルーブリック※

ルーブリックが活用されるためには，生徒自身の主体的，能動的な学習姿勢が不可欠になる。生徒が自らの現状を振り返り，学びを改善するためのツールとして活用されることが前提であり，その点でアクティブ・ラーニングの必要性が強調される。

この点を考えると，教授した内容をどの程度生徒が身に付けているか，すなわち，学習成果が適切に評価されているかが重要となる。松下（2015）は，「学習成果に注目するということは，教員が何を教えたかということから，学生が実際に何を学んだかに目を向ける」という転換が含まれていると述べている。さらに，何を学んだか，ということについて「単に何を知り，理解したかということだけではなくて，実際に何ができるようになったのかという，『to know』だけではなく『to do』も含む」ようになったと指摘している。つまり，学習成果を評価するためには，まず何ができるようになってほしいかを明確に示し，その内容に沿って評価しなければならない。目標に準拠した評価を行った上で，生徒が何を学んだのかという点に目を向けることによって，授業改善へとつながる。

※
ルーブリック
学習到達度を表す評価規準を表形式で示したものをいう。

⑵　ルーブリックの基本と作成

一般にルーブリックは複数の評価項目によって構成され，次のような一覧にまとめられる。

図表６－２－５　ルーブリックの基本的な構成

尺度：評価規準を数段階に分けて表示

	A	B	C
評価項目１	授業目標をほぼ100%達成している状態を示す。	授業目標をおおむね達成している状態を示す。	授業目標の最低限のレベルの状態，またはそのレベルに達していない状態を示す。
評価項目２	十分満足できる。	おおむね満足できる。	努力を要する。

評価の観点：評価対象を細分化

指導の手立てをどうするか

評価規準の考え方は，次のように区別して記入する。

「十分満足できる」状況と判断されるもの：A
「おおむね満足できる」状況と判断されるもの：B
「努力を要する」状況と判断されるもの：C

作成にあたっては，できるだけ平易な言葉を用いて，「～できる」など，簡潔に一文で表現することが重要である。

評価の観点における行為動詞の表現

知識・技術	思考・判断・表現	主体的に学習に取り組む態度
理解している。 身に付けている。 ～することができる。	～したりしている。 ～する力を身に付けている。 ～することができる。	～しようとしている。 ～する態度を身に付けている。 取り組むことができる。

⑶　ルーブリックの効用

ルーブリックは，主観的な評価に陥りがちなパフォーマンスを客観的に評価するためのものであり，次のような効用がある。

①評価観点・評価規準・評価基準を提示することにより，授業及び成績評価に対するアカウンタビリティ（説明責任）を確保できる。
②学習目標を明示するので，到達レベルが明確になり，生徒の現在のレベルや改善点がわかりやすくなる。
③公正な評価，評価の一貫性が保たれる（評価の見える化）。
④採点時間の短縮化が図られる。
⑤生徒への迅速なフィードバックができる。
⑥学習目標と到達レベルを生徒が把握しやすく，自分の成長が把握できる。

このように，ルーブリックは教員間の情報共有や生徒のモチベーションの向上にも役立つ。したがって，生徒に事前に提示するだけでなく，事後にも迅速にフィードバックすることが望ましい。このことによって，生徒が学習の中で「今自分がどの項目をどれくらいできているのか」という自己評価を実施しやすくなり，内省の習慣を身に付け，メタ認知力を高める機会をつくることができる。そのように評価規準を通してよいパフォーマンスとは何かが明確になれば，学習意欲と学習成果の向上も期待できる。

⑷　ルーブリックの実践例

「ビジネス基礎」ルーブリックの一例

評価項目／評価規準	十分満足できる	おおむね満足できる	努力を要する
科学的な根拠に基づいた創造的な解決力【思考・判断・表現】	ビジネスに関する事例から課題を発見し，ビジネスに携わる者として分析し，的確な成果と課題を見いだして，創造的思考や解決策を発表する力を身に付けている。	ビジネスに関する事例から課題を発見し，ビジネスに携わる者として分析し，的確な成果と課題を見いだして思考し，解決策を発表する力を身に付けている。	ビジネスに関する事例から課題を発見し，成果と課題を記述する力を身に付けている。

次ページより，宮崎県都城市の食料品メーカー・株式会社栗山ノーサンのケース教材を扱った「マーケティング」の授業実践について，ルーブリックの実践例を示した。なお，掲載したルーブリックは，宮崎県立都城商業高等学校が作成したものを，筆者が再構成したものである。　（笠木　秀樹）

「マーケティング」 ルーブリック

評価方法	評価観点	A（15） 十分に満足できる	B（10） おおむね満足できる	C（5） 努力を要する
ワークシート	【主体的に学習に取り組む態度】	発表した内容（アイデアや商品）について主体的に他者と協働して取り組み，活動を振り返り，新たな課題を発見して，改善を図ろうとしている。	発表した内容（アイデアや商品）について他者の意見や助言を踏まえて活動を振り返り，改善を図ろうとしている。	発表した内容（アイデアや商品）について，助言があれば活動を振り返り，改善を図ることができる。
	【思考・判断・表現】	栗山ノーサンの歴史について，これまで学んだ知識と関連付けて思考し，記述することができ，具体的なキーワードを用いてまとめる力を身に付けている。	栗山ノーサンの歴史についてこれまで学んだ知識と関連付けて思考し，記述している。	栗山ノーサンの歴史について，資料等の内容を引き写して，ある程度自分なりにまとめて記述している。
	【知識・技術】	栗山ノーサンの３つの販売経路について，３つに分けた理由を理解することができ，商品の特徴と関連付けてそれぞれ詳しく記述している。	栗山ノーサンの３つの販売経路について理解し，商品の特徴と関連付けて記述している。	栗山ノーサンの販売経路について記述している。
発表	【思考・判断・表現】	発表内容が明確でわかりやすく，資料の文章・図を効果的に用い，強調すべきところを印象づけるような工夫がされているなど，新しい商品や企画を提案する力を身に付けている。 評価シート：18～16点	発表内容は正確で，資料の文章・図の活用をすることができ，新しい商品や企画を提案する力を身に付けている。 評価シート：15～12点	新しい商品や企画について提案しつつも，発表内容に間違いもあり，資料の文章・図の活用が不十分である。 評価シート：11～６点

「マーケティング」 ルーブリック

評価観点	評価方法	A（15）	B（10）	C（5）
		十分満足できる	おおむね満足できる	努力を要する
【主体的に学習に取り組む態度】	活動（ケース教材）観察	建設的な発言を行うとともに，ほかのメンバーに対しても配慮することができ，課題達成に大いに貢献しようとしている。	話し合いをリードして意見を整理したり関連付けたりして，課題達成に貢献しようとしている。	課題達成には貢献できないものの，話し合いに参加しようとしている。（知識を活用して自ら考えることや対話の重要性を教師と考えながら，課題に取り組むきっかけを与える。）
	内容（質問会議）学習の調整	他者の意見や助言などを踏まえて，新たな課題を発見するなど，質問会議に主体的に取り組み，その内容を踏まえて活動を振り返り，改善を図ろうとしている。	質問会議に主体的に取り組み，その内容を踏まえて活動を振り返り，改善を図ろうとしている。	質問会議に参加し，内容を踏まえて活動を振り返ろうとしている。（学習活動を振り返り，改善していくことの重要性を教師と考えながら質問会議に取り組むきっかけを与える。）
【思考・判断・表現】	内容（質問会議）	マーケティングの理論に基づいた思考ができるとともに，多角的にものごとを捉えて記述する力を身に付けている。	ソーシャルマーケティング，STP分析について思考しており，ものごとを整理して記述している。	ソーシャルマーケティング，STP分析について触れ，不十分であるが記述している。（フレームワークに基づいて具体的な事例を整理させ，マーケティング活動の大切さに気づかせる。）

※（　）…努力を要する生徒への指導の手立て

参考文献・資料

第１章　商業教育と学習指導要領

文部科学省（2019ａ）『高等学校学習指導要領（平成30年告示）解説　総則編』東洋館出版社

文部科学省（2019ｂ）『高等学校学習指導要領（平成30年告示）解説　商業編』実教出版

第２章　教科の理解と内容

金融庁EDINET（https://disclosure.edinet-fsa.go.jp/）有価証券報告書「イオン株式会社（第95期）」，「株式会社セブン＆アイ・ホールディングス（第15期）」

厚生労働省（2019）高校生就職ガイダンス「就職力をつけるワークブック」インテリジェンス

厚生労働省（2013）「平成25年賃金構造基本統計調査（全国）結果の概況：第６表」厚生労働省HP（https://www.mhlw.go.jp/toukei/itiran/roudou/chingin/kouzou/z2013/dl/06.pdf）

総務省（2020）「令和２年　情報通信白書：図表５－２－１－１情報通信機器の世帯保有率の推移」総務省HP（https://www.soumu.go.jp/johotsusintokei/whitepaper/ja/r02/html/nd252110.html）

総務省統計局（2014）「労働力調査（基本集計）平成26年（2014年）平均（速報）：表８」総務省統計局HP（http://www.stat.go.jp/data/roudou/rireki/nen/ft/pdf/2014.pdf）

富山県産業教育の企画推進に関する研究協議会商業部会（2012）「ケーススタディ集」

文部科学省（2019b）前掲

第３章　未来につながる商業教育

浅見（林）大輔（2019）「生徒のスマートフォンを使った体験的な学習による商業科目『プログラミング』の授業実践」『平成30年度松本大学教育実践改善賞受賞論文集』

国土交通省（2019）「地域の活性化にかかる観光庁の諸施策について」国土交通省北陸信越運輸局HP（https://wwwtb.mlit.go.jp/hokushin/content/000117748.pdf）

商業高校フードグランプリHP「商業高校フードグランプリ開催結果（2013～2019）」（https://foodgrandprix.com/news/）

野村恭彦（2012）『フューチャーセンターをつくろう　対話をイノベーションにつなげる仕組み』プレジデント社

広島市HP「市の木（クスノキ）・市の花（キョウチクトウ）について」（https://www.city.hiroshima.lg.jp/soshiki/138/7320.html）

文部科学省（2018）『小学校学習指導要領（平成29年告示）』東洋館出版社

文部科学省（2018）『中学校学習指導要領（平成29年告示）』東山書房

文部科学省（2019a）前掲

文部科学省（2019b）前掲

文部科学省HP「スーパー・プロフェッショナル・ハイスクール」（https://www.mext.go.jp/a_menu/shotou/shinkou/shinko/1366335.htm）

第４章　社会とつながる商業教育

石井栄一・大橋信定・岡田修二・澤田利夫編著（1991）『現代商業教育論』税務経理協会

笈川達男（2001）『商業教育の歩み　現状の課題と展望』実教出版

岡野亜希子（2013）「職業指導，進路指導からキャリア教育へ　『勤労観・職業観』の強調とその問題に注目して」『かやのもり：近畿大学産業理工学部研究報告18巻』

奥村恒夫（1964）『商業教科教育法』大明堂

籠幾緒（2013）「職業と労働　職業指導，進路指導，キャリア教育をめぐって」『浜松学院大学教職センター紀要第２号』

鹿嶋研之助（2010）「商業教育におけるキャリア教育の推進」『じっきょう商業教育資料』No.85通巻373号，実教出版
河合昭三・雲英道夫・岡田修二・山田不二雄編著（1991）『新商業教育論』多賀出版
雲英道夫（1989）『商業教育を論ず』白桃書房
雲英道夫（1995）『テキストブック商業科教育法』多賀出版
厚生労働省（1991）「平成３年版　労働経済の分析：第３章 若年労働者の離転職の増加と意識の変化」厚生労働省HP（https://www.mhlw.go.jp/toukei_hakusho/hakusho/roudou/1991/dl/08.pdf）
厚生労働省HP「よくあるご質問について　その他」（https://www.mhlw.go.jp/bunya/nouryoku/other/faq.html）
国立教育研究所内戦後教育改革資料研究会編（1980）『文部省学習指導要領18　水産科・工業科・商業科』日本図書センター
澤田利夫（1983）『商業教育原理』多賀出版
椎谷福男（2015）『商業教育を学ぶ』野島出版
全国商業高等学校長協会・公益財団法人商業高等学校協会（2014）『商業教育130周年記念誌』
田中義雄・雲英道夫編著（1978）『商業科教育論』多賀出版
田中義雄・雲英道夫編著（1980）『商業科教育論　改訂版』多賀出版
中央教育審議会（2016）「幼稚園、小学校、中学校、高等学校及び特別支援学校の学習指導要領等の改善及び必要な方策等について（答申）平成28年12月21日」文部科学省HP（https://www.mext.go.jp/b_menu/shingi/chukyo/chukyo0/toushin/__icsFiles/afieldfile/2017/01/10/1380902_0.pdf）
内閣府HP「Society 5.0」（https://www8.cao.go.jp/cstp/society5_0/index.html）
西村陽一（2014）「『職業指導』におけるキャリア教育―若者の社会的・職業的自立を目指して―」『崇城大学紀要第39巻』
日本産業教育学会編（2013）『産業教育・職業教育学ハンドブック』大学教育出版
日本商業教育学会（2006）『教職必修　最新商業科教育法』実教出版
日本商業教育学会編（2019）『商業科教育論』実教出版
番場博之（2010）『職業教育と商業高校　新制高等学校における商業科の変遷と商業教育の変容』大月書店
番場博之・森脇一郎・水島啓進編著（2018）『高等学校と商業教育』八千代出版
藤田晃之（2015）「商業教育におけるキャリア教育の位置づけ」『じっきょう商業教育資料』No.101通巻389号，実教出版
堀内達夫・佐々木英一・伊藤一雄・佐藤史人編（2013）『日本と世界の職業教育』法律文化社
三原詰章夫・河合昭三・雲英道夫編著（1986）『21世紀への商業教育　商業教育の理論・実践・展望』多賀出版
三好信浩（2016）『日本の産業教育　歴史からの展望』名古屋大学出版会
文部省（1962）『高等学校学習指導要領解説　総則編』光風出版
文部省（1979）『高等学校学習指導要領解説　商業編』一橋出版
文部省（1989）『高等学校学習指導要領解説　商業編』大日本図書
文部省（2000）『高等学校学習指導要領解説　商業編』実教出版
文部省初等中等教育局高等学校教育課（1970）『新高等学校学習指導要領関係資料 昭和45年12月』
文部科学省（2010）『高等学校学習指導要領解説　商業編』実教出版
文部科学省（2019a）前掲
文部科学省（2019b）前掲
文部科学省（2010）「学習指導要領『生きる力』」パンフレット
文部科学省（2012）『高等学校キャリア教育の手引き』教育出版
文部科学省　学校基本調査（2019）政府統計の総合窓口（e-Stat）年次統計
吉田武男監修・藤田晃之編著（2018）『キャリア教育』ミネルヴァ書房

吉野弘一（2002）『商業科教育法―21世紀のビジネス教育―』実教出版

第５章　新しい発見と豊かな発想

アニータ・ブラウン，デイビッド・アイザックス，ワールド・カフェ・コミュニティ著，香取一昭・川口大輔翻訳（2007）『ワールド・カフェ　カフェ的会話が未来を創る』ヒューマンバリュー
笠木秀樹・榊原勝己・桊久美子（2017）「アクティブ・ラーニングによる大規模講義科目の授業設計と評価―地域連携授業における実践―」『岡山県立大学教育研究紀要第２巻１号』
笠木秀樹（2019）「『地域協働演習』におけるケースメソッドの活用」『岡山県立大学教育研究紀要第４巻１号』
香取一昭・大川恒（2009）『ワールド・カフェをやろう！』日本経済新聞出版社
栗田佳代子・日本教育研究イノベーションセンター編著（2017）『インタラクティブ・ティーチング―アクティブ・ラーニングを促す授業づくり―』河合出版
厚生労働省「コインオペレーションクリーニング営業施設の衛生実態調査：コインオペレーションクリーニング営業施設数の推移」厚生労働省HP（https://www.mhlw.go.jp/content/000640780.pdf）
CoREF　HP「知識構成型ジグソー法」（https://coref.u-tokyo.ac.jp/archives/5515）
髙木春夫・竹内伸一（2006）『実践！日本型ケースメソッド教育』ダイヤモンド社
髙木春夫監修・竹内伸一著（2010）『ケースメソッド教授法入門』慶應義塾大学出版会
東京大学　大学総合教育研究センターHP「東京大学フューチャーファカルティプログラム」（https://www.he.u-tokyo.ac.jp/activities/ffp/）
西川純（上越教育大学教授）研究室HP（https://nishikawa-lab.jimdofree.com/）
日本協同教育学会HP（https://jasce.jp/）
山地弘起（2014）「アクティブ・ラーニングとはなにか」『大学教育と情報』2014年度No. 1（通巻146号），私立大学情報教育協会

第６章　新しい学びへの指導と評価

石井英真（2012）「学力向上」篠原清昭編著『学校改善マネジメント　課題解決への実践的アプローチ』ミネルヴァ書房
笠木秀樹・桊久美子・榊原勝己・岩満賢次（2018）「演習におけるルーブリック評価の開発」『岡山県立大学教育研究紀要第３巻１号』
国立教育政策研究所教育課程研究センター（2019）「学習評価の在り方ハンドブック（高等学校編）」
中央教育審議会　初等中等教育分科会　教育課程部会（2019）「児童生徒の学習評価の在り方について（報告）平成31年１月21日」文部科学省HP（https://www.mext.go.jp/component/b_menu/shingi/toushin/__icsFiles/afieldfile/2019/04/17/1415602_1_1_1.pdf）
西岡加名恵（2013）「パフォーマンス評価を取り入れた『高大接続評価システム』の提案」中央教育審議会高大接続特別部会（平成25年５月24日）文部科学省HP（https://www.mext.go.jp/component/b_menu/shingi/giji/__icsFiles/afieldfile/2013/06/03/1335588_1.pdf）
松下佳代（2015）「『学習成果』の設定と評価―アカデミック・スキルの育成を手がかりに―」『大学教育開発研究シリーズ』No.22，立教大学教育開発・支援センター
文部科学省（2019a）前掲

画像提供・協力

伊藤忠食品株式会社，株式会社ホップス（まがりや.net運営），株式会社読売広告社，共同通信社，公益財団法人全国商業高等学校協会，ショウワノート株式会社，PIXTA，宮崎上水園，ヤマエ食品工業株式会社

ほか

Index

ア

アクティブ・ラーニング…… 189
アルゴリズム…… 120
eラーニング ……77
生きる力……162, 189
vocational guidance…… 174
API…… 120
AR（拡張現実）…… 158
エキスパート活動……220, 221
LTD（Learning Through Discussion） …… 193
OST（Open Space Technology）…… 141

カ

会計分野……64
学習指導案…… 239
学習指導要領…… 3
1950（昭和25）年（試案）…… 165
1956（昭和31）年改訂…… 166
1960（昭和35）年改訂…… 167
1970（昭和45）年改訂…… 167
1978（昭和53）年改訂…… 168
1989（平成元）年改訂…… 169
1999（平成11）年改訂…… 169
2009（平成21）年改訂…… 170
2018（平成30）年改訂…… 170
学習指導要領の「基準性」…… 3
学習評価……150, 246
「課題研究」…… 13, 130
学校教育法……2, 165
学校教育法施行規則…… 2
カリキュラム・マネジメント……8, 246
「観光ビジネス」……32
観点別学習状況の評価……246, 251
「管理会計」……68
基礎的科目……10
基礎的・汎用的能力…… 175
キャリア…… 175
キャリア教育…… 174
教育課程…… 7
教育基本法……1, 165
教科商業科の全体像…… 5
共起ネットワーク図…… 135
協調学習…… 220
協同学習…… 193
銀行学局…… 163
クイックプロトタイピング…… 142
グラフィックハーベスティング…… 141
グループワーク…… 191
「グローバル経済」……49
クロストーク活動……220, 221
慶應ビジネススクール…… 208
経営資源…… 5
ケース教材…… 19, 37, 214, 216, 218
ケースメソッド…… 208
「原価計算」……67
構成主義型の授業実践…… 130
高大接続授業…… 186
高大連携…… 182
高等学校OPENプロジェクト …… 180
高等学校学習指導要領（平成30年告示）解説
商業編…… 1
高等学校設置基準…… 2
子ども…… 110
CoREFユニット …… 220

サ

「財務会計Ⅰ」……65
「財務会計Ⅱ」……66
産学連携授業…… 186
産業教育振興法…… 165
三方よし……156, 164
CSV …… 121
CGI…… 136
ジグソー活動……220, 221
ジグソー法…… 220
思考・判断・表現……246, 247
思考力，判断力，表現力等……4, 247
実践的・体験的な学習活動…… 6
指導計画…… 238
指導と評価の一体化…… 240
シビックプライド…… 115
社会に開かれた教育課程…… 8
主体的・対話的で深い学び……189, 246
主体的な学び…… 189
主体的に学習に取り組む態度…… 248
商業科教育…… 1
商業学校規程…… 163
商業学校通則…… 163
商業科目の変遷…… 172
商業教育…… 1, 161, 176

商業教育改革……51
「商業」についての概念……168
商業の見方・考え方……4
「商品開発と流通」……31
情報活用能力調査……129，133
商法講習所・商業講習所……163
「情報処理」……80
職業教育……176
職業資格……9
職業指導……174
授業デザイン……131
シラバス……239
Think-Pair-Share……191
新制高等学校……165
進路指導……174
スーパー・プロフェッショナル・ハイスクール（SPH）……119，149，151
「総合実践」……14
総合的科目……10
「総合的な探究の時間」……104，130
Society 5.0……161
「ソフトウェア活用」……81

タ

対話的な学び……189
単元ベースの学習指導計画……179
知識及び技術……4
知識・技術……247
知識・技能……246
知識構成型ジグソー法……220
地方教育行政の組織及び運営に関する法律……2
中等学校令……164
DMO……119
ディベート……196
テキストマイニング……129，134
統合開発環境（IDE）……120

ナ

ニート……175
「ネットワーク活用」……83
「ネットワーク管理」……84
年間指導計画……238

ハ

ハイポイントインタビュー……141
パフォーマンス課題……254
パフォーマンス評価……33，254
反転授業（Flipped Classroom）……195
ピア・レスポンス……192
BCP……84
PBL（Project Based Learning）……129，194
「ビジネス基礎」……10，248
ビジネス教育……170
「ビジネス・コミュニケーション」……12
ビジネス情報分野……80
「ビジネス法規」……50
「ビジネス・マネジメント」……48
フィールドワーク……194
深い学び……190
フューチャーセッション……137，142
フューチャーセンター……137，142
フリーター……175
「プログラミング」……82
分野共通の科目……10
ペア・リーディング……191
ペアワーク……191
「簿記」……64
簿記の原理……64，66，77
ポスター・セッション……195
ポスター・ツアー……196
ホスピタリティ……15，180
本時……244

マ

「マーケティング」……7，30
マーケティング分野……30
学び合い……193
学びに向かう力，人間性等……4，248
学びの３ステップモデル……192
マネジメント分野……48
６つの帽子……139，142

ヤ

U理論……142
４領域８能力……175

ラ

ラウンド・ロビン……191
リビングラボ……138
ルーブリック……21，33，143，144，145，255，257，258

ワ

ワークショップ……195
ワールドカフェ……142，194

商業科教育法　－理論と実践－

令和３年４月15日　初　版　発　行

監修者　西　村　修　一
編著者　笠　木　秀　樹
発行者　星　沢　卓　也
発行所　東京法令出版株式会社

112-0002　東京都文京区小石川５丁目17番３号　03(5803)3304
534-0024　大阪市都島区東野田町１丁目17番12号　06(6355)5226
062-0902　札幌市豊平区豊平２条５丁目１番27号　011(822)8811
980-0012　仙台市青葉区錦町１丁目１番10号　022(216)5871
460-0003　名古屋市中区錦１丁目６番34号　052(218)5552
730-0005　広島市中区西白島町11番９号　082(212)0888
810-0011　福岡市中央区高砂２丁目13番22号　092(533)1588
380-8688　長野市南千歳町1005番地

〔営業〕TEL　026(224)5411　FAX　026(224)5419
〔編集〕TEL　026(224)5412　FAX　026(224)5439
https://www.tokyo-horei.co.jp/

ISBN978-4-8090-6404-3